Monica Budowski und Michael Nollert (Hrsg.)

Soziale Ungleichheiten

«Differenzen»

Brennpunkte dieser Publikationsreihe sind Differenzen, wie sie sich in unterschiedlichen Perspektiven, Ideologien oder empirischen Befunden manifestieren. **«Differenzen»** bietet ein Forum für aktuelle sozialwissenschaftliche Beiträge. Zum einen enthält die Reihe Sammelbände mit Beiträgen renommierter WissenschafterInnen, die im Rahmen von thematischen Vortragsreihen des Departements Sozialwissenschaften der Universität Fribourg, Bereich Soziologie, Sozialpolitik und Sozialarbeit präsentiert wurden. Zum andern erscheinen Monographien, bei denen soziale Differenzierung, Ungleichheiten und Konflikte sowie deren Bearbeitung im Zentrum stehen.

Herausgeber der Reihe «Differenzen» sind *Monica Budowski* und *Michael Nollert* von der Universität Fribourg, Bereich Soziologie, Sozialpolitik und Sozialarbeit des Departements Sozialwissenschaften.

Monica Budowski und Michael Nollert (Hrsg.)

Soziale Ungleichheiten

D i f f e r e n z e n

Seismo

Bibliografische Information der Deutschen Nationalbibliothek

Die Deutsche Bibliothek verzeichnet diese Publikation in der Deutschen Nationalbibliografie; detaillierte bibliografische Daten sind im Internet über http://dnb.ddb.de abrufbar.

ISBN 978-3-03777-067-2

Zähringerstrasse 26, CH-8001 Zürich
E-Mail: buch@seismoverlag.ch
http://www.seismoverlag.ch

ISBN 978-3-03777-067-2

Umschlag: Gregg Skerman, Zürich
Druck: Ediprim AG, Biel

Inhaltsverzeichnis

Vorwort

Monica Budowski und Michael Nollert

Soziale Ungleichheiten gehören zweifellos zu den Kernthemen der Soziologie. So interessierte bereits die Klassiker die Frage, wie sich natürliche Ungleichartigkeiten in soziale Ungleichwertigkeiten transformieren und wie es privilegierten Akteuren gelingt, soziale Ungleichheiten zu rechtfertigen und aufrechtzuerhalten, aber auch, wie es benachteiligten Akteuren gelingt, mit mehr oder weniger Gewalt diese Rechtfertigungsmuster zu dekonstruieren, tradierte Ungleichheiten abzubauen und/oder neue Ungleichheiten zu institutionalisieren.

Auch für die Soziale Arbeit und die Sozialpolitik sind soziale Ungleichheiten konstitutiv, zumal sich ihr Augenmerk vornehmlich auf jene Menschen richtet, die nicht oder nicht ausreichend in der Lage sind, ihre Subsistenz selbständig oder den legitimen gesellschaftlichen Verteilungsregeln entsprechend zu sichern. Warum sollten wir uns dennoch nicht nur mit Armut, sondern auch mit sozialen Ungleichheiten in der Gesellschaft befassen?

Weil die ungleiche Verteilung von Ressourcen in allen Gesellschaften die Zugangschancen von Menschen zu wertgeschätzten Gütern und somit auch ihre Chancen im Leben bestimmt. Diese Mechanismen und Prozesse zur Institutionalisierung, Legitimierung und Aufrechterhaltung sozialer Ungleichheiten bleiben verschleiert, wenn wir uns bei der Erforschung von Armut ausschliesslich mit der Lebenssituation der Betroffenen auseinandersetzen.

Soziale Ungleichheiten sind aber grundsätzlich auch im Hinblick auf die Frage wichtig, in welcher Gesellschaft Menschen gerne leben möchten. Entsprechend divergieren die Ansichten darüber, welche Kriterien bei der Verteilung von Ressourcen und Lebenschancen zu berücksichtigen sind und inwiefern der Wohlfahrtsstaat mithelfen sollte, die auf Produkt- und Arbeitsmärkten, aber auch in der geschlechterspezifischen gesellschaftlichen Arbeitsteilung generierten Ungleichheiten zu verringern.

Im vorliegenden Band präsentieren Sozialwissenschaftlerinnen und Sozialwissenschaftler aus der Schweiz, Deutschland, Österreich und Schweden Antworten auf Fragen aus drei Bereichen der Ungleichheitsforschung. Im *ersten Teil* werden theoretische Ansätze zur Analyse von Produktion und Reproduktion sozialer Ungleichheiten thematisiert. Im ersten Beitrag steht mit der von Max Weber inspirierten Theorie sozialer Schliessung ein Ansatz im Vordergrund, der auf die Legitimierung und Legalisierung von sozialen Ungleichheiten fokussiert. So weist *Jürgen Mackert* darauf hin, dass bereits auf Spielplätzen Kinder andere Kinder vom Mitspielen abhalten. Diese Tendenz, anderen Menschen Entwicklungs- und Lebenschancen zu verweigern, setzt sich im Erwachsenenalter fort, wobei der Ausschluss häufig nicht mehr allein durch persönliche Präferenzen, sondern vermehrt durch zugeschriebene Merkmale (Geschlecht, Ethnie, Hautfarbe, soziale Herkunft) und/oder erworbene Merkmale (Bildungszertifikate) gerechtfertigt wird. Auch *Eva Cyba* orientiert sich unter anderem an der Schliessungstheorie, wobei sie am Beispiel der geschlechtsspezifischen Ungleichheiten dokumentiert, dass zumindest im OECD-Raum die Frauen in den letzten Dekaden durchaus in der Lage waren, sexistische Rechtfertigungsmuster in Frage zu stellen und sich gleichstellungspolitisch zu verbessern. Allerdings räumt sie ein, dass Frauen in vielen Lebensbereichen nach wie vor benachteiligt sind und auch moderne Gesellschaften nicht vor neuen Diskriminierungen und Ungleichheiten gefeit sind.

Der *zweite Teil* des Sammelbands bietet eine Auswahl von Beiträgen, die sich mit empirischen Aspekten sozialer Ungleichheiten auseinandersetzen. *René Levy* thematisiert die soziale Mobilität in der Schweiz mit besonderer Berücksichtigung von Genderaspekten. Ausgangspunkt ist dabei Pierre Bourdieus Konzept des «sozialen Felds» sowie das Konzept der sozialen Schichtung, die sich beide für die empirische Analyse von intra- und intergenerationellen Bewegungen im sozialen Ungleichheitsgefüge anbieten. Für die Schweiz halten seine Analysen unter anderem fest, dass Arbeiterkinder und tiefrangige Frauen besonders aufwärtsimmobil sind.

Der Beitrag von *Yves Flückiger* sucht die Frage nach den Auswirkungen der Globalisierung auf die Einkommensungleichheit in der Schweiz zu beantworten. Seine mikroökonomisch fundierten Analysen von Lohnstrukturdaten sprechen dafür, dass die Globalisierung insofern zur Erhöhung der Ungleichheiten beigetragen hat, als zwischen 1994 und 2004 das Einkommensgefälle innerhalb von exportorientierten Unternehmen zugenommen hat.

Ausgehend von Emile Durkheims Konzept des Milieus und einer kritischen Auseinandersetzung mit aktuellen Ungleichheitstheorien, die sich an den Konzepten der Klasse und der Schicht orientieren, präsentiert *Michael Vester* die Resultate der «hannoverschen Milieuforschung». Dabei zeigt er auf, dass die Sozialstruktur nicht nur vertikale, sondern auch horizontale Differenzierungen aufweist, bei denen insbesondere die Ausbildung sowie das Niveau eine grosse Rolle spielen. Im Hinblick auf die Präferenz von Modellen der sozialen Ordnung in Deutschland prognostiziert er, dass die Mehrheiten der Wählerinnen und Wähler zu den historischen konservativen und sozialdemokratischen Modellen tendieren und ein neoliberaler «Pfadwechsel» kaum Akzeptanz finden würde.

Volker Bornschier befasst sich mit der Entwicklung der globalen Einkommensungleichheit. Seine Analysen dokumentieren zunächst, dass das Entwicklungsgefälle zwischen den Ländern im Zentrum des Weltsystems und den Ländern in der Peripherie und der Semiperipherie zwischen 1750 und 1980 kontinuierlich angewachsen ist. Im Weiteren zeigt er auf, dass die Ungleichheiten zwischen den Ländern grösser sind als die Ungleichheiten innerhalb der Länder, dass in den OECD-Ländern die intranationalen Ungleichheiten nach einer langen Phase der Verringerung wieder anzusteigen beginnen und dass die Politik eine zentrale Determinante der Ungleichheiten sowie der sozialen Schichtung ist.

Dass die Politik das Ausmass der sozialen Ungleichheiten beeinflusst, ist auch der Grundtenor der Beiträge im *dritten Teil*. Im Vordergrund steht dabei die Frage nach den Auswirkungen des Wohlfahrtsstaats auf Ungleichheiten, die auf Arbeits- und Produktmärkten generiert werden. *Berthold Vogel* argumentiert, dass der politische Zeitgeist für einen Modellwechsel vom sorgenden hin zum gewährleistenden Wohlfahrtsstaat spricht, der Verwundbarkeit und Prekarität in Kauf nimmt. Dieser Modellwechsel beinhalte nicht zuletzt eine Abkehr von der Vorstellung, dass der Staat einerseits soziale Unsicherheiten dämpfen und andererseits mittels Sozialtransfers und progressiver Besteuerung die Einkommens- und Vermögensungleichheiten verringern soll.

Genau auf diese Umverteilungswirkungen fokussiert der Beitrag von *Joakim Palme*. Seine international vergleichenden Analysen der Auswirkungen von Familienpolitik auf die Kinderarmut, der Arbeitslosenversicherung auf die Armut im erwerbsfähigen Alter und der Altersvorsorge auf die Altersarmut dokumentieren den Einfluss der politischen und institutionellen Rahmenbedingungen auf das nationale Armuts- sowie das Ungleichheitsprofil. Allerdings räumt Palme ein, dass sich neben intendierter Umverteilung von Reich zu Arm auch unintendierte Umverteilung von Arm zu Reich beobachten lässt.

Dass wohlfahrtsstaatliche Regimes auch Transfers von Arm und Reich oder lediglich horizontale Umverteilung erlauben, wird von *Christian Suters* Analyse der Umverteilungen des schweizerischen Wohlfahrtsstaats untermauert. So weist er nach, dass staatliche und private Transferleistungen zwar wesentlich zur materiellen Absicherung von Haushalten mit niedrigen Einkommen beitragen. Die Wirksamkeit der verschiedenen bedarfsabhängigen Sozialleistungen variiert allerdings erheblich zwischen Bevölkerungsgruppen und Leistungstypen. Das einzige Sozialwerk, das signifikant zur Verringerung der Einkommensungleichheit beiträgt, ist die AHV.

Der abschliessende Beitrag von *Monica Budowski* und *Michael Nollert* greift die populäre Generationenkonflikt-These auf. Dabei werden zwei Prämissen der These in Frage gestellt. Erstens wird moniert, dass die intragenerationellen Ungleichheiten (z. B. Vermögenskonzentration) grösser sind als die intergenerationellen und dass sich diese mit zunehmendem Alter vergrössern. Zweitens wird argumentiert, dass intergenerationelle Transfers (Vererbung von ökonomischem, sozialem und kulturellem Kapital) zwar generationenpolitisch Sinn machen, zugleich aber auch zur Reproduktion der intragenerationellen Ungleichheiten beitragen. In diesem Sinne läuft der dominante Diskurs über Generationengerechtigkeit Gefahr, von weitaus gravierenderen sozialen Verwerfungen und Konfliktpotenzialen abzulenken.

Das vorliegende Buch vermittelt also vorab einen Überblick über relevante theoretische Ansätze zum Verständnis der Entstehung und Reproduktion sozialer Ungleichheiten. Die nachfolgenden empirisch ausgerichteten Kapitel weisen darauf hin, dass sich Ungleichheiten wandeln und ausdifferenzieren und dass sozialpolitische Massnahmen zur Reduktion von Ungleichheiten auch unintendierte Effekte erzeugen. Weiter wird aufgezeigt, dass Diskurse über bestimmte Ungleichheiten möglicherweise den Blick von anderen Ungleichheiten ablenken. Die Herausgeberschaft hofft, dass das Buch dazu anregt, sich auf der Grundlage empirisch fundierter Überlegungen mit den komplexer werdenden und sich ausdifferenzierenden sozialen Ungleichheiten auseinanderzusetzen.

Lebenschancen und die Dynamik sozialer Ungleichheit. Grundzüge eines schliessungstheoretischen Erklärungsansatzes

Jürgen Mackert

1 Einleitung

Das Projekt der Moderne war mit der Forderung «Freiheit, Gleichheit, Brüderlichkeit» angetreten und hatte im Zuge der Französischen Revolution alle Behauptungen einer gottgegebenen Ungleichheit zwischen den Menschen zurückgewiesen. Dass es trotz der Revolutionen der «Grossen Transformation» nicht gelungen ist, soziale Ungleichheiten aus der Welt zu schaffen, ist zugleich Anlass und andauernder Antrieb, der Entstehung und Reproduktion sozialer Ungleichheit sowie ihren vielfältigen und sich verändernden Erscheinungsformen auf die Spur zu kommen.

Das fortbestehende Spannungsverhältnis zwischen dem normativen Anspruch auf die Gleichheit aller Gesellschaftsmitglieder und den fortbestehenden realen Ungleichheiten zwischen ihnen ist ein Charakteristikum moderner kapitalistischer und demokratischer Gesellschaften. Doch trotz des normativen Anspruchs auf die Gleichheit aller Bürger einer Gesellschaft geht es nicht um die Verwirklichung einer absoluten Gleichheit zwischen ihnen. Das hat Thomas H. Marshall (1950) in seiner historischen Konzeption einer sich über mehrere Jahrhunderte erstreckenden Durchsetzung der Staatsbürgerschaft gezeigt. Der entscheidende Gewinn gegenüber vormodernen Gesellschaften besteht in der Institutionalisierung eines einzigen und einheitlichen Status, der alle Mitglieder einer Gesellschaft zu formal Gleichen macht: des Status des Staatsbürgers. Mit der formalen Gleichheit der Staatsbürger korrespondiert die Vorstellung, dass ein gewisses Mass an sozialer Ungleichheit zwischen den Bürgern zulässig sei – vorausgesetzt, dass es sich nicht um Erscheinungsformen extremer Ungleichheit handelt und die entstehenden Ungleichheiten legitim, d.h. Resultat individueller Anstrengungen sind (vgl. Mackert 2006).

Der Gefahr extremer Ungleichheit begegnen moderne Gesellschaften durch den Aufbau wohlfahrtsstaatlicher Sicherungssysteme und die Institutionalisierung sozialer Rechte, wodurch eine substanzielle Mitgliedschaft institutionalisiert wird (Bottomore 1994: 75). Dabei geht es aber nicht einfach darum, dass über die Institutionen des Wohlfahrtsstaates Gefährdungslagen minimiert und extreme Ungleichheit verhindert werden; entscheidend ist vielmehr, über die Bürgerrechte sicherzustellen, dass alle Mitglieder einer Gesellschaft an den Verteilungskämpfen um Ressourcen, Rechte, Macht oder Prestige teilnehmen können. Voraussetzung dafür ist, dass der Staat so weit wie möglich Bedingungen von Chancengleichheit herstellt, die es allen Bürgern ermöglichen, am Kampf um die Lebenschancen, die eine Gesellschaft bietet, teilzunehmen.

In den ausgebauten Wohlfahrtsstaaten der westlichen Industrienationen kann das so durchgesetzte Integrationsarrangement als Nachkriegskonsensus begriffen werden, der dafür sorgte, dass immer mehr gesellschaftliche Schichten den Anschluss an eine bürgerliche Lebensweise schafften und zunehmend gesellschaftlich bereitgestellte Angebote nutzen konnten (Beck 1983). Doch mit dem «Ende des sozialdemokratischen Zeitalters» (Dahrendorf) wird deutlich, dass eine Demokratisierung von Lebenschancen ganz offensichtlich nur auf der Grundlage einer prosperierenden und regulierten kapitalistischen Ökonomie zu haben war. In dem Masse, in dem der Markt als organisierendes gesellschaftliches Prinzip an Bedeutung gewinnt und der Staat sich aus vielen Bereichen des gesellschaftlichen Lebens zurückzieht, erzeugen neben Prozessen der Vermarktlichung, Privatisierung und Kommerzialisierung weiter Lebensbereiche eine Reihe gesellschaftlicher Entwicklungen eine zunehmend asymmetrischer werdende Verteilung von Lebenschancen:

- In allen westlichen Gesellschaften lässt sich eine Zunahme der Einkommensspreizung, eine zunehmend asymmetrische Verteilung von Reichtum und eine Umverteilung von unten nach oben beobachten.
- Bildungssysteme reproduzieren soziale Ungleichheiten und befördern somit die Reproduktion der gesellschaftlichen Klassen- und Schichtstruktur, anstatt als Transmissionsriemen für die Überwindung tradierter sozialer Ungleichheit zu wirken. Dieser Effekt ist nirgends so stark wie in Deutschland.
- Der Umbau der Sozialsysteme spaltet die Gesellschaft, verschärft soziale Ungleichheit und zementiert ungleiche Ansprüche im Sozial- und Gesundheitswesen.
- Die demografische Entwicklung befördert Auseinandersetzungen zwischen den Generationen. Dieser Konflikt bezieht sich nicht nur auf die Rentenproblematik, sondern ebenso auf die Monopolisierung einflussreicher Positionen in Politik, Ökonomie und Kultur durch die Generation der Babyboomer (Edmunds und Turner 2004).
- Migration führt zu Verteilungskonflikten zwischen Bürgern und Nicht-Bürgern und zum Problem der Inklusion neuer Gesellschaftsmitglieder

in die Staatsbürgerrechte einer Aufnahmegesellschaft (Achermann und Gass 2003).
- Die im Kontext des Multikulturalismus geforderte Logik der Ressourcenverteilung entlang askriptiver Kriterien führt zu Konflikten zwischen ethnischen oder auch panethnischen Gruppen sowie zwischen ihnen und dem Staat (Neckel 1995).

Allein diese Beispiele machen deutlich, dass die Chancen von Menschen in modernen Gesellschaften, all die Angebote zu nutzen, die ihnen aufgrund ihrer formalen Gleichheit als Bürger prinzipiell zur Verfügung stehen, systematisch ungleich verteilt sind. Die Folgen dieser Umbrüche liegen auf der Hand: ein gesellschaftlich höchst ungleich verteilter Zugang und dadurch eine zunehmend ungleiche Verteilung gesellschaftlicher Güter, eine Begrenzung sozialer Teilhabechancen und eine tendenzielle Polarisierung konkurrierender gesellschaftlicher Gruppen.

Betrachtet man angesichts solcher Befunde aktuelle Literatur zur sozialen Ungleichheit oder auch zur Strukturanalyse moderner Gesellschaften, so fällt auf, dass wir es hier im Wesentlichen mit Querschnitten und Bestandsaufnahmen von Zuständen zu tun haben, deren Stärke zweifellos darin besteht, sehr kleinteilige und spezifizierte Beschreibungen von Ungleichheit und der ungleichen Verteilung von Chancen zu liefern. Die entscheidende Frage aber lautet: Wie lassen sich systematisch ungleich verteilte Zugänge zu gesellschaftlich vorhandenen Chancen, Optionen und begehrten Ressourcen erklären?

Um diese Frage zu beantworten, gehe ich im Folgenden von der Annahme aus, dass sich die systematische Ungleichverteilung des Zugangs zu gesellschaftlichen Ressourcen als Folge sozialer Schliessungskämpfe begreifen lässt, in denen es sozialen Akteuren gelingt, anderen den Zugang zu Gütern und Ressourcen zu verweigern. Um diese These zu begründen, gehe ich in vier Schritten vor: Ich erläutere zunächst, warum Schliessung ein soziales Phänomen und soziologisches Problem darstellt (2); in einem zweiten Schritt plädiere ich für eine Wiederaufnahme und Erweiterung des Konzepts der Lebenschancen (3); drittens skizziere ich den schliessungstheoretischen Ansatz (4), und viertens erläutere ich, warum und wie die Schliessungstheorie weiterentwickelt werden müsste, um die Dynamik einer systematischen Ungleichverteilung von Lebenschancen in modernen Gesellschaften erklären zu können (5).

2 Schliessung als soziales Phänomen und soziologisches Problem

Soziale Schliessung ist ein ubiquitäres, alltägliches Phänomen, das sich auf ganz unterschiedlichen Ebenen und in allen Bereichen des sozialen Lebens findet. Wir alle wissen von uns selbst, dass wir nicht überall dazugehören, nicht überall Mitglied und nicht in alle möglichen sozialen Systeme inkludiert sind. In einigen Fällen wären wir das sicher gerne, aber es gibt in vielen Fällen offensichtlich unüberwindbare Hürden.

Schon auf Spielplätzen, in Kindergärten oder Schulen lässt sich beobachten, wie Gruppen gebildet werden, in denen nur ausgewählte Mitglieder erwünscht sind und der Rest nicht mitmachen darf. Diese Erfahrung, ausgeschlossen zu werden, setzt sich dort fort, wo klarer definierte formale Voraussetzungen für das Mitmachen gefordert werden: So ist etwa der Zutritt zu Privatschulen geregelt, und es bedarf finanzieller Ressourcen und sozialer Beziehungen, um seinen Kindern den Weg zu einem Schulabschluss zu ebnen, der dann Chancen auf bessere Karrierepfade eröffnet. Die Immatrikulation an Universitäten setzt den Erwerb spezifischer Bildungszertifikate voraus. Ist schon der Weg zum Abitur ein Pfad, auf dem es gilt, an gefährlichen Gatekeepern vorbeizukommen, so ist der formale Schulabschluss unabdingbare Voraussetzung für den Eintritt in die Gruppe der Studierenden, auch wenn es über zweite und dritte Bildungswege alternative Pfade geben mag. Und als wäre das alles nicht genug, warten inzwischen an manchen Universitäten mit dem Akt der Immatrikulation als neue Hürde gleich Studiengebühren, die das Mitmachen weiter erschweren. Ein weiteres Beispiel sind exklusive Clubs, in denen Mitglied zu sein zwar Prestige und soziale Kontakte verbürgt, doch hier liegen die Hürden sehr hoch, und sie sind nur durch soziales Kapital und die mit ihm einhergehenden Netzwerke sowie entsprechendes ökonomisches Kapital zu überwinden.

Es ist aber nicht allein der quantitative Aspekt, die Vielfalt der Erscheinungsformen sozialer Schliessung, auf dem ihre besondere Bedeutung gründet. Viel entscheidender ist, dass wir es bei der Schliessung sozialer Beziehungen – von Gruppen, Organisationen, Institutionen bis hin zu nationalen Gesellschaften – mit einem ganz grundsätzlichen Modus von *Vergemeinschaftung* und *Vergesellschaftung* zu tun haben, der auf das soziologische Problem sozialer Integration verweist. Es handelt sich damit um einen ganz prinzipiellen Prozess, der der schlichten soziologischen Einsicht zugrunde liegt, dass Gesellschaften kein homogenes Ganzes, sondern in Gruppen, Klassen, Schichten, Organisationen oder Institutionen gegliedert sind. Ohne sie ist weder Vergemeinschaftung noch Vergesellschaftung denkbar, und dieser Prozess ist nicht an den Rahmen nationaler Gesellschaften gebunden. Ein Blick auf die europäische Ebene macht schlagartig deutlich, dass ein Gebilde wie die Europäische Union nur durch Grenzziehung nach aussen und Integration nach innen vorstellbar ist.

Mit dieser Erkenntnis der Ubiquität und Unausweichlichkeit von Schliessung als Modus von Vergemeinschaftung und Vergesellschaftung könnte man es nun auf sich beruhen lassen. Doch hier kommt das Problem sozialer Ungleichheit und der asymmetrischen Verteilung von Lebenschancen ins Spiel: Erweist sich bereits die vom Staat so weit wie möglich herzustellende Chancengleichheit als «Illusion» (Bourdieu und Passeron 1971), so zeigt sich ferner, dass in gesellschaftlichen Verteilungskämpfen einige Akteure anderen systematisch überlegen sind. Es geht hier darum, dass Gruppen, Organisationen, Institutionen oder Nationalstaaten *qua* Mitgliedschaft die Verteilung von Gütern, Ressourcen, Rechten oder Macht regeln, und hier hat das Nicht-Dazugehören, die Beschränkung des Zugangs für die Ausgeschlossenen, weitreichende Konsequenzen, denn es wird dadurch über die Verteilung von Lebenschancen entschieden.

Wenn die Ausgangsfrage der Ungleichheitsforschung also lautet: «Wer bekommt was, wann und warum?» (Müller und Schmid 2003: 6), dann kann man für das Problem der Schliessung sozialer Systeme eine analoge Ausgangfrage formulieren: Wer darf wo mitmachen, unter welchen Bedingungen und wer entscheidet darüber? Bezieht man beide Perspektiven – die Ungleichheitsforschung wie die Schliessungstheorie – aufeinander, so stellt sich die zentrale Frage: Was sind die Mechanismen und Prozesse, die die Dynamiken sozialer Ungleichheiten und damit die durch soziale Schliessung erzeugten asymmetrischen Lebenschancen in modernen Gesellschaften erklären können? Bevor diese Frage in Angriff genommen werden kann, muss zunächst geklärt werden, was genau es mit dem Konzept der Lebenschancen auf sich hat.

3 Ein erweitertes Konzept von Lebenschancen

Den Begriff der Lebenschancen hat Ralf Dahrendorf (1979) in die soziologische Diskussion eingeführt und dabei versucht, ihn als Schlüsselbegriff zum Verständnis sozialer Prozesse zu etablieren. Das ist ihm nicht gelungen, doch im Anschluss an Max Webers vielfältige Verwendung des Begriffs der «Chance» geht er davon aus, dass wir es bei Lebenschancen mit sozial strukturierten Wegen individuellen Lebens zu tun haben: «Lebenschancen sind (prinzipiell) messbare Möglichkeiten, Bedürfnisse, Interessen usw. in einem gegebenen gesellschaftlichen Zusammenhang oder auch gegen ihn zu realisieren. Sie sind das Substrat sozialer Strukturen, in denen also Lebenschancen organisiert werden. Sie sind auch die Bewegkraft sozialer Prozesse, bei denen es also stets um mehr Lebenschancen geht» (ebd.: 80).

Lebenschancen lassen sich so als sozial gegebene Chancen für Individuen begreifen, ihre Möglichkeiten, Wünsche und Hoffnungen zu realisieren. Allerdings sind sie nicht beliebig, sondern eine Funktion zweier Elemente: *Optionen* und *Ligaturen*. Diese können unabhängig voneinander variieren und so in je spezifischer Verbindung das Leben von Menschen in der Gesellschaft prägen (vgl. ebd.: 50).

Was hat es mit dieser Vorstellung von Optionen und Ligaturen auf sich? Und warum konstituieren diese beiden Elemente die Lebenschancen von Individuen? Während es bei den Optionen um Freiheitsspielräume des Einzelnen geht, um «strukturelle Wahlmöglichkeiten, denen als Aktionen individuelle Wahlmöglichkeiten entsprechen» (ebd.: 51), geht es bei Ligaturen um anderes: «Ligaturen sind Zugehörigkeiten; man könnte sie auch Bindungen nennen. [...] Der einzelne wird kraft seiner sozialen Positionen und Rollen in Bindungen oder Ligaturen hineingestellt. Diese sind für ihn oft mit emotionalen Gewichten geladen, was schon in den Beziehungen deutlich wird: die Ahnen, die Heimat, die Gemeinde, die Kirche. Vom Standpunkt des einzelnen stellen sich Ligaturen als Bezüge dar. Sie geben dem Ort, den er innehat, Bedeutung. Überhaupt kennzeichnet Ligaturen das Element des Sinns und der Verankerung, während Optionen das Ziel und den Horizont des Handelns betonen» (ebd.: 51).

Lebenschancen als Funktion dieser beiden Elemente zu begreifen bedeutet für Dahrendorf auch, dass es zwischen beiden ganz unterschiedliche Beziehungen oder Grade jeweiliger Realisierung geben kann. Ein Maximum an Optionen allein stellt noch kein Maximum an Lebenschancen dar, und ebenso bedeutet ein Minimum an Optionen kein Minimum an Lebenschancen. Hinzukommen müssen die für eine spezifische Identität der Akteure relevanten Bindungen. Das Verhältnis dieser beiden Grössen ist dann als variabel zu begreifen, doch prinzipiell gilt: «Ligaturen ohne Optionen bedeuten Unterdrückung, während Optionen ohne Bindungen sinnlos sind» (ebd.: 50 f.).

Ohne Frage dehnt die moderne Gesellschaft die zugänglichen Optionen auf immer mehr Menschen aus, bis schliesslich alle Staatsbürger einen formal gleichen Anspruch auf sie geltend machen können. Die Freisetzung der Individuen aus überkommenen Einbindungen hat ihre Optionen zweifellos erhöht, doch die beiden Elemente des dahrendorfschen Konzepts bleiben intrinsisch aneinander gebunden: Die Chance, aus einer Vielzahl an Optionen zu wählen, und die Bewahrung unverzichtbarer Bezüge schliessen sich nicht aus. Beides ist zu haben, und der Bedeutungszuwachs des Ersteren bedeutet nicht notwendig den Bedeutungsverlust des Letzteren (vgl. ebd.: 54).

Geht man von der Unverzichtbarkeit beider Elemente und ihrem variablen Verhältnis aus, so lassen sich Lebenschancen begreifen als «Gelegenheiten für individuelles Handeln, die sich aus der Wechselbeziehung von Optionen und Ligaturen ergeben. Sowohl Optionen als auch Ligaturen sind Dimensionen der Sozialstruktur, das heißt, sie sind als Bestandteile sozialer Rollen gegeben und nicht als zufällige Gegenstände des Willens oder der Phantasie von Menschen» (ebd.: 55). Dahrendorf geht davon aus, dass mit diesem Verständnis von Lebenschancen die Grundzüge eines strukturellen Begriffs vorliegen, eines analytischen Begriffs, der nicht an eine bestimmte Gesellschaft gebunden, aber dennoch historisch ist (vgl. ebd.: 56).

Zweifellos bietet Dahrendorfs Begriffsbestimmung einen hilfreichen Ausgangspunkt, allerdings scheint das Konzept auch zu eng gefasst, und zwar sowohl im Hinblick auf Optionen wie auch auf Ligaturen. So scheint zunächst der Begriff der Optionen intuitiv plausibel für ein Verständnis gesellschaftlich eröffneter Chancen, doch in diesem Begriff, so meine These, werden zwei Dimensionen zusammengezogen, die ihrerseits voneinander unabhängig variieren können: Optionen beziehen sich in modernen Gesellschaften nämlich sowohl auf die Teilhabe an Ressourcen wie auch auf die Partizipation an Rechten, und diese Dimensionen sind nicht deckungsgleich. Ferner, und darauf hat Uwe Schimank (2004: 49) hingewiesen, hat Dahrendorf die Dimension der Ligaturen zwar als zentrales Element definiert, ihr dann aber wenig Beachtung geschenkt. Die Verkürzung des Konzepts der Lebenschancen auf Optionen scheint bei Dahrendorf vor allem dem Problem der Messbarkeit der Ligaturen von Akteuren geschuldet zu sein (Dahrendorf 1979: 53). Denkbar ist aber auch, dass Dahrendorf bereits Ende der 1970er-Jahre bewusst war, dass die von ihm aufgeführten Bindungen – Ahnen, Heimat, Gemeinde, Kirche – im Begriff waren zu erodieren, und dass zunächst nicht ganz ersichtlich war, wie die Reintegration der Einzelnen in die moderne Gesellschaft künftig vonstatten gehen würde.

Stellt man all das in Rechnung, so muss ein tragfähiges Konzept von Lebenschancen über Dahrendorfs Fassung hinausgehen, und das in zweifacher Hinsicht: Zum einen muss der Begriff der Optionen in die zwei voneinander unabhängig variierenden Dimensionen der Ressourcen und Rechte zerlegt werden, da sich Kämpfe um Lebenschancen hier auf Unterschiedliches beziehen. Zum anderen müssen wir für eine Analyse der Lebenschancen das Element der Ligaturen ernster nehmen, als Dahrendorf selbst es getan hat. Die Bindungen und Einbindungen der Individuen sind von entscheidender Bedeutung – darauf machen neuere Entwicklungen der Ungleichheitsforschung ebenso aufmerksam wie der Multikulturalismus.

Die Individualisierungsforschung deutet auf die Einbindung des freigesetzten Individuums in die wohlfahrtsstaatlichen Institutionen hin, die an die Stelle familiärer und anderer Versorgungszusammenhänge getreten sind (Beck 1986), während Lebensstil- und Milieuanalysen die Zugehörigkeit Einzelner zu spezifischen Milieus oder Lebensstilgruppen behaupten (Schulze 2005). Auf andere Weise heben die Debatte um den Kommunitarismus (Walzer 1992; Taylor 1993) sowie die Diskussionen um kulturellen Pluralismus (Young 1990) und Multikulturalismus (Kymlicka 2007) die Bedeutung von Gruppen für den Schutz partikularer Identitäten und die Legitimität von Gruppenrechten hervor.

Mit einem derart rekonstruierten Konzept von Lebenschancen – Ressourcen, Rechte und Identität – sind die Voraussetzungen für eine Analyse ihrer systematischen Ungleichverteilung gegeben, und hier zeigt sich, dass die von Dahrendorf für eine solche Analyse als zentral erachteten Dimensionen den entscheidenden Aspekten einer schliessungstheoretischen Analyse entsprechen: Es geht hier um Fragen sozialer Ungleichheit, um die Konflikte, die um Ressourcen und Rechte, Macht und Prestige ausgetragen werden, sowie um die asymmetrische Machtverteilung, die diesen Auseinandersetzungen zugrunde liegen.

Eine schliessungstheoretische Analyse des unterschiedlich verteilten Zugangs zu Lebenschancen bettet diese Prozesse in einen weiteren theoretischen Kontext ein: So wird die Diskussion an den *ungleichheitstheoretischen Diskurs* rückgebunden, indem bestimmt wird, wie die Inklusion in soziale Systeme und die Exklusion von ihnen die Lebenschancen betroffener Gruppen bestimmen; die handlungstheoretische Tradition der Theorie sozialer Schliessung rückt ferner soziale Akteure in den Mittelpunkt, die mit sehr unterschiedlichen Ressourcen ausgestattet sind. Der *machttheoretische* Fokus der Schliessungstheorie richtet damit den Blick auf die zwischen den sozialen Akteuren herrschenden asymmetrischen Machtbeziehungen, die in Schliessungskämpfen von zentraler Bedeutung sind; damit wird zugleich deutlich, dass der schliessungstheoretische Ansatz eine generell *konflikttheoretische* Perspektive einnimmt, in der Inklusion und Exklusion als Resultat der sozialen Auseinandersetzungen strategisch handelnder Akteure begriffen werden, die um die Partizipation an jenen gesellschaftlichen Gütern kämpfen, die Gruppen, Organisationen oder Institutionen zu vergeben haben.

Damit ist zwar die Stossrichtung einer soziologischen Analyse der asymmetrischen Verteilung von Lebenschancen vorgegeben, doch wie eine solche soziologische Analyse von Lebenschancen tatsächlich aussehen könnte und welchen Beitrag die Theorie sozialer Schliessung hier bieten kann, muss noch geklärt werden.

4 Der schliessungstheoretische Ansatz

Um es gleich vorwegzunehmen: Was gegenwärtig unter dem Label einer «Theorie sozialer Schliessung» firmiert, lässt sich viel eher als konzeptioneller Ansatz begreifen denn als Theorie. Geht man davon aus, dass es die eigentliche Aufgabe einer Theorie ist, Erklärungen für verwirrende soziale Phänomene zu liefern (vgl. Boudon 1995), so muss man feststellen, dass eine solche Theorie, die die Dynamik von Schliessungsprozessen analysieren und damit die Prozesscharakter von Schliessung aufklären könnte, bisher nicht existiert. Deshalb geht es im Folgenden zunächst darum, den schliessungstheoretischen Ansatz zu rekonstruieren.

4.1 Max Weber: «Offene» und «geschlossene» soziale Beziehungen

Der Gewährsmann für die Bedeutung sozialer Schliessung, aber auch der Öffnung von sozialen Beziehungen, ist Max Weber. Mit seinem Konzept «offener» und «geschlossener» sozialer Beziehungen hat er in den soziologischen Grundbegriffen in *Wirtschaft und Gesellschaft* (1985) die Grundlage der Theorie sozialer Schliessung entwickelt.

Als nach aussen hin «offen» gilt eine soziale Beziehung, «wenn und insoweit die Teilnahme an dem an ihrem Sinngehalt orientierten gegenseitigen Handeln, welches sie konstituiert, nach ihren geltenden Ordnungen niemand verwehrt wird, der dazu tatsächlich in der Lage und geneigt ist» (ebd.: 23). Als «geschlossen» gilt sie hingegen «insoweit und in dem Grade, als ihr Sinngehalt oder ihre geltenden Ordnungen die Teilnahme ausschliessen oder beschränken oder an Bedingungen knüpfen» (ebd.: 23). In Ersteren kann im Prinzip jeder mitmachen, der dazu in der Lage ist; in Letzteren ist der Zugang, das Mitmachen hingegen begrenzt.

Nicht ohne Grund steht Webers Konzept zu offenen und geschlossenen sozialen Beziehungen in unmittelbarem Zusammenhang mit seinen Ausführungen zu Prozessen der Vergemeinschaftung und Vergesellschaftung (ebd.: 21 ff.), denn was Weber interessiert hat, war der Umstand, dass Gruppen, Organisationen oder Vergemeinschaftungen sich aus unterschiedlichen Gründen nach aussen abschliessen, um für ihre Mitglieder bestimmte Güter zu monopolisieren und die Konkurrenz damit so gering wie möglich zu halten. Es geht mit anderen Worten um die Unterscheidung zwischen den einen und den anderen, zwischen «Wir» und «Die», und diese Differenz wird durch das Handeln sozialer Akteure hergestellt.

Offenheit und Geschlossenheit einer sozialen Beziehung können für Weber traditionell, affektuell, wert- oder zweckrational bedingt sein. Im Zentrum seines Interesses stehen jedoch Prozesse der Maximierung ökonomischer

Chancen und der Monopolisierung gesellschaftlicher Ressourcen, durch die gesellschaftliche Gruppen sich andere unterordnen. Es geht also darum, die Zahl der Konkurrenten um spezifische Chancen, Güter oder Ressourcen gering zu halten, und um dies zu erreichen, muss «in irgendeinem Umfang stets Schließung der betreffenden (sozialen und ökonomischen) Chancen gegen Außenstehende» erreicht werden (ebd.: 201). Weber geht davon aus, dass irgendein «äußerlich feststellbares Merkmal eines Teils der (aktuell oder potentiell) Mitkonkurrierenden: Rasse, Sprache, Konfession, örtliche oder soziale Herkunft, Abstammung, Wohnsitz usw. von den anderen zum Anlass genommen wird, ihren Ausschluss vom Mitbewerb zu erstreben» (ebd.: 201). Egal welche soziale Gemeinschaft sich im Schliessungsprozess als Interessentengemeinschaft konstituiert, die treibende Kraft dazu besteht in der «Tendenz zum Monopolisieren bestimmter, und zwar der Regel nach ökonomischer Chancen» (ebd.: 201).

Das bedeutet jedoch nicht, dass es zwangsläufig zu einem *vollständigen Ausschluss* kommen muss. Vielmehr definiert Weber mit den Möglichkeiten eines *beschränkten Ausschlusses* sowie der *unter spezifischen Bedingungen möglichen Zulassung* jene Kriterien, die die soziologisch interessante Perspektive des Schliessungsansatzes auf differenzielle Grade der Inklusion und Exklusion von Individuen in bzw. von sozialen Systemen eröffnet.

Fasst man Webers Ausführungen zusammen, dann hat man schon eine ganze Reihe wichtiger Faktoren für ein Verständnis sozialer Schliessung:

› einen Grundbegriff sozialen Handelns, der intrinsisch auf Prozesse von Vergemeinschaftung und Vergesellschaftung und zugleich auf das Problem sozialer Integration verweist;
› ein Konzept, das zwar vor allem auf Prozesse ökonomischer Schliessung abzielt, aber auch soziale Chancen berücksichtigt;
› die Vorstellung einer Über- und Unterordnung durch Schliessung aufgrund ungleicher Verteilung von Gütern und damit den Verweis auf die Sozialstruktur von Gesellschaften und soziale Ungleichheiten;
› ein Konzept, das auf die Variabilität sozialer Schliessung verweist, indem es unterschiedliche Grade der Abschliessung definiert;
› schliesslich ein Konzept, das von einer Machtasymmetrie zwischen sozialen Gruppen ausgeht; dies allerdings in einem Masse, dass den Ausgeschlossenen und ihren Handlungsmöglichkeiten kaum Beachtung geschenkt wird.

Aber trotz all dieser wichtigen Aspekte muss man doch festhalten: Was die Erklärung der Prozesse und Dynamiken sozialer Schliessung angeht, bleibt uns Weber die Antwort schuldig. Er bietet uns ein Konzept sozialer

Schliessung, aber eben keine Theorie. Und das ändert sich auch nicht, wenn man sich den Arbeiten von Frank Parkin und Raymond Murphy aus den 1970er- und 1980er-Jahren zuwendet, wenngleich sie das Konzept entscheidend modifiziert und zu einem allgemeinen Rahmen zur Analyse von Herrschaftsverhältnissen in Gesellschaften weiterentwickelt haben.

4.2 Frank Parkin: Soziale Schliessung als politischer Prozess

Um die Schichtungsordnung moderner Gesellschaften angemessen analysieren zu können, plädierte Frank Parkin (1979; 2004) im Rahmen einer kritischen Auseinandersetzung mit der marxistischen Klassenanalyse dafür, auf einen modifizierten schliessungstheoretischen Ansatz zurückzugreifen. Nicht nur die Interklassenbeziehung zwischen Kapital und Arbeit sollten Berücksichtigung finden, sondern ferner Intraklassenbeziehungen sowie jene Schichtungen, «die in Zusammenhang mit der Zugehörigkeit zu rassischen, ethnischen, religiösen und sprachlichen Gruppen (communities) stehen» (Parkin 2004: 29). Dazu waren erhebliche Modifikationen der weberschen Konzeptes erforderlich.

Schliessung als Exklusion und Usurpation

Mit der ersten Modifikation wird der von Weber auf das Handeln ausschliessender Gruppen begrenzte Begriff der Schliessung so erweitert, dass die kollektiven Gegenaktionen der Ausgeschlossenen systematisch berücksichtigt werden können. Die Vorstellung, dass eine Gruppe Schliessung gegen eine andere durchsetzt, wird durch ein Modell ersetzt, das den konflikthaften Charakter von Schliessung betont. Schliessung bezeichnet deshalb nicht mehr nur *Exklusion*, sondern Exklusion und die Gegenreaktion, die Parkin als *Usurpation* bezeichnet. Diese Erweiterung lässt sich anhand der sogenannten Schliessungsgleichung verdeutlichen (siehe Abb. 1).

Abbildung 1: Das Modell der Schliessungsgleichung

Schliessungsstrategien

Auf beiden Seiten der Gleichung verfolgen Akteure spezifische Interessen und versuchen diese in Schliessungskämpfen zu verwirklichen: *Ausschliessungsstrategien* und *Usurpationsstrategien*.

Ausschliessungsstrategien, d.h. die Monopolisierung gesellschaftlicher Chancen, Privilegien und Ressourcen, versuchen, den Status quo einer spezifischen Verteilungsstruktur gesellschaftlicher Güter und Ressourcen aufrechtzuerhalten. Sie haben zumeist *legalistischen Charakter*, da sie sich auf die durch den Staat legitimierten und geschützten Institutionen des Privatbesitzes an Produktionsmitteln und das System der Bildungszertifikate (Kredentialismus) stützen, die beide den Zugang zu Reichtum und Privilegien beschränken. Während Ausschliessungsstrategien so zur «dominanten Schließungsform in allen Schichtungssystemen» (ebd.: 32) werden, ist es Ziel aller usurpatorischer Schliessungsstrategien, die Reorganisation einer spezifischen Verteilungsstruktur gesellschaftlicher Güter und Ressourcen durchzusetzen. Sie sind darauf gerichtet, Zugang zu den von der ausschliessenden Gruppe monopolisierten Ressourcen zu erlangen. Indem sich Usurpationsstrategien gegen die staatlich gesicherte Schichtungsordnung wenden, bewegen sie sich häufig am Rande der Legalität. Sie sind deshalb im Wesentlichen auf eine *solidaristische Taktik*, den Zusammenschluss der Ausgeschlossenen, angewiesen.

Die Strategien sozialer Akteure auf beiden Seiten der Schliessungsgleichung lassen sich als politische Strategien begreifen, sie sind Ausdruck sozialer Auseinandersetzungen um gesellschaftliche Ressourcen und Güter, um deren Verteilung sie konkurrieren.

Schliessung und die Analyse von Herrschaftsverhältnissen

Durch die zweite Modifikation wird die bei Weber vorhandene Verengung von Schliessung auf die Maximierung ökonomischer Chancen überwunden. Schliessung bezieht sich nicht mehr nur auf den Kampf um die Verteilung ökonomischer Ressourcen und damit auf das ökonomische Ausbeutungsverhältnis zwischen Klassen, sondern auf alle Beziehungen zwischen sozialen Klassen und Gruppen, in denen eine dieser Gruppen eine andere von einer beliebigen gesellschaftlichen Chance oder Ressource ausschliesst.

Durch diese *herrschaftstheoretische Wende* wird die Schliessungstheorie zum Instrument der Analyse von Herrschaftsverhältnissen aller Art. Eine spezifische gesellschaftliche Schichtungsordnung lässt sich daher als Resultat wechselseitiger Strategien von Ausschliessung und Usurpation begreifen; sie ist eine Folge der Machtverteilung in Gesellschaften: «Macht wird nicht als etwas Geheimnisvolles und Außergewöhnliches dargestellt, dessen ungewisse Verortung das Schichtungsgefüge komplizierter macht, sondern als Metapher zur Beschreibung der tatsächlichen Wirkungsweise dieses Systems» (ebd.: 42 f.).

Schliessung und die Rolle des Staates

Mit der zentralen Rolle, die dem Staat in der Strukturierung der Schliessungskämpfe zukommt, macht Parkin auf eine bedeutende Schwäche des weberschen Ansatzes aufmerksam. Dominierende gesellschaftliche Gruppen wählen ihre Exklusionsstrategien nämlich keineswegs willkürlich. Vielmehr greifen sie bei der Wahl des jeweiligen Kriteriums auf rechtliche Definitionen der Unterordnung durch den Staat zurück: «In all known instances where racial, religious, linguistic, or sex characteristics have been seized upon for closure purposes the group in question has already at some time been defined as legally inferior by the state. Ethnic subordination, to take the commonest case, has normally occured as a result of territorial conquest or the forced migration of populations creating a subcategory of second-class citizens within the nation-state» (Parkin 1979: 95 f.). Mit der Einsicht, dass rechtliche Definitionen von Über- und Unterordnung von zentraler Bedeutung für ein Verständnis von Schliessungskämpfen sind, wird der Staat als bedeutender Akteur in diesen Auseinandersetzungen bestimmt.

Duale Schliessung

Das Konzept dualer Schliessung besagt, dass ausschliessende Gruppen nicht nur Exklusionsstrategien anwenden und ausgeschlossene Gruppen ebenso wenig nur auf Usurpationsstrategien setzen. Entscheidend ist das deshalb, weil davon ausgegangen werden muss, dass es in beiden grossen Gruppen unterschiedliche Interessen oder Interessengruppen gibt. Das bedeutet gleichwohl keineswegs, dass die Wahl der jeweiligen Strategie beliebig wäre. Vielmehr resultiert die Wahl der primären Strategie einer sozialen Gruppe aus ihrer spezifischen Position innerhalb der Schichtungsordnung, die dann ergänzt werden kann: «For definitional purposes, then, the dominant class in a society can be said to consist of those social groups whose share of resources is attained primarily by exclusionary means; whereas the subordinate class consists of social groups whose primary strategy is one of usurpation, notwithstanding the occasional resort to exclusion as a supplementary strategy» (ebd.: 93).

Diese grundlegenden Modifikationen des weberschen Ansatzes hat Raymond Murphy aufgegriffen und in einem weiteren Schritt ein differenzierteres Verständnis sozialer Schliessungsbeziehungen entwickelt.

4.3 Raymond Murphy: Die Funktionsweise sozialer Schliessung

Ziel der schliessungstheoretischen Arbeiten Raymond Murphys (1988; 2004) ist es, zu einer weitergehenden Differenzierung der Analyse von

Schliessungskämpfen zu gelangen. Ihm geht es um zwei zentrale Probleme: Erstens fragt er nach unterschiedlichen Exklusionsformen und dem Grad ihrer Bedeutung im Schliessungsprozess (Differenziertheit von Exklusionsformen). Zweitens fragt er danach, wie diese Formen zusammenwirken und so Schliessung verfestigen, wodurch die Ausschliessung verstärkt wird (Dominoeffekt).

Die Klärung dieser beiden Fragen treibt das Verständnis von Schliessung deutlich voran, doch es wird dabei zugleich erkennbar, wie eng Murphy der strukturalistischen Denkweise verhaftet bleibt, gegen die der erweiterte Schliessungsansatz eigentlich ins Feld geführt werden sollte.

Exklusionsformen und Exklusionsstrukturen

Murphy wendet sich der Exklusionsseite sozialer Schliessung zu und fragt nach unterschiedlichen Exklusionsformen und dem Grad ihrer Bedeutung in Schliessungskämpfen. Unterschieden werden *primäre*, *abgeleitete* und *kontingente* Formen, und Murphy geht davon aus, dass ihr spezifisches Zusammenwirken in bestimmten Gesellschaftsformationen typische *Exklusionsstrukturen* erzeugt.

Primäre Exklusionsformen beziehen sich auf jene Exklusionsregeln, die unter dem Schutz staatlicher Gesetzgebung stehen und über den Ausschluss von Macht, Ressourcen und Chancen in einer Gesellschaft entscheiden. Damit determinieren sie den gesamten Schliessungsprozess und das Verhältnis zu nachgeordneten Formen der Exklusion (vgl. Murphy 2004: 97). Im Gegensatz zu Parkin, der von der gleichrangigen Bedeutung des Privatbesitzes an Produktionsmitteln und des Kredentialismus in kapitalistischen Gesellschaften ausgegangen war, definiert Murphy den rechtlich gesicherten Privatbesitz an Produktionsmitteln als primäre Exklusionsform, von der sich *abgeleitete Formen* unterscheiden lassen. Diese können sowohl die Forderung nach spezifischen Berufsqualifikationen und Bildungstiteln für bestimmte Positionen in Unternehmen als auch rassische, ethnische, religiöse oder geschlechtsspezifische Faktoren sein, deren Wirkung direkt mit der rechtlichen Absicherung des Privatbesitzes an Produktionsmitteln zusammenhängt (ebd.: 98). Schliesslich können von diesen direkt abgeleiteten *kontingente Exklusionsformen* unterschieden werden, die nicht direkt von der primären Form abgeleitet, jedoch in ihrem Kontext entstehen. Auch hier handelt es sich um spezifische Bildungsqualifikationen sowie um rassische, ethnische, religiöse und geschlechtsspezifische Faktoren. Wirksam werden sie jedoch nicht im Rahmen kapitalistischer Unternehmen, sondern innerhalb der Gesellschaft, etwa in Form von Bildungspatenten für Ärzte (ebd.: 99).

Schliessung und Herrschaftsbeziehungen

Diese Idee eines spezifischen Zusammenwirkens unterschiedlicher Exklusionsformen ist von zentraler Bedeutung, denn sie ermöglicht ein Verständnis davon, wie verschiedene Exklusionen aneinander anknüpfen und den Ausschluss betroffener Gruppen kumulativ verstärken können. Murphy unterscheidet deshalb *strukturelle Schliessungsbeziehungen erster Ordnung* und *strukturelle Schliessungsbeziehungen zweiter Ordnung.* So stellen die Handlungsstrategien zwischen Besitzern von Produktionsmitteln und Besitzlosen, zwischen denjenigen, die über Qualifikationen verfügen und jenen, die keine besitzen, zwischen Männern und Frauen, Weissen und Schwarzen etc. strukturelle Schliessungsbeziehungen erster Ordnung dar. Erst indem diese Beziehungen zusammenwirken, entstehen strukturelle Schliessungsbeziehungen zweiter Ordnung. Das spezifische Zusammenwirken unterschiedlicher Schliessungsformen und deren wechselseitige Verstärkung machen es möglich, Macht- und Herrschaftsverhältnisse in Gesellschaften zu erfassen und so, in Murphys Worten, zur Tiefenstruktur von Herrschaft in Gesellschaften zu gelangen: «Wenn der Fokus der Schließungstheorie auf diese Weise geschärft wird, nimmt sie die in Exklusionsregeln und -codes eingelassenen Macht- und Kontrollbeziehungen in den Blick, die die Gesellschaft regulieren und beherrschen […]. Damit stellt sie einen potenziell wertvollen Ansatz dar, um die Grundlage von Herrschaft und Kampf zu verstehen, ganz gleich, welche Form diese annehmen» (ebd.: 107 f.).

Fasst man alle diese Modifikationen und Erweiterungen des weberschen Ansatzes zusammen, so sind mindestens fünf Aspekte entscheidend:

› Das Augenmerk wird erstens darauf gelenkt, dass soziale Schliessung das Resultat sozialer Auseinandersetzungen ist, in denen ausschliessende und ausgeschlossenen Gruppen versuchen, ihre Interessen durchzusetzen;
› zweitens wird erkennbar, unter welch asymmetrischen Machtverhältnissen sich die Akteure in Schliessungskämpfen gegenüberstehen;
› drittens wird deutlich, dass der Staat in vielen Schliessungskämpfen eine zentrale Rolle spielt und seine Aktivitäten die Strategien ausschliessender und ausgeschlossener Gruppen zutiefst beeinflussen;
› viertens eröffnet die Berücksichtigung des Konzepts dualer Schliessung die Möglichkeit, die Vielfalt von Schliessungsbeziehungen zu erfassen und nicht der Vorstellung homogener Grossgruppen mit je einheitlichen Interessen zu erliegen, sondern die internen Interessengegensätze und daraus folgenden Schliessungen in den Blick zu nehmen;
› fünftens erhält man durch die Unterscheidung von Formen sozialer Schliessung ein Modell, das es erlaubt, die Verstärkung von Exklusion

durch aneinander anknüpfende Exklusionsformen zu identifizieren, die die Tiefenstruktur von Herrschaft darstellen.

All diese Erweiterungen und Modifikationen haben zu einer Ausdehnung des konzeptionellen Rahmens sozialer Schliessung beigetragen. Eine Erklärung der Dynamik sozialer Schliessung liegt damit allerdings noch nicht vor. Dazu müssen weitere Fragen beantwortet werden: Warum, unter welchen Bedingungen findet Schliessung statt? Was setzt sie in Gang? Wie lässt sich die Dynamik sozialer Schliessung erklären? Wie lassen sich Muster von Exklusion und Usurpation identifizieren? Der Versuch, derartige Fragen zu beantworten, ist zugleich ein Versuch, der «Prozessualität» (Mayntz) sozialer Schliessung auf die Spur zu kommen. Mit anderen Worten: Es geht darum, die Mechanismen sozialer Schliessung zu identifizieren.

5 Elemente einer Theorie sozialer Schliessung

An dieser Stelle kann abschliessend nur angedeutet werden, worauf sich eine künftige Analyse sozialer Schliessungskämpfe konzentrieren müsste. Um den Prozessen und Mechanismen auf die Spur zu kommen, die die Dynamiken von Schliessungsprozessen erklären könnten, ist es erforderlich, vier Punkte zu klären: Es handelt sich um die *Definition* und *Klassifikation* sozialer Schliessung und im Anschluss daran um ihre *Variabilität* und *Erklärung*.

5.1 Eine Definition sozialer Schliessung

Vor dem Hintergrund der bisherigen Diskussion lässt sich eine vorläufige, erste Definition sozialer Schliessung formulieren: Soziale Schliessung ist das Resultat eines wechselseitigen Prozesses von Exklusion und Usurpation, in dem soziale Akteure (Gruppen, Institutionen oder Gesellschaften etc.) anderen Akteuren den Zugang zu Lebenschancen verwehren, indem sie gesellschaftliche Güter monopolisieren und den Zugang zu ihnen verhindern, erschweren oder an Bedingungen knüpfen.

Schliessung wird auf der Grundlage einer solchen Definition als Ergebnis sozialer Auseinandersetzungen begriffen, in denen Akteure tatsächlich um die Verteilung von Ressourcen, den Zugang zu Rechten oder die Anerkennung von Identitäten kämpfen. Schliessung, daran sei noch einmal erinnert, gilt hier als Oberbegriff, der Exklusion und Usurpation umfasst.

Ein solches Verständnis von Schliessung darf allerdings zwei Aspekte nicht vernachlässigen: Zum einen folgt daraus nicht, dass Ausschliessung nicht auch möglich ist, ohne dass ausgeschlossene Gruppen sich tatsächlich zur Wehr setzen. Tun sie das nicht, so akzeptieren sie ihren Ausschluss von gesellschaftlichen Gütern oder sehen keine Chance, für eine Reorganisation der Verteilungsstruktur zu kämpfen. Fakt aber ist: Wir haben es hier mit Ausschliessung zu tun. Zum anderen muss Ausschliessung nicht notwendig Folge intendierten Handelns sein, und diese Einsicht modifiziert den strategischen Impetus der Definition. Ein spezifisches kollektives Handeln kann vielmehr den unintendierten Effekt der sozialen Ausschliessung von Personen oder Gruppen haben. Verlassen beispielsweise viele Angehörige einer besserverdienenden Mittelschicht einen sozial problematischen Stadtteil, so ist das Ziel dieser Entscheidungen, für sich selbst in einem anderen Stadtteil bessere Bedingungen zu finden. Dass der von kollektivem Wegzug betroffene Stadtteil dadurch möglicherweise mit noch grösseren Problemen zu kämpfen hat und die Situation der Zurückgebliebenen sich weiter verschlechtert, lässt sich als unintendierten Effekt intentionalen Handelns begreifen. Zum Problem von Schliessung wird dieser Prozess dann, wenn die Zurückgebliebenen etwa mehr Mittel fordern, um ihren Stadtteil vor dem Niedergang zu bewahren.

5.2 Eine Klassifikation von Phänomenen sozialer Schliessung

Eine allgemeine Definition sozialer Schliessung unterscheidet noch nicht zwischen unterschiedlichen Dimensionen von Schliessung, den unterschiedlichen Gütern, um die gekämpft wird, oder den Zielen, die durch Ausschliessung oder Usurpation erreicht werden sollen.

Versucht man deshalb, Phänomene sozialer Schliessung zu klassifizieren, so wird deutlich, warum der Begriff der *Lebenschancen* im Zentrum einer schliessungstheoretischen Analyse stehen muss. In Schliessungskämpfen geht es darum, inwiefern und in welchem Ausmass Akteure Optionen nutzen und Ligaturen entwickeln oder bewahren können. Und an diesem Punkt zeigt sich, dass es durch die konzeptionelle Erweiterung des dahrendorfschen Ansatzes möglich wird, Dimensionen, Güter und Ziele von Schliessungskämpfen zu identifizieren. Sozialen Auseinandersetzungen, in denen es um die Realisierung von Lebenschancen geht, können unterschiedliche *Interessen*, *Ideen/Ideologien* oder *Identitäten* zugrunde liegen. Diesen Dimensionen entsprechen dann unterschiedliche gesellschaftliche Güter, um die es sich

Abbildung 2: Eine Klassifikation von Schliessungskämpfen

	Schliessungskämpfe um Lebenschancen		
Dimension	Interessen	Ideen/Ideologien	Identitäten
Gesellschaftliche Güter	Ressourcen	Rechte	Anerkennung
Ziel	Teilhabe	Partizipation	Respekt

in Schliessungskämpfen dreht: Es handelt sich dabei um *Ressourcen*, *Rechte* und *Anerkennung* (vgl. Hirschman 1994; Offe 2007). Und schliesslich wird auf der Grundlage dieser Dimensionen und Güter auch deutlich, dass diese Kämpfe auf ganz unterschiedliche Ziele gerichtet sind. Hier geht es um *Teilhabe*, *Partizipation* und *Respekt*.

5.3 Die Variabilität sozialer Schliessung

Schliessung ist nichts Starres oder Unveränderliches. Im Gegensatz etwa zu Murphys (2004: 103) strukturalistischer Annahme einer spezifischen, gegebenen Schliessungsstruktur, die Akteure nur exekutieren können, wird im Kontext des handlungstheoretischen Charakters des schliessungstheoretischen Ansatzes schon bei Weber deutlich, dass Schliessung nicht unbedingt und immer vollständigen Ausschluss bedeutet. Vielmehr finden wir bereits hier Kriterien, die auf die Variabilität sozialer Schliessung verweisen. Hier haben wir es mit zwei Aspekten zu tun: Erstens geht es um die Frage nach *Graden der Schliessung*, also darum, ob Ausschliessung vollständig oder teilweise erfolgt oder ob Inklusion unter bestimmten Voraussetzungen (zum Teil) möglich wird. Zweitens geht es um die Frage nach der *zeitlichen Perspektive* einer Veränderung bestehenden Ausschlusses. Wie, unter welchen Bedingungen und bis zu welchem Mass lassen sich bestehende Ausschliessungen aufbrechen und Ressourcen oder Rechte usurpieren, bzw. lässt sich Anerkennung erreichen?

Die (in Grenzen) bestehende Variabilität von Schliessung macht deutlich, dass soziale Prozesse nicht unveränderlich feststehen (universelle Konfiguration) oder wir auf die fixen Codes «rational prozessierender» Systeme verwiesen wären, sondern dass die Interessen, Wert- und Glaubensvorstellungen von Akteuren wandelbar sind; dass die sozialen Beziehungen zwischen Ausschliessenden und Ausgeschlossenen sich verändern können, und dass selbst die Opportunitätsstrukturen, innerhalb derer sich Schliessung vollzieht, in Grenzen dynamisch sind.

Damit sind die drei zentralen Dimensionen angesprochen, die in Betracht gezogen werden müssen, um die sozialen Mechanismen sozialer Schliessung zu identifizieren und so zu einer Erklärung von Prozessen sozialer Ausschliessung und Usurpation zu gelangen.

5.4 Zur Erklärung sozialer Schliessung

Eine Erklärung sozialer Schliessung steht vor der Aufgabe, diejenigen sozialen Mechanismen zu identifizieren, die in Prozessen sozialer Schliessung wirksam werden. Fragen nach einer Erklärung können sich auf unterschiedliche Aspekte des Schliessungskonfliktes beziehen. Erstens auf die Motivationen,

Interessen und Glaubensvorstellungen der involvierten Akteure: Warum und unter welchen Bedingungen entscheiden sich Akteure dazu, andere auszuschliessen oder gegen den eigenen Ausschluss vorzugehen? Zweitens geht es um die sozialen Beziehungen zwischen den ausschliessenden und ausgeschlossenen Gruppen oder Akteuren: Was konstituiert oder verändert die sozialen Beziehungen so, dass Ausschliessung als Mittel der Wahl erscheint? Welche Veränderungen der sozialen Beziehungen führen überhaupt dazu, dass Güter monopolisiert und für die eigene Gruppe exklusiv gehalten werden? Drittens geht es um die dadurch veränderten Opportunitätsstrukturen des Handelns in Schliessungskämpfen: Wie verändern die Strategien der einen Seite die Handlungsmöglichkeiten der anderen? Inwiefern werden dadurch Anschlussmöglichkeiten für das Handeln der Gegenseite erzeugt, die geplante Strategien unmöglich machen?

Das sind nur einige der Fragen, die zur Erklärung sozialer Schliessung in Angriff genommen werden müssten. Die Analyse der dazu zu identifizierenden sozialen Mechanismen finden sich auf den genannten Ebenen (vgl. Abb. 3).

Abbildung 3: Ebenen und Mechanismen einer Erklärung sozialer Schliessung

Ebenen	Mechanismen
Akteure	**Kognitive Mechanismen** Interessen, Wert- und Glaubensvorstellungen sozialer Akteure
Soziale Beziehungen	**Relationale Mechanismen** In welchem Verhältnis stehen die Akteure zueinander und unter welchen Bedingungen und wie wird die Grenze zwischen «Wir» und «die Anderen» mobilisiert im Hinblick auf: – das Ausbeutungs- und Ungleichheitsverhältnis – das Verhältnis Bürger/Nicht-Bürger – die Definitionen kollektiver Identitäten usw.
Opportunitätsstrukturen	**Kontextspezifische Mechanismen** Strukturelle Bedingungen, auf die sich Akteure beziehen müssen, wie etwa – durch das Handeln von Akteuren erzeugte Handlungsrestriktionen für Akteure der Gegenseite, – institutionelle oder rechtliche Regeln etc.

6 Schluss

Ziel des Aufsatzes war es, einen Beitrag zur Erklärung systematisch ungleich verteilter Lebenschancen in modernen Gesellschaften zu entwickeln. Dazu wurde zunächst das dahrendorfsche Konzept der Lebenschancen wieder aufgenommen und konzeptionell erweitert. Um zu einer Erklärung des ungleichen Zugangs zu Lebenschancen zu gelangen, wurde der schliessungstheoretische Ansatz in seiner vorliegenden Form diskutiert. Dabei zeigte sich, dass wir es hier nicht mit einer Theorie zu tun haben, die die Dynamik und Prozessualität sozialer Schliessung erklären könnte, sondern mit einem konzeptionellen Ansatz. Um über diesen Stand der Ausarbeitung des schliessungstheoretischen Ansatzes hinauszugelangen, galt es erste Aspekte einer noch zu entwickelnden Theorie sozialer Schliessung zusammenzutragen, die es erlaubt, Prozesse und Mechanismen sozialer Schliessung zu identifizieren.

Ausgegangen wurde dabei von Max Webers ursprünglichem Konzept, denn mit gutem Grund steht das Konzept «offener» und «geschlossener» Beziehungen in den Grundbegriffen von *Wirtschaft und Gesellschaft*, und mit ebenso gutem Grund steht es in unmittelbarem Zusammenhang mit den Prozessen von Vergemeinschaftung und Vergesellschaftung. Schliessung ist ein alltägliches, ubiquitäres und unausweichliches Phänomen, das von den Mitgliedern moderner Gesellschaften in ihrem Alltag zumeist als Selbstverständlichkeit hingenommen wird. Erklärungsbedürftig ist deshalb, warum, zu welchen Zeitpunkten und unter welchen spezifischen Bedingungen es dazu kommt, dass Ausschliessung nicht mehr einfach als Selbstverständlichkeit hingenommen, sondern dieser Prozess problematisiert, mobilisierbar und konfliktfähig wird. Ohne Zweifel ist das in Situationen der Fall, wenn eingespielte Arrangements wohlfahrtsstaatlicher Umverteilung in Frage gestellt und «Generationenverträge» hinfällig werden, oder wenn durch eine zunehmende Vermarktlichung gesellschaftlicher Beziehungen die vertikale Differenzierung moderner Gesellschaften wieder stärker in das Bewusstsein der sozialen Akteure rückt. Im Zuge solcher Prozesse verändern sich die Beziehungen zwischen sozialen Akteuren, Gruppen, Schichten oder auch Klassen, und es ist sehr wahrscheinlich, dass derartige Veränderungen Exklusion zum Problem machen und Usurpationsstrategien hervorrufen werden. Wie genau das vonstatten geht, ist bisher eine offene Frage.

7 Literatur

Achermann, Christin und Stefanie Gass (2003): *Staatsbürgerschaft und soziale Schliessung. Eine rechtsethnologische Sicht auf die Einbürgerungspraxis der Stadt Basel.* Zürich: Seismo.

Beck, Ulrich (1983): Jenseits von Klasse und Stand? Soziale Ungleichheit, gesellschaftliche Individualisierungsprozesse und die Entstehung neuer sozialer Formationen und Identitäten. In: Reinhard Kreckel (Hrsg.), *Soziale Ungleichheit.* Sonderband 2. Soziale Welt. Göttingen: Verlag Otto Schwartz & Co, 35–74.

Beck, Ulrich (1986): *Risikogesellschaft. Auf dem Weg in eine andere Moderne.* Frankfurt am Main: Suhrkamp.

Bottomore, Tom (1994): Citizenship. In: William Outhwaite, Tom Bottomore, Ernest Gellner, Robert Nisbet und Alain Touraine (Hrsg.), The Blackwell Dictionary of Twentieth-Century Social Thought. Oxford: Blackwell, 75.

Boudon, Raymond (1995): How Can Sociology "Make Sense" Again? *Schweizerische Zeitschrift für Soziologie,* 21 (2): 233–241.

Bourdieu, Pierre und Jean-Claude Passeron (1971): *Die Illusion der Chancengleichheit. Untersuchungen zur Soziologie des Bildungswesens am Beispiel Frankreichs.* Stuttgart: Klett.

Dahrendorf, Ralf (1979): *Lebenschancen. Anläufe zur sozialen und politischen Theorie.* Frankfurt am Main: Suhrkamp.

Edmunds, June und Bryan S. Turner (2004): Generationen und soziale Schließung. Die britische Nachkriegsgeneration. In: Jürgen Mackert (Hrsg.), *Die Theorie sozialer Schließung. Tradition, Analysen, Perspektiven.* Wiesbaden: Verlag für Sozialwissenschaften, 177–192.

Hirschman, Albert O. (1994): Social Conflicts as Pillars of Democratic Market Societies. *Political Theory,* 22 (2): 203–218.

Kymlicka, Will (2007): Die neue Debatte über Minderheitenrechte. In: Jürgen Mackert und Hans-Peter Müller (Hrsg.), *Moderne (Staats)Bürgerschaft. Nationale Staatsbürgerschaft und die Debatten der Citizenship Studies.* Wiesbaden: Verlag für Sozialwissenschaften (323–343).

Mackert, Jürgen (1999): *Kampf um Zugehörigkeit. Nationale Staatsbürgerschaft als Modus sozialer Schließung.* Opladen: Westdeutscher Verlag.

Mackert, Jürgen (2004): Die Theorie sozialer Schließung. Das analytische Potenzial einer Theorie mittlerer Reichweite. In: Jürgen Mackert (Hrsg.), *Die Theorie sozialer Schließung. Tradition, Analysen, Perspektiven.* Wiesbaden: Verlag für Sozialwissenschaften, 9–24.

Mackert, Jürgen (2006): *Staatsbürgerschaft. Eine Einführung.* Wiesbaden: Verlag für Sozialwissenschaften.

Marshall, Thomas Humphrey (1950): *Citizenship and Class, and Other Essays.* Cambridge: Cambridge University Press.

Müller, Hans-Peter und Michael Schmid (2003): Vorwort. In: Hans-Peter Müller und Michael Schmid (Hrsg.), *Hauptwerke der Ungleichheitsforschung.* Wiesbaden: Westdeutscher Verlag, 5–10.

Murphy, Raymond (1988): *Social Closure. The Theory of Monopolization and Exclusion.* Oxford: Clarendon Press.

Murphy, Raymond (2004): Die Struktur sozialer Schließung: Zur Kritik und Weiterentwicklung der Theorien von Weber, Collins und Parkin. In: Jürgen Mackert (Hrsg.), *Die Theorie sozialer Schließung. Tradition, Analysen, Perspektiven.* Wiesbaden: Verlag für Sozialwissenschaften, 87–109.

Neckel, Sighard (1995): Politische Ethnizität. Das Beispiel der Vereinigten Staaten. In: Birgitta Nedelmann (Hrsg.), *Politische Institutionen im Wandel.* Sonderheft 35 der Kölner Zeitschrift für Soziologie und Sozialpsychologie. Opladen: Westdeutscher Verlag, 217–236.

Offe, Claus (2007): Identitätskonflikte im demokratischen Rechtsstaat. Zur Problematik von Gruppenrechten. In: Jürgen Mackert und Hans-Peter Müller (Hrsg.), *Moderne (Staats)Bürgerschaft. Nationale Staatsbürgerschaft und die Debatten der Citizenship Studies.* Wiesbaden: Verlag für Sozialwissenschaften (345–372).

Parkin, Frank (1979): *Marxism and Class Theory. A Bourgeois Critique.* London: Tavistock Publications.

Parkin, Frank (1980): Reply to Giddens. *Theory and Society*, 9 (4): 891–894.

Parkin, Frank (2004): Strategien sozialer Schließung und Klassenbildung. In: Jürgen Mackert (Hrsg.), *Die Theorie sozialer Schließung. Tradition, Analysen, Perspektiven.* Wiesbaden: Verlag für Sozialwissenschaften, 27–43.

Schimank, Uwe (2004): Kämpfe um Lebenschancen. In: Horst Pöttker und Thomas Meyer (Hrsg.), *Kritische Empirie. Lebenschancen in den Sozialwissenschaften.* Festschrift für Rainer Geißler. Wiesbaden: Verlag für Sozialwissenschaften, 43–60.

Schulze, Gerhard (2005): *Die Erlebnisgesellschaft. Kultursoziologie der Gegenwart.* Frankfurt am Main/New York: Campus.

Taylor, Charles (1993): *Multikulturalismus und die Politik der Anerkennung.* Herausgegeben von Amy Gutmann. Frankfurt am Main: S. Fischer.

Walzer, Michael (1992): *What it means to be an American.* New York: Marsilio Publishers.

Weber, Max (1985): *Wirtschaft und Gesellschaft. Grundriß der verstehenden Soziologie.* Tübingen: J. C. B. Mohr (Paul Siebeck).

Young, Iris Marion (1990): *Justice and the Politics of Difference.* Princeton: Princeton University Press.

Ungleichheiten zwischen den Geschlechtern. Ursachen und Veränderungen

Eva Cyba

Die vielfältigen Formen geschlechtsspezifischer Ungleichheit in den verschiedenen Lebensbereichen sind in zahlreichen Studien der Frauen- und Geschlechterforschung empirisch dokumentiert: Sei es die Konzentration von Frauen in schlecht bezahlten sogenannten Frauenberufen, seien es Barrieren bei Karriere und Aufstieg in höhere Positionen, oder die ungleiche Arbeitsteilung in Haushalt- und Familienarbeit oder die Gewalt gegen Frauen, um nur einige zu nennen. Aber es gibt auch Tendenzen in Richtung Gleichstellung. Der Abbau von Benachteiligungen und gleichzeitig das beharrliche Fortdauern anderer sowie das Auftauchen neuer Formen von Ungleichheit vermitteln ein recht widersprüchliches Bild.

In dieser unübersichtlichen Situation stellt sich die Frage, wie dieses Muster von Ungleichheiten konzeptuell erfasst und erklärt werden kann. Denn Strategien zur Beseitigung oder zumindest zur Verminderung der Ungleichheiten zwischen den Geschlechtern bedürfen des Wissens um die Ursachen.

1 Konkurrierende Erklärungsansätze: Zwei Traditionen

Das Aufkommen der Frauenbewegung, die Frauendiskriminierung in den unterschiedlichen Lebensbereichen zum Thema gemacht hat, sowie die Wissenschaftskritik feministischer Wissenschafterinnen führten dazu, dass soziale Ungleichheit aus einer neuen Perspektive diskutiert wurde, die auch eine Herausforderung für die Sichtweise bisheriger Theorien sozialer Ungleichheit war.

Mit der veränderten Sichtweise geschlechtsspezifischer Ungleichheiten haben sich auch die Vorstellungen von sozialer Gleichheit gewandelt. Die frühen Autoren wie Durkheim und auch Simmel sahen, der Geschlechterideologie des 19. Jahrhundert verhaftet, zwischen Männern und Frauen biologisch bedingte *und* sozial wirksame Unterschiede und ordneten sie zwei unterschiedlichen Sphären mit unterschiedlichen Eigenschaften zu. Damit schlossen sie aus, dass Prinzipien der Gleichheit auf das Geschlechterverhältnis in einer umfassenden Weise angewendet werden konnten.

In der weiteren Entwicklung der Soziologie und der Ungleichheitsanalyse im Besonderen wurde dem Problem der Geschlechterungleichheit so gut wie keine Aufmerksamkeit gewidmet. Eine Ausnahme bildet die funktionalistische Theorie von Parsons, der die Position von Frauen aus den funktionalen Erfordernissen einer arbeitsteiligen Gesellschaft erklärt. Eine bedeutende Rolle kommt in diesem Rahmen dem programmatischen Aufsatz von Joan Acker (1973) zu, in dem sie die Vernachlässigung der Geschlechterdimension als Indiz für «intellektuellen Sexismus» bezeichnete.

Die Gender-Class-Debatte entzündete sich an der von Goldthorpe (1983) vertretenen «konventionellen» Meinung, dass man die Ungleichheiten zwischen den Geschlechtern praktisch vernachlässigen könne, da die relevanten sozialen Ungleichheiten auf Unterschiede zwischen den Klassen beruhten und diese die relevanten Einheiten der sozialen Ungleichheit seien. Seine Argumente stützen sich auf Annahmen, die in der Folge aufgrund empirischer Studien in Zweifel gezogen wurden: Weder kann man von Familien als homogene Einheiten ausgehen, noch ist der Verdienst von Frauen ein «blosser» Zuverdienst, wodurch man Frauen letztlich den Klassenpositionen ihrer Männer zurechnen könne. Die Kritik an dieser Theorie hat in der Folge zur Entwicklung der feministischen Perspektive in der Schichtungsforschung beigetragen (vgl. Crompton und Mann 1986; Kreckel 1992).

Fast allen feministischen Theoretikerinnen ist der Versuch gemeinsam, Geschlecht als zentrale Kategorie in die marxistische Theorie zu integrieren oder marxistische Ideen auf das Phänomen der Ungleichheiten zwischen den Geschlechtern anzuwenden. Damit werden das Verhältnis von Produktions- und Reproduktionssphäre und die geschlechtliche Arbeitsteilung zum Angelpunkt der Argumentation (Acker 1988; Walby 1990; Beer 1990; Hartmann 1983). Kapitalismus und Patriarchat bzw. die Struktur der kapitalistischen Tauschgesellschaft erscheinen als zwei aufeinander abgestimmte Strukturmerkmale moderner Gesellschaften, deren Zusammenwirken die Ungleichheit zwischen den Geschlechtern bewirkt. Die Reproduktion der benachteiligten Position von Frauen bildet demnach eine der Voraussetzungen für das Funktionieren der modernen kapitalistischen Gesellschaft.

Den marxistisch-feministischen Ansätzen kommt der Verdienst zu, die Geschlechterungleichheit aus einer theoretischen Perspektive als ein erklärungsbedürftiges Problem erkannt zu haben. Problematisch an diesen Theorien sind der von ihnen erhobene universelle Anspruch sowie die letztlich vorausgesetzte Gültigkeit der marxistischen Theorie. Ihr Ausgangspunkt ist die Annahme, dass die unbezahlte Reproduktionsarbeit von Frauen für die Aufrechterhaltung der kapitalistischen Wirtschaftsordnung notwendig ist. Den darüber hinausgehenden Sichtweisen und Handlungsstrategien von Frauen und Männern in unterschiedlichen Lebensbereichen wie auch den kulturellen und politischen Rahmenbedingungen wird dabei zu wenig

Beachtung geschenkt. Unklar ist auch, wie der geschlossene Zirkel von Patriarchat und Kapitalismus durchbrochen werden könnte. Veränderungen im Geschlechterverhältnis, die weitgehend in Opposition zur vorherrschenden Gesellschaftsordnung durchgesetzt wurden, können immer nur als Anpassungen an Wandlungen der beiden Strukturprinzipien oder als Wandlungen der Strukturprinzipien erklärt werden.

Diese Erklärungsmodelle haben mit dem Funktionalismus und der konservativen Klassentheorie eines gemeinsam: Es geht ihnen um die Erklärung der Benachteiligung von Frauen aufgrund gesamtgesellschaftlicher Organisationsprinzipien, ungeachtet dessen, ob diese eher als «(Spät-)Kapitalismus», als «Moderne», als «soziales System» oder als «Patriarchat» aufgefasst werden. Eine Alternative zu diesen Theorien bilden «relationale Erklärungen» sozialer Ungleichheiten (Tilly 1998). Damit werden Ungleichheiten aufgrund der Beziehungen von Gruppen zueinander erklärt, im Mittelpunkt stehen ihre Handlungsmöglichkeiten, Ressourcen, Wertvorstellungen und Interessen. Diese Erklärungsversuche können, müssen aber nicht zwangsläufig, mit umfassenden Theorien verbunden sein, welche die Ungleichheiten im «Ganzen» der Gesellschaft verorten möchten: Ein solcher Zusammenhang wurde etwa von Reinhard Kreckel (1992) hergestellt, während andere Autorinnen und auch ich einen Erklärungsrahmen ohne diese Annahmen entwickelt haben (vgl. Gerson und Peiss 1985; Cyba 2000; Reskin 2003).

Das zentrale Interesse der Theorien des zweiten Typs ist es, spezifische Ungleichheiten zu erklären. Es sollen die kausalen Prozesse aufgezeigt werden, die Benachteiligungen in abgrenzbaren Lebensbereichen (Ehe, Familie, Betrieb) oder in Hinblick auf den Zugang zu spezifischen Gütern (Bildung, Einkommen, Lebensentwürfe) bewirken, und spezifische Konstellationen bzw. Ursachenbündel und Mechanismen herauskristallisiert werden, durch die die Ursachen wirken. Auch wenn jeder Versuch einer Erklärung bestimmte Annahmen voraussetzt, müssen sich diese nicht auf einer übergeordneten allgemeinen Theorie über den sozialen Zusammenhang oder die «Strukturen» der Gesamtgesellschaft beziehen.

Die für die Lebensbedingungen von Frauen relevanten Ungleichheiten bzw. ihre Veränderungen lassen sich auch dann erklären, wenn sie nicht auf umfassende soziale Bedingungen oder deren strukturelle Wandlungen zurückgeführt werden. Damit eröffnen sich für die Frauen- und Geschlechterforschung Möglichkeiten der Erklärung, ohne immer zugleich Theorien über die Integration oder über den strukturellen Aufbau der Gesamtgesellschaft voraussetzen zu müssen. Damit kann – wie ich zu zeigen versucht habe – eine Verengung der Fragestellungen, der Konzepte und der Erklärung verbunden sein.

Die relationale Erklärung beruht auf der Einsicht in die prinzipielle Unabgeschlossenheit jeder Erklärung. Man macht bei Ursachen Halt, die für die Forscher von Interesse sind oder über deren weitere Ursachen keine Informationen existieren. Sehr oft ist auch nicht eindeutig auszuschliessen, dass nicht noch unbekannte Ursachen wirksam sind. All diese Relativierungen machen empirisch gesicherte Erklärungen nicht ungültig. Daher kann es von vornherein kein verpflichtendes Gebot geben, bei bestimmten Ursachen stehen zu bleiben oder zu bestimmten Ursachen vorzudringen. Wie sich zeigen wird, hat die relationale Erklärung den Vorteil, dass sie auch relativ kurzfristige Veränderungen erfassen kann.

2 Ein theoretischer Bezugsrahmen zur Erklärung geschlechtsspezifischer Ungleichheit

Ich möchte im Folgenden ausgehend von einer allgemeinen Definition von Ungleichheit meinen theoretischen Zugang kurz darstellen. «Soziale Ungleichheit besteht in der dauerhaften, sozial erzeugten Einschränkung des Zugangs sozialer Gruppen zu sozial verfügbaren und erstrebenswerten sozialen Gütern und Positionen. Zu diesen Gütern gehören auch die Fähigkeit und Chance, selbst bestimmte Lebensziele zu definieren und zu realisieren, unabhängig von ihrer (möglichen) allgemeinen Anerkennung» (Cyba 2000: 69).

Diese Definition liefert bereits Hinweise auf *Dimensionen* (Güter und Gruppen), die bei der Erklärung zu berücksichtigen sind. Der Bezugsrahmen übersetzt die statische Definition von Ungleichheit in einen dynamischen Ablauf von Reproduktionsprozessen. Ungleichheiten sind nicht einfach vorhanden, sie werden fortlaufend hervorgebracht, aufrechterhalten und verändert. Diese Umformung vom Feststellen eines Zustands in einen dynamischen Ablauf ist auf eine spezifische Fragestellung zugeschnitten: Wie kommt es, dass Ungleichheiten aufrechterhalten werden? Welche Gruppen sind dabei beteiligt? Welche weiteren Bedingungen lassen sich für ihr Fortbestehen aufzeigen?

Zunächst skizziere ich die vorausgesetzten Annahmen, die als allgemeiner Bezugsrahmen aufzeigen, wie man aufgrund von empirisch festgestellten Ungleichheiten zu Erklärungen ihrer Ursachen und ihrer Veränderung kommt. Ich gehe dabei von drei Voraussetzungen aus:

1) Die Benachteiligung von Frauen ist ein viele Bereiche umfassendes Phänomen, daher dürfen Formen von Ungleichheiten nicht von vornherein aus der Analyse ausgeschlossen werden. 2) Es muss berücksichtigt werden, dass Geschlecht eine Ursache ist, die nicht auf andere Ursachen zurückge-

führt werden kann – dies bewiesen zu haben, ist ein grosser Verdienst der feministischen Theorie. 3) Die Erklärung soll in dem Sinn offen sein, dass nicht von vornherein nur vorgegebene Erklärungsfaktoren (z. B. Patriarchat oder Kapitalismus) berücksichtigt werden.

Der Bezugsrahmen geht zunächst von den beiden Gruppen aus, die unmittelbar in die Erzeugung und Reproduktion der Ungleichheit involviert sind. Es handelt sich zum einen um Benachteiligte und zum anderen um aktiv Benachteiligende bzw. um Gruppen, die «nur» von der Benachteiligung profitieren. Es muss dabei berücksichtigt werden, dass die Betroffenen, also Frauen, nicht nur als passive Objekte, sondern als Akteurinnen erfasst sind, die aufgrund innerer Haltungen oder äusserer Bedingungen an der Reproduktion ihrer Lebensbedingungen und vor allem auch an deren Veränderungen beteiligt sind. Auch bei den Benachteiligenden ist zu klären, aus welchen Motiven sie handeln und über welche Ressourcen sie verfügen, mittels derer sie Benachteiligungen produzieren, durchsetzen und aufrechterhalten.

Diese beiden Gruppen agieren unter bestimmten sozial-strukturellen Rahmenbedingungen (gesellschaftliche Wertvorstellungen, Traditionen, Verteilung materieller Ressourcen, Macht- und Herrschaftsverhältnisse, staatliche Regelungen), welche die Handlungsmöglichkeiten der Akteure beschränken oder erweitern. Ein unmittelbarer Wandel der Bedingungen steht nicht in ihrer Macht, sie können diese aber beeinflussen und langfristig verändern.

Es gibt keine Ungleichheiten, bei denen diese Dimensionen keine konstitutive Rolle spielen würden. Ungleichheiten sind sozial erzeugte, also von Akteuren hergestellte und reproduzierte Lebens- und Handlungsbedingungen, von denen andere Akteure und Gruppen betroffen sind. In anderen Worten: Der Bezugsrahmen bildet den Hintergrund für Erklärungen der Ungleichheitsreproduktion. Er zeigt die Bedingungen auf, die bei konkreten Erklärungen berücksichtigt werden müssen, um kausale Prozesse deutlich zu machen, die Benachteiligungen in abgrenzbaren Lebensbereichen (Partnerschaft, Familie, Betrieb) oder im Hinblick auf den Zugang zu spezifischen Gütern (Bildung, Einkommen, Lebensentwürfe) bewirken.

Der im Folgenden angewendete Bezugsrahmen macht einen Unterschied zwischen Konstellationen und Mechanismen der Ungleichheitserzeugung. *Konstellationen* beziehen sich auf das Zusammentreffen der einzelnen Gruppen bzw. der für ihr Handeln relevanten Kontextbedingungen. Konstellationen sind Bündel von Ursachen, welche die soziale Position von Gruppen im Rahmen sozialer Ungleichheit bewirken. Diese Wirkungen entfalten sie mittels *Mechanismen*. Diese bestehen aus den Wirkungen der Handlungen der relevanten Akteure oder aus institutionellen Arrangements unter gegebenen Rahmenbedingungen, die aufgrund der Konstellation erst möglich sind. Das

Vorhandensein einer Konstellation bedeutet daher nur die Möglichkeit für die Entstehung oder Reproduktion von Ungleichheiten. Erst wenn sie durch konkrete Mechanismen realisiert wird, kommt es zu Benachteiligungen. Die Aktionen von Gruppen mit Ressourcen und Interessen, andere zu benachteiligen, müssen mit Aktionen von Gruppen zusammentreffen, die – aus welchen Gründen auch immer – benachteiligt werden können.

Bei der Anwendung dieses Bezugsrahmens auf konkrete, empirisch nachweisbare Ungleichheiten werden typische Konstellationen erkennbar und damit die konkreten Ursachenbündel, die in ihrem Zusammenwirken Diskriminierungen bewirken. Ich habe aufgrund zweier Kriterien eine *Typologie von Konstellationen* erarbeitet, in denen die unterschiedlichen Formen der Benachteiligung von Frauen erfasst werden.

Das erste Kriterium sind die unterschiedlichen Arenen, in denen die Prozesse der Ungleichheitsreproduktion stattfinden. Je nach Arena stehen unterschiedliche Parteien (Gruppen oder Einzelne) einander gegenüber und sind konkret von Benachteiligungen betroffen, wobei jeweils unterschiedliche Rahmenbedingungen vorhanden sind. Drei Bereiche lassen sich in einer vereinfachenden Dichotomie von «privaten» und «öffentlichen» Arenen anordnen. Die Unterscheidung zwischen diesen Bereichen bzw. Arenen der Produktion und Reproduktion von Ungleichheit ist nicht ausschliesslich dadurch bestimmt, *was* getan wird, sondern *wie* es getan wird, d.h. welche institutionellen Regeln gelten.

In *gesamtgesellschaftlichen Zusammenhängen (im staatlich/politischen Bereich)* und in der *Arbeitswelt* ist eine kollektive Betroffenheit der Frauen durch Ungleichheiten vorausgesetzt, die als solche sichtbar und erfahrbar ist. Erstere betreffen die Gesamtheit der Frauen in einer Gesellschaft oder einem staatlich organisierten Verband, jene in der Arbeitswelt spezifische Gruppen (etwa un- oder angelernte Arbeiterinnen oder weibliche Führungskräfte). Im politischen Bereich beispielsweise stehen den Frauen die Repräsentantinnen und Repräsentanten der «politischen Ordnung» gegenüber (die zumeist auch Verbände und Organisationen vertreten). Im Gegensatz dazu sind die Akteure in den Bereichen von *Familie und persönlichen Beziehungen* einzelne Frauen und ihre Partner. Daher liegt die Annahme nahe, dass die Ursachen der Ungleichheitserzeugung auf gesamtgesellschaftlicher und politischer Ebene durch andere Bedingungen charakterisiert sind als jene innerhalb der Familie, am Arbeitsplatz oder im Kontext von Interaktionen und Gesprächssituationen.

Das zweite Kriterium bezieht sich auf typisierte *Motive* der Benachteiligenden. Die Motive der Benachteiligenden sind für die Reproduktion der Ungleichheit primär wichtig (dahinter sind Ressourcen, Wertvorstellungen usw. sichtbar). Drei Motive lassen sich unterscheiden: Nutzenmotive (es werden Vorteile und die Absicherung oder Verbesserung der eigenen Situation angestrebt), traditionalistische Motive (sind an der Aufrechterhaltung von sozialen Verhältnissen orientiert, die als wertvoll, als selbstverständlich oder nicht veränderbar angesehen werden) und Dominanzinteressen (sind an der Aufrechterhaltung oder am Erwerb einer überlegenen Position orientiert, nicht primär an zusätzlichen Vorteilen).

Aufgrund des empirischen Wissens konnten folgende *sechs Konstellationen* herausgearbeitet werden, auf die ein Grossteil der relevanten Benachteiligungen von Frauen zurückgeführt werden kann.

Soziale Schliessung ist dadurch charakterisiert, dass Gruppen mit Ressourcen reale oder potenzielle Konkurrenten ausschliessen, da sie sich davon Vorteile versprechen oder andernfalls Nachteile befürchten. Als Mechanismen wirken scheinbar neutrale Zugangsregeln (Parkin 1983). Auch wenn sich ihre Erscheinungsformen ändern und subtiler werden, ist Schliessung einer der wichtigsten Mechanismen, der vor allem bei Professionalisierungsprozessen und bei der Besetzung von höheren und leitenden Positionen in hierarchischen Organisationen aufgezeigt wurde (Wetterer 2002; Hofbauer 2006).

Ausbeutung von Frauen in der Arbeitssituation und auf dem Arbeitsmarkt beruht auf einer zu Lasten der Frauen verzerrten Situation. Allgemein kann unter Ausbeutung verstanden werden, dass die Schlechterstellung einer Gruppe daraus zu erklären ist, dass es der anderen Gruppe, die davon profitiert, besser geht. Kurz gesagt: Die Reichen sind deswegen reich, *weil* die Armen arm sind. Es muss daher eine Kausalbeziehung zwischen diesen beiden Verteilungen bestehen. Als Mechanismen dienen im Fall der geschlechtlichen Ungleichheiten Arbeitsbewertungssysteme, die Frauen systematisch benachteiligen, arbeitsrechtliche Diskriminierungen und die Klassifizierung von benachteiligenden Arbeitsplätzen als «Frauenarbeitsplätze».

Unter *öffentlichem Traditionalismus* (im Gegensatz zum ursprünglichen Traditionalismus in vormodernen Gesellschaften) verstehe ich die Einschränkung von Handlungsmöglichkeiten von Frauen in ihrer Gesamtheit durch die Repräsentanten der Gesellschaft nach dem Zerfall einer sozialen Ordnung, die auf Traditionen (Religionen oder Mythen) gegründet war. Traditionen haben zwar ihre allgemein bindende Kraft eingebüsst, die durch sie gestützten Ungleichheiten können dennoch in staatlich-rechtlichen Normierungen weiter bestehen. Die wichtigsten Mechanismen sind Gesetze und sozialpolitische Regelungen, die häufig durch die Beschwörung traditioneller Werte und Selbstverständlichkeiten gerechtfertigt werden.

Privater Traditionalismus beruht ebenfalls auf dem Fortwirken traditionalistischer Vorstellungen, aber nicht in der Form gesetzlicher Regelungen, sondern in Verhaltensweisen innerhalb von Partnerschaft und Familie. In der geschlechtsspezifischen Sozialisation in traditionelle Rollen, die sich in einem geschlechtsspezifischen Habitus verfestigt, geht es um die Vermittlung von – aus verschiedenen Traditionen stammenden – Vorstellungen über Geschlechtergegensätze bei Eigenschaften und Verhaltensweisen, über Frauen als «Andere» und gleichzeitig auch über Frauen als mindere Wesen. Sie beziehen sich auf Aktivitäten (auch sexuelle) und die Arbeitsteilung ebenso wie auf die Wahrnehmung des Körpers und die Körpersprache. Es handelt sich hier um Traditionalismus, sofern die Eltern aus der Überzeugung handeln, dass dies das «Richtige» für ihre Kinder sei oder sich Alternativen gar nicht vorstellen können. Während die geschlechtsspezifische Sozialisation ein eher verdeckt wirkender Mechanismus ist, wird die daraus resultierende Zuweisung der Kinder an bestimmte Berufe und Ausbildungsgänge in ihren Auswirkungen nur allzu offensichtlich (Bergmann et al. 2002).

Auch wenn die «traditionelle Familie» mit ihrer strikten Rollenfestlegung immer mehr in Frage gestellt wird und in ihrer idealtypischen Form nicht mehr als repräsentativ anzusehen ist, so sind traditionalistische Vorstellungen und Erwartungen, die davon ausgehen, dass jemand, der mit einem bestimmten Geschlecht geboren wird, sich bestimmten Regeln und Vorschriften entsprechend verhalten soll, nicht verschwunden. Auch Knaben sind traditionalistischen Erwartungen ausgesetzt, auch ihre Sozialisation ist durch geschlechtsbezogene Stereotypen bestimmt. Diese sichern ihnen jedoch in bestimmten Bereichen gegenüber Mädchen Vorteile und verbessern ihre Chancen, bevorzugt ihre Lebensziele realisieren zu können (z. B. bessere soziale Positionen zu erlangen).

Asymmetrische Aushandlungsprozesse wirken innerhalb der Familie und von persönlichen/privaten Beziehungen, wenn die Rollen der Partner nicht mehr eindeutig traditional festgelegt sind, d.h. wenn die Arbeitsteilung nicht mehr durch eine starre traditionelle Rollenzuordnung begründet wird. Es geht um die Verteilung der Entscheidungsmacht sowie der konkreten Aufgaben und Arbeiten für den Haushalt und für die Familie. Aushandeln setzt Beteiligte mit unterschiedlichen Wünschen sowie ein normatives Prinzip (der Gleichheit der Beteiligten) und einen Massstab voraus, wie die gegenseitigen Erwartungen, Ansprüche, Leistungen und Güter aufeinander zu beziehen sind. Die Leistungen werden unter diesen Bedingungen nicht mehr als selbstverständliche Pflichten angesehen, sondern als Tauschobjekte, die einen Anspruch auf Leistungen anderer begründen. Das benachteiligende Handeln der Ehemänner oder Beziehungspartner in modernen Zusammenhängen ist nicht dadurch bestimmt, dass sie kollektive Interessen oder die herkömmliche Ehe als Institution durchsetzen möchten, sondern dass sie einen Vorteil darin sehen, ihren Beitrag zu Haus- und Familienarbeit eher gering zu halten. Der zentrale Mechanismus rührt daher aus der Position der Männer in der Erwerbsarbeit und ihrer Rolle als «Familienernährer», die sie in den Verhandlungsprozess einbringen. Als weitere Mechanismen wirken hier die soziale Abwertung des Bereichs der Haus- und Familienarbeit sowie deren geschlechtsspezifische Stereotypisierung.

Die bislang analysierten Konstellationen erklären einen grossen Teil geschlechtsspezifischer Ungleichheiten, aber es gibt auch Benachteiligungen, die mit ihnen nicht erklärt werden können. In Zusammenhang mit der Erforschung von Ungleichheiten im Bereich des Alltagsverhaltens konnte eine eigenständige Konstellation der Ungleichheitsreproduktion aufgezeigt werden, die ich im Folgenden als «kommunikative Abwertung» bezeichne. Diese nimmt insofern eine Sonderstellung ein, als sie sowohl in öffentlichen wie in privaten Konstellationen als Mechanismus wirksam ist, jedoch auch unabhängig davon eine eigene Konstellation bildet. Kommunikationen und Interaktionen spielen in allen institutionellen Zusammenhängen, in «öffentlichen» und «privaten», in «formellen» und «informellen» Situationen eine Rolle, und sie bilden konstitutive Elemente der Reproduktion von Beziehungen, sozialen Institutionen und Organisationen.

Die Eigenständigkeit dieser Konstellation lässt sich durch empirische Befunde begründen, die zeigen, dass auch in unscheinbaren Alltagsgesprächen und Begegnungen ausserhalb der Sphären von Politik, Familie und Erwerbsarbeit Ungleichheiten erzeugt und Frauendiskriminierung praktiziert werden. Vor allem hat Goffman (1983) darauf hingewiesen, dass Interaktionen (also Face-to-face-Kontakte) in den unterschiedlichen Zusammenhängen gemeinsame Regelhaftigkeiten aufweisen, die sie unabhängig vom Kontext ihres Vorkommens zu einem eigenständigen Phänomen (und Forschungsgegenstand) machen. Die Autonomie dieser «Ebene» der sozialen Welt zeigt sich auch darin, dass in ihrem Rahmen spezifische Formen sozialer Ungleichheit zwischen den Geschlechtern erzeugt und reproduziert werden (Ridgeway 1997). Als Mechanismen wirken hier Unterbrechungen, Übergehen, abwertende und ironische Bemerkungen, herablassendes Verhalten und ähnliche Formen der kommunikativen Diskriminierung und das «Unsichtbarmachen» von Frauen im Sprachgebrauch.

Mit Hilfe der Konzepte «Konstellation» und «Mechanismus» habe ich versucht, die elementaren Faktoren herauszuarbeiten, die bei den einzelnen Formen der Reproduktion von Ungleichheiten eine Rolle spielen. Der aufgrund empirischer Studien herausgearbeitete Zusammenhang zwischen Konstellationen und Lebensbereichen gilt für eine bestimmte historische Situation und kann je nach sozialem Kontext unterschiedlich sein. Es ist immer Aufgabe empirischer Analysen, die wirksamen Ursachen und deren Konstellationen herauszuarbeiten.

Eine ähnliche Form der Erklärung, die auf Mechanismen zurückgreift, findet sich bei Reskin (2003). Sie betont zu Recht, dass die Analyse der Art und Weise, *wie* Ungleichheiten hergestellt werden – unabhängig davon, was die «letzten» Ursachen dafür sind – immer noch nicht ausreichend und daher von zentralem Interesse ist. Aus ihrer Sicht sind etwa Arbeitsbewertungssysteme ebenso Mechanismen wie gesetzliche Bestimmungen oder Stereotype. Ein wichtiger Mechanismus nach diesem Verständnis ist die soziale Konstruktion von Geschlecht (verstanden als Konstruktion von Männlichkeits- und Weiblichkeitsstereotypen), die als *self-fulfilling prophecy* wirkt.

3 Widersprüchliche Entwicklungen

Es ist eine Tatsache, dass sich in den letzten Jahrzehnten die soziale Situation von Frauen in den einzelnen Lebensbereichen verändert hat. Diese Veränderungen werden im Rahmen der Frauen- und Geschlechterforschung übereinstimmend anerkannt, aber zum Teil kontrovers diskutiert. Die Debatte dreht sich um folgende Fragen: Inwieweit lässt sich zunehmende soziale Gleichheit zwischen den Geschlechtern feststellen, und wird Geschlecht daher als Kategorie der Analyse in weiten Bereichen zunehmend unwichtig? Oder ist es nicht eher so, dass Ungleichheiten sehr wohl weiter (re)produziert werden und ihr Fortbestehen durch eine «Dethematisierung von Geschlecht» nur «rhetorisch modernisiert» wird, während die alten ungleichen Geschlechterverhältnisse in etwas anderem Gewand weiter bestehen (vgl. Wetterer 2006)? Damit verknüpft ist natürlich auch die Frage, welche Konsequenzen diese Dethematisierung von Geschlecht auf die Akteurinnen und Akteure in den verschiedenen alltagsweltlichen Lebensbereichen hat.

Ich möchte einige Aspekte der Veränderungen der sozialen Lage von Frauen vor dem Hintergrund des beschriebenen Bezugsrahmens diskutieren, um die Entwicklungen besser einschätzen zu können. Das Bestehen von Ungleichheiten ist – entsprechend meinen Annahmen – immer auf bestimmte Konstellationen zurückzuführen, also auf das Zusammentreffen von Gruppen, ihren Eigenschaften und Interessen sowie von relevanten Rahmenbedingungen. Ändern sich die Elemente solcher Konstellationen – etwa die Machtposition, die Wertvorstellungen, die Interessen von beteiligten Gruppen oder die politischen Rahmenbedingungen –, so liegt die Vermutung nahe, dass der Zugang zu sozialen Gütern sich ebenfalls ändert. Dies muss allerdings nicht zwangsläufig zutreffen, da solche Veränderungen durch das Auftreten funktionaler Äquivalente ersetzt werden können. Es können auch widersprüchliche Situationen entstehen, etwa wenn in den Beziehungen zwischen den Geschlechtern fortschrittliche Einstellungen mit traditionellem Verhalten einhergehen.

Die Notwendigkeit, jene Bedingungen zu erfassen, die das Handeln der Akteure beeinflussen, wird besonders bei der Analyse politischer Massnahmen deutlich, denen eine zunehmende Bedeutung für die Aufrechterhaltung oder Veränderung von Frauenbenachteiligung zukommt. Man kann die politischen Entscheidungen nur erklären, wenn man auf die Motive und die Situation der unterschiedlichen Akteure Bezug nimmt. In den letzten Jahrzehnten hat das Auftreten der «neuen» Frauenbewegung mit all ihren Konsequenzen Veränderungen bewirkt, die je nach politischen, ökonomischen und anderen sozialen Rahmenbedingungen in verschiedenen Staaten unterschiedlich ausgefallen sind.

Zunächst gehe ich auf einige mir wichtig erscheinende Veränderungen ein, die eine reale Verbesserung der Lebensbedingungen von Frauen bedeuten, im weiteren auf Aspekte der Ungleichheit, die sich nicht verändert oder sogar verstärkt haben. Anschliessend stelle ich den Zusammenhang mit den Konstellationen der Ungleichheitsreproduktion her, um die von mir als zentral angesehenen Ursachen der Veränderungen aufzuzeigen und die möglichen Konsequenzen für die zukünftige Entwicklung darzulegen. Die Auswahl der Beispiele stützt sich auf empirische Belege (wobei ich insbesondere österreichische Studien heranziehe) oder auf plausible, noch zu überprüfende Hypothesen und ist zwangsläufig selektiv. Dabei geht es mir um den Nachweis übergreifender Tendenzen, die sich in den verschiedenen westeuropäischen Ländern und in den einzelnen Lebensbereichen mit unterschiedlicher Intensität und Geschwindigkeit durchsetzen.

3.1 Schritte zum Abbau von Ungleichheiten

Zunächst sind *gesetzliche Massnahmen* wie das Gleichbehandlungsgesetz zu nennen, dessen «Kern» die Diskriminierung in der Erwerbsarbeit (bei Einstellung, Bezahlung, Aufstieg, aber auch bei sexueller Belästigung) verbietet. Im öffentlichen Dienst sind damit weitere gesetzliche Verpflichtungen wie Förderpläne verbunden, während Frauenquoten in politischen Parteien oder Förderpläne in privatwirtschaftlichen Unternehmen freiwillig eingeführt werden (können). Auch wenn diese Regelungen nur sehr langsam und alles andere als lückenlos umgesetzt werden, sind sie nicht wirkungslos geblieben. Die Wirkungen gehen über blosse Symbolik oder «totes Recht» hinaus und sind für den Zugang zum Arbeitsmarkt und im beruflichen Alltag (etwa bei Bewerbungen um eine Stelle oder bei Beförderungen) durchaus von Bedeutung.

Ein Indiz für ihre Wirksamkeit sind auch die über die Jahre zunehmenden Beschwerden bei der österreichischen Gleichbehandlungsanwältin.

Eine wichtige Neuerung von Seiten der Europäischen Union ist die Ausweitung von Massnahmen zur Gleichstellung auf neue Bereiche wie Berufsberatung und die Mitwirkung in Interessenvertretungen. Es werden nun auch explizit *Aktivitäten* zur Realisierung von Gleichstellung gefordert, die präventiv zur Vermeidung von Diskriminierungen am Arbeitsmarkt beitragen.

Über die Förderung der beruflichen Gleichstellung hinaus wurden durch Gruppen von engagierten Frauen in politischen Parteien allgemeine Interessen von Frauen als Forderungen artikuliert, die durch den Staat wahrgenommen und gesetzlich verankert wurden. Diese reichen von Massnahmen wie der Änderung des *Namensrechts*, die eine eigenständige Identität von Frauen zumindest im Namen ablesbar macht oder die dazu dienen, die kommunikative Abwertung zu verhindern, bis hin zu einer eine Reihe von zum Teil heftig umstrittenen gesetzgeberischen Schritten wie die Schaffung eines strafrechtlichen Tatbestandes der *Vergewaltigung in der Ehe* und generell die Sanktionierung gewalttätiger Ehemänner bzw. Partner durch das Recht der *Wegweisung*.

Damit wird eine veränderte Einstellung gegenüber der Stellung der Frauen und allgemeiner gegenüber der traditionellen Abschottung einer Sphäre der unantastbaren «Privatheit» gegenüber öffentlichen Eingriffen zugunsten der Frauen signalisiert. Das Verhältnis zwischen den Geschlechtern auch im «privaten» Rahmen und der Schutz der persönlichen Integrität von Frauen wurden zu einem Gegenstand öffentlichen Interesses.

Als allgemeine Massnahme zur Gleichstellung wird das Programm des Gender Mainstreaming auf europäischer Ebene und in den Mitgliedsstaaten durch den Amsterdamer Vertrag zu einer verpflichtenden Strategie. Durch diese Verankerung trägt es zu einer Dauerthematisierung der Geschlechterverhältnisse bei, «Gleichstellung» und «Frauenförderung» sind im politischen Kontext und von den Medien zu einem Thema geworden, das laufend öffentlich debattiert wird. Es wird beansprucht, «bei allen gesellschaftlichen Vorhaben die unterschiedliche Lebenssituationen und Interessen von Frauen und Männern von vornherein und regelmässig zu berücksichtigen, da es keine geschlechtsneutrale Wirklichkeit gibt». Da das Programm nur einen Rahmen vorgibt, ist es hinsichtlich seiner inhaltlichen Umsetzung auf engagierte und professionelle Akteurinnen und Akteure angewiesen. Eine zentrale Frage lautet allerdings, wie Gender Mainstreaming in entsprechenden Aktivitäten konkretisiert wird, sodass es den expliziten Anspruch, als politische Strategie zur Realisierung von Gleichstellung der Geschlechter beizutragen, einlösen kann (vgl. dazu Stiegler 2003).

Vergleicht man die beruflichen Positionen, die Frauen heute einnehmen, mit jenen, die ihnen vor 20 Jahren zugänglich waren, so kann man sagen, dass Frauen auf diesem Gebiet als Gruppe deutlich aufgeholt haben (Leitner und Wroblewski 2005: 144 ff.). Die Sichtbarkeit von Frauen in Positionen, wo sie früher undenkbar waren, stellt eine kulturelle Veränderung dar, die dazu führt, dass viele junge Frauen von einer bereits erreichten Gleichberechtigung bzw. Gleichstellung überzeugt sind. Dies stellt auch ein Problem dar, da damit ein mangelndes Wissen über noch bestehende Ungleichheiten und notwendige Aktivitäten einhergeht.

Was sind nun die Ursachen für die genannten Veränderungen? Die Forderungen nach und die gesetzlichen Regelungen zum Abbau diskriminierender Bestimmungen und realer Benachteiligungen lassen sich zum einen darauf zurückführen, dass ein Grossteil der Frauen von der Bildungsexpansion profitiert hat. Frauen erfahren sich in den Bildungsinstitutionen heute weitgehend als gleichberechtigt. Europaweit sind die Hälfte aller Studierenden und etwas weniger als die Hälfte aller Absolvierenden Frauen. Auch wenn sie in naturwissenschaftlich-technischen Fächern unterrepräsentiert sind, so sind sie in Studiengängen repräsentativ vertreten, die in Berufe mit hohem Prestige und Einkommen münden können, so etwa in den Betriebs- und Rechtswissenschaften wie auch in der Medizin oder in der Biologie.

Es ist plausibel, dass sich qualifizierte Frauen mit entsprechenden sozialen Fertigkeiten längerfristig nicht mehr oder immer weniger mit Tätigkeiten oder Formen der Bezahlung zufrieden geben, die sie gegenüber den gleich qualifizierten Männern benachteiligen. Vom Zugang zu Aufstiegs- und Karrieremöglichkeiten, der durch ihren erleichterten Zugang zu höheren Bildungsinstitutionen ermöglicht wird, haben – worauf ich noch zurückkommen werde – in erster Linie Frauen aus der Mittelschicht profitiert.

3.2 Fortdauernde Benachteiligungen

Mit dieser Entwicklung – gekennzeichnet durch Massnahmen zur Förderung von Gleichstellung und eine zunehmende Anerkennung von Frauenrechten in «öffentlichen» wie in «privaten» Zusammenhängen – ist jedoch keine lineare Tendenz in Richtung einer realen Gleichstellung verbunden. Eine Reihe zentraler Indikatoren verweisen auf das Fortbestehen bisher schon wirksamer Ungleichheiten und auf die Entstehung neuer Formen.

Das Einkommen ist immer noch ein Indikator, bei dem sich die Geschlechter europaweit zuungunsten der Frauen deutlich unterscheiden, auch wenn das Ausmass der Einkommensdiskriminierung je nach Land unterschiedlich ist. Die Einkommensentwicklung ist in Österreich für Frauen in den letzten zehn Jahren ungünstiger ausgefallen als für Männern, vor allem im den unteren Einkommensbereichen. Die Einkommensdifferenzen zwischen den Geschlechtern bleiben im Grossen und Ganzen aufrecht. Veränderungen ergeben sich bei bestimmten Gruppen von Frauen wie den besser gebildeten oder im öffentlichen Dienst tätigen Frauen. Sie können bei der Einkommensentwicklung aufholen, allerdings ist auch hier die Einkommenskluft hoch (vgl. AK Frauenbericht 2006: 30 ff.).

Zahlreiche Studien belegen, dass selbst bei Berücksichtigung der Erklärungen für die Unterschiede, nämlich unterschiedliche Qualifikations- und Arbeitszeitstrukturen von Frauen (und andere Merkmale wie Alter etc.), eine Art «Rest-Lohnunterschied» bleibt, der nicht anders als durch «reine» Diskriminierung erklärt werden kann: Nach einer neueren Studie in Österreich sind es 15 Prozentpunkte der Einkommensunterschiede, für die keine andere Erklärung gefunden werden kann (Böheim, Hofer und Zulehner 2005). Nur bei den öffentlich Bediensteten, bei denen strenge Regeln der Gleichbehandlung eingeführt sind, verringert sich diese Differenz, sie verschwindet aber nicht. Das verweist auf die Tatsache, dass auch Gleichbehandlung bei unterschiedlichen Ausgangssituationen allein keine Gleichstellung gewährleistet. Die Vielfalt der Mechanismen bei einzelnen Diskriminierungen wird bei der Analyse von Einkommensunterschieden zwischen den Geschlechtern deutlich. Diese Mechanismen müssen daher immer wieder hinter dem statistischen Material gesucht werden.

Bildung ist zwar ein Schlüsselfaktor für den sozialen Aufstieg, aber nicht gleichermassen für Frauen und Männer: Während ein höherer Bildungsabschluss für Männer die Chancen für einen Aufstieg in höhere Positionen deutlich verbessert, sind Frauen selbst mit höherer Bildung und aus höheren Schichten in solchen Positionen unterrepräsentiert (Leitner und Wroblewski 2005: 146). Trotz höherer Bildungs- und Erwerbsbeteiligung hat sich die Segregation in Frauen- und Männerbereiche eher verstärkt als reduziert, und daher bleiben damit einhergehende Diskriminierungsmechanismen wirksam (Leitner 2004).

Unter den «neuen» Formen der Ungleichheit ist die Schaffung von «prekären» Arbeitsverhältnissen zu nennen, die verstärkt eine Frauendomäne bilden. In diesem Zusammenhang ist die enorme Ausdehnung der Teilzeitbeschäftigung zu nennen, die nach wie vor weitgehend eine Arbeitsform für Frauen ist. Bekanntlich sind mit Teilzeitarbeit kaum Aufstiegsmöglichkeiten verbunden, und oft ist die Bezahlung nicht existenzsichernd. In dieses Bild passt auch die im Vergleich zu den Männern erheblich stärkere Armutsgefährdung von Frauen (AK Frauenbericht 2006: 46), wobei besonders Alleinerziehende trotz ihrer hohen Erwerbsbeteiligung diesem Risiko ausgesetzt sind.

Zu den Lebensbereichen, in denen eine zähe Beständigkeit der Ungleichheiten zwischen den Geschlechtern festzustellen ist, gehören der Haushalt und die Familie. Nach wie vor sind Haushalt und das Aufziehen von Kindern weitgehend Frauensache, mit all den bekannten Konsequenzen wie die längere tägliche Arbeitszeit, der mangelnde beruflichen Aufstieg und allgemein der eingeschränkte Zugangs zu Lebenschancen wie zum Beispiel selbstbestimmte Freizeit und Weiterbildung.

3.3 Politische Rahmenbedingungen

Für das Verständnis der unterschiedlichen Entwicklungen in den einzelnen Ländern ist der Hinweis auf die sozialen und politischen Rahmenbedingungen notwendig. In Erweiterung der geschlechtssensiblen Typologie von Wohlfahrtsstaaten (Ostner 1995) unterscheiden Holtmann et al. (2006) vier Idealtypen von Wohlfahrtsregimes:

In «familialistischen» Regimes (z. B. Italien) werden die Sozialleistungen vor allem im Rahmen der Familie erbracht: Staatliche Politik spielt hier nur eine geringe Rolle. Wirtschaftsliberale Systeme (wie in den USA) betonen die Autonomie der Individuen und überlassen die zentralen Wohlfahrtsinstitutionen weitgehend dem Markt. In den sozialdemokratischen Regimes Nordeuropas ist die soziale Absicherung durch den Sozialstaat gewährleistet. Die normative Basis beruht auf den Werten der Solidarität und Gleichheit. Für Mitteleuropa (Deutschland, Österreich) ist dagegen der Typus des «statuskonservierend-berufsständischen» Regimes charakteristisch: Transferleistungen werden vor allem durch Beiträge an Sozialversicherungen finanziert. Daher ist die Inanspruchnahme solcher Leistungen an die Erwerbsarbeit gebunden.

Sieht man von allen anderen Einflüssen ab, stellen die Wohlfahrtregimes einen jeweils unterschiedlichen Rahmen dar, der das Bestehen der einzelnen Konstellationen beeinflusst. Die zentrale Rolle der Familie begünstigt Traditionalismen, vor allem im privaten Bereich. In wirtschaftsliberalen Systemen werden keine Strategien gegenüber Schliessung und Ausbeutung entwickelt. Es ist auch wahrscheinlich, dass die mangelnde soziale Versorgung traditionalistische Familienstrukturen fördert. Sozialdemokratische Regimes haben am ehesten versucht, durch politische Massnahmen Ungleichheiten und Benachteiligungen entgegenzuwirken.

Für die Länder mit «statuskonservierend-berufsständischen» Systemen ist die Art und Weise der Teilnahme an der Erwerbsarbeit der zentrale Mechanismus für die Verteilung der Lebenschancen, die weit über Bezahlung und berufliches Prestige hinausgehen. In diesem Zusammenhang kam es besonders in Österreich zu einer politischen Entwicklung, die weitreichende Folgen für die Situation der Frauen hat und eine Ursache von Frauenbenachteiligung im Kontext der Erwerbsarbeit bildet.

«Frauenpolitik» wird heute eng mit «Familienpolitik» verbunden. Die Vereinbarkeit von Erwerbsarbeit und Familienleben ist die derzeit am meisten öffentlich diskutierte Forderung, die als rhetorische Klammer für die verschiedensten Massnahmen dient, die aber vorwiegend an Frauen gerichtet sind. Das «Kinderbetreuungsgeld» und die «Elternkarenz», die Eltern die Möglichkeit bieten soll, sich in den ersten (meistens drei) Jahren verstärkt den Kindern zu widmen, werden derzeit als «frauenpolitische» Massnahmen propagiert. Welche Intentionen von Seiten der Politiker/-innen auch immer damit verbunden waren – Entlastung des Arbeitsmarkts, Leistungen für bisher nicht anspruchsberechtigte Gruppen, die Steigerung der Geburtenrate –, die zentrale Frage lautet: Wird durch diese Massnahmen die soziale Gleichstellung zwischen den Geschlechtern nicht nur nicht gefördert, sondern sogar verhindert?

Wie eine Analyse in 20 europäischen Ländern zeigt, sind von allen Beschäftigten, die in Karenz gehen, 98 bis 100 Prozent Frauen, aus diesem Schema fallen nur Schweden und Norwegen heraus. Gründe für die unterschiedliche Inanspruchnahme liegen in den jeweiligen Regelungen und den allgemeinen Rahmenbedingungen. Studien in Deutschland, Österreich und Frankreich zeigen, dass damit die Rückkehr ins Erwerbsleben erschwert wird. Eine Konsequenz ist auch, dass Frauenlöhne in der Altersgruppe der 20- bis 39-Jährigen stagnieren, dies im Gegensatz zu den Löhnen der Männer, die mit einer progressiven Steigerung rechnen können (AK Frauenbericht 2006: 64)

Aus den bisherigen Untersuchungen über die Konsequenzen kann man schliessen, dass durch solche Massnahmen auf längere Sicht nicht nur die Erwerbsbeteiligung der Frauen negativ beeinflusst wird, sondern auch herkömmliche Stereotype hinsichtlich der Rollen der Geschlechter wieder verstärkt und damit bestehende Ungleichheiten verfestigt werden.

4 Akteure und Interessen

4.1 Wandel der Konstellationen

Wie lassen sich nun diese anhand von Beispielen skizzierten Massnahmen und Entwicklungen zu einem umfassenderen Bild zusammenfügen? Welche Rolle spielen die dargestellten Konstellationen wie soziale Schliessung, Ausbeutung und die beiden Formen des Traditionalismus für die Erklärung?

Eine Entwicklung ist das *Zurücktreten* und in manchen Bereichen das Verschwinden von *Traditionalismen*. Der «öffentliche» Traditionalismus – also die gesetzlich-rechtliche Diskriminierung – ist weitgehend verschwunden. Auch die von mir als «privater Traditionalismus» benannte Benachteiligung von Mädchen in Familien und Schulen ist zwar nicht verschwunden, hat aber an Bedeutung verloren. Hier dürfen schicht- und kulturspezifische Differenzen allerdings nicht übersehen werden. Eine bessere Ausbildung für alle Kinder ungeachtet ihres Geschlechts dürfte vor allem in der Mittelschicht zu einer Selbstverständlichkeit geworden zu sein. Mädchen aus unteren sozialen Schichten sind im unteren Qualifikationsbereich (nur Pflichtschule) immer noch deutlich überrepräsentiert (Bergmann et al. 2002).

Daher sind es auch vor allem Frauen mit begünstigtem sozialem Hintergrund, die im Erwerbsleben konkrete Forderungen nach Gleichstellung artikulieren. An diese Frauen sind die viele Massnahmen der Gleichstellung gerichtet, und diese haben auch die Kompetenz, von den sich daraus ergebenden Möglichkeiten Gebrauch zu machen.

Das Zurücktreten traditionalistischer Orientierungen in der Öffentlichkeit hat jedoch nichts am Fortbestehen eines «Kernbereichs» von Traditionalismus geändert, der mit dem Mutter-Kind-Verhältnis und der primären Zuständigkeit der Frauen für das Aufziehen der Kinder verknüpft ist. Der Traditionalisierungseffekt durch Elternschaft als Rückkehr zu einer traditionellen Arbeitsteilung nach der Geburt eines Kindes ist ein deutliches Indiz dafür (Metz-Göckel 1990; Koppetsch und Burkhart 1999). Die Frage, inwieweit die Bereitstellung von öffentlichen und allen Frauen zugänglichen Betreuungseinrichtungen diese Einstellung ändern würde, die *eine* Voraussetzung für das Bestehen dieser Konstellation bildet, ist offen.

Auch die Ausschliessung von Frauen aus bevorzugten und führenden Positionen hat die selbstverständliche Legitimität verloren. Schliessungen beziehen sich immer auf (relativ) bevorzugte Positionen: Je höher und sozial sichtbarer eine Position (Professuren, Ministerämter oder höheres Management), desto eher wird die Selbstverständlichkeit, mit der sie durch Männer eingenommen werden, in Frage gestellt. Damit ist – wie zahllose Studien belegen – nicht gewährleistet, dass es tatsächlich zu einer Gleichverteilung von professionellen Tätigkeiten kommt, da es eine Reihe von informellen, zu Mechanismen verfestigten Gegenstrategien gibt, um Positionen für Männer zu sichern (vgl. Hofbauer 2006).

Die verstärkte Aufmerksamkeit des öffentlichen und politischen Interesses richtet sich – auch bei Frauen in den Institutionen – auf Massnahmen, welche die Karriere von Frauen und die Besetzung von Führungspositionen durch Frauen fördern sollen. Dies lässt aber die Lebens- und Arbeitsbedingungen von Frauen in prestigeärmeren Positionen aus dem Fokus der öffentlichen Aufmerksamkeit verschwinden. Damit wird auch der Druck zur Beseitigung von Benachteiligungen, von denen diese Gruppen betroffen sind, vonseiten der Politiker/-innen geringer. Am ehesten wird für diese Gruppen die Vereinbarkeit von Erwerbsarbeit und Kinderbetreuung diskutiert, während Massnahmen zur Verbesserung ihrer Arbeitsbedingungen und der Entlöhnung nicht in vergleichbarem Ausmass im öffentlichen Diskurs aufscheinen.

Während die beiden Formen des Traditionalismus und soziale Schliessung – auch wenn sie fortbestehen – immer wieder in Frage gestellt werden, hat sich die soziale Bedeutung von *Ausbeutung* verstärkt, von der vorwiegend wenig qualifizierte Frauen und Alleinerzieherinnen und in zunehmenden Masse auch Migrantinnen betroffen sind. Es gibt in den europäischen Ländern zwar eine Reihe von Initiativen und Vorschlägen, die sich vor allem auf die Veränderung der Arbeitsbewertungs- und Einstufungssysteme beziehen, diese verbleiben jedoch weitgehend auf der programmatischen Ebene, ihre Durchsetzung besitzt weder auf staatlich-politischer noch auf gewerkschaftlicher Ebene Priorität (Ranftl o. J.).

Auch einen Teil der neuen prekären Beschäftigungsformen kann man als Formen von Ausbeutung auffassen. In diesem ungesicherten Segment des Arbeitsmarktes sind die Instrumente der Gleichstellung und Gleichbehandlung kaum anwendbar. Die Liberalisierung und das Umgehen des Arbeitsrechts sind hier die wichtigsten Mechanismen. In den Bereichen der häufig halblegalen Beschäftigung ist es allerdings schwer, an verlässliche Daten heranzukommen. Das Gleichbehandlungsgebot kann bei Tätigkeiten nichts erreichen, die von Personen ausgeführt werden, die «offiziell» gar nicht arbeiten (dürfen).

Was folgt aus diesem kursorischen Überblick? Zum einen kann man insgesamt sicher nicht von einer zunehmenden Polarisierung zwischen den Geschlechtern sprechen, Angleichung und Auseinanderentwicklung bilden kein einheitliches Muster. Der wichtigste Punkt ist meiner Meinung nach die sich vertiefende oder neue Spaltung zwischen begünstigten und benachteiligten Frauen. Während Frauen mit einem bevorzugten sozialen Hintergrund von Gleichstellungsmassnahmen eher profitieren, gilt dies nicht für die benachteiligten Gruppen der Frauen. Natürlich ist dieses Bild zu vereinfacht: Der leichtere Zugang zu höherer Bildung verschafft Frauen Aufstiegsmöglichkeiten, die sie früher nicht hatten. Auch materiell benachteiligte Frauen profitieren von den Möglichkeiten, vor gewalttätigen Partnern geschützt zu werden. Auf der anderen Seite bildet selbst der Erwerb einer höheren Ausbildung nur ungenügend Schutz vor Ausbeutung in prekären Arbeitsverhältnissen und vor Arbeitslosigkeit.

4.2 Zukunftsperspektiven

Frauen sind keine passiven Objekte, sondern sie sind als beteiligte Gruppe konstitutive Elemente der Konstellationen. Aus verschiedenen Gründen akzeptieren Frauen häufig die für sie nachteilige Situation. Sie haben Traditionen verinnerlicht oder sind aufgrund der materiellen Umstände gezwungen, sich mit nachteiligen Arbeitsbedingungen abzufinden. Diese Akzeptanz ist nicht selbstverständlich und kann sich aufgrund einer neuen Deutung der eigenen Situation verändern. Ein solcher Bewusstseinswandel kann an unterschiedlichen Aspekten der eigenen Situation anknüpfen und zu einer kollektiven Mobilisierung führen.

Die Veränderungen zugunsten der Frauen sind neben der Veränderung kultureller und materieller Rahmenbedingungen (etwa der Wohlfahrtsregimes und des Arbeitsmarktes) immer aufgrund eines Bewusstseinswandels von Frauen erfolgt, der zu einer Artikulation ihrer Interessen in der Öffentlichkeit geführt hat. Keine Form der Benachteiligung ist je ohne eigenes aktives Engagement von Frauen in Frage gestellt worden. Konstellationen und Mechanismen entwickeln aber eine eigene Trägheit, dies allein schon aufgrund der Tatsache, dass Gruppen von dieser Situation profitieren. Eine Veränderung bedarf daher einer Gegenbewegung der Betroffenen. Kollektives Bewusstsein und darauf gegründetes kollektives Handeln bilden die stärksten Ressourcen der Frauen.

Vor dem Hintergrund der Vielfalt der Benachteiligungen in unterschiedlichen Lebensbereichen, der unterschiedlichen Mechanismen und Gegenmassnahmen war es schon immer schwierig, *eine* Frauenbewegung auszumachen. Näher betrachtet handelt es sich um mehrere Bewegungen mit unterschiedlichen Zielsetzungen, die sich mehr wellenförmig denn linear entwickeln, sich in «kritischen» Phasen jedoch stets auf bestimmte Forderungen geeinigt haben (Lenz 2004). Dennoch war es diesen Bewegungen gemeinsam, über enge gruppenspezifische Interessen hinaus allgemeine Forderungen zu stellen.

Die formal-rechtliche Gleichstellung von Frauen stand im Mittelpunkt der ersten, die Forderung nach einer Straffreiheit der Schwangerschaftsunterbrechung war das zentrale Thema der zweiten Frauenbewegung. Damit einher ging der weitergehende Anspruch nach sexueller Selbstbestimmung und dem Abbau von Einschränkungen aufgrund traditioneller Geschlechterrollen. Die Reformen, die ich anfangs erwähnt habe, wären ohne diesen Druck niemals zustande gekommen. Insgesamt sind die Forderungen nach *formaler Gleichstellung* weitgehend erfüllt, da Frauen vom Gesetz her zunehmend die gleichen Handlungsspielräume wie Männern für die Gestaltung eines autonomen Lebens eingeräumt werden.

Auch die gegenwärtigen Massnahmen und Programme zur Gleichstellung, selbst wenn sie oft nur symbolischen Charakter haben, sind ein Ergebnis der politischen Artikulation von Frauen innerhalb wie ausserhalb von Institutionen und politischer Organisationen. Auch Gender Mainstreaming bleibt ohne dieses Engagement von Frauen ein eher zahnloses Instrument. Zwar besteht die Frauenbewegung derzeit in einer Vielfalt von dezentralen Aktivitäten und Netzwerken ohne übergreifende feministische Öffentlichkeit, dennoch ist die Thematisierung von Gewalt gegen Frauen, das Bestehen auf einer Gleichstellungspolitik ein gemeinsames Anliegen politisch bewusster Frauen, die sich in der Tradition einer sozialen Bewegung sehen.

Die Durchsetzungskraft einer Bewegung bemisst sich danach, inwieweit sie umfassende Forderungen erhebt, die für alle Angehörigen der Gruppe Bedeutung besitzen. Die gegenwärtige Situation ist – wie ich es ausgeführt habe – durch eine Aufsplitterung in einzelne Frauengruppen gekennzeichnet. Dies macht es für Frauen, die von *Ausbeutung* betroffen sind und in «Armutsfallen» landen, besonders schwierig, ähnlich wirksame Massnahmen wie für Frauen mit bevorzugtem sozialem Hintergrund zu entwickeln. Dazu kommen auch die sozialen Differenzen zwischen verschiedenen Gruppen von Frauen, etwa zwischen Voll- und Teilzeitbeschäftigten und zwischen Inländerinnen und Migrantinnen, die für besonders belastende Tätigkeiten eingesetzt werden. Die nach wie vor bestehenden traditionalistischen Einstellungen wie auch die Konkurrenzsituation auf dem Arbeitsmarkt werden ohne massive politische Eingriffe – die derzeit nicht erkennbar sind – aller Wahrscheinlichkeit nach dazu führen, dass eine grosse Gruppe von Frauen längerfristig unterprivilegiert bleibt.

Eine Alternative für die kollektive Interessenartikulation wäre eine institutionelle Interessensvertretung durch Gewerkschaften. Die Debatte darüber wird in ihrem Rahmen schon länger geführt und hängt eng mit Identitätsproblemen der Arbeitnehmervertretungen zusammen. Diese versuchen durch die Einrichtung von Frauenabteilungen ihre Kompetenz für die Vertretung von Fraueninteressen deutlich zu machen. Auch gibt es Bestrebungen, die prekär Beschäftigten in die gewerkschaftliche Interessensvertretung einzubeziehen. Diese Tendenzen sind den Traditionen der Gewerkschaftsbewegung mit ihrer Ausrichtung auf vollzeitbeschäftigte Arbeitnehmende, vor allem Fachkräfte, jedoch fremd. Auch sind Frauen und prekär Beschäftigte in geringerem Masse gewerkschaftlich organisiert, zumal sie oft in Branchen arbeiten (Bekleidungsindustrie, Tourismus, Nahrungsmittelindustrie), in denen die gewerkschaftliche Organisation eher gering ist. Unbeachtet von jeder Interessenvertretung bleiben schließlich alle Bereiche der nicht legalen Erwerbsarbeit.

Aus all diesen Gründen ist es schwierig, eine eindeutige Bilanz über der Veränderungen in der Situation von Frauen zu ziehen. Aus unterschiedlichen Perspektiven rücken eher der Abbau oder das Fortbestehen von Benachteiligungen in den Blick: In den Veränderungen kann auf der einen Seite sehr wohl eine Erfolgsgeschichte gesehen werden, die zwar noch immer mit Hindernissen kämpft, aber doch zu Gleichstellung und Emanzipation führt. Auf der anderen Seite sieht man eine Geschichte der fortbestehenden und neu entstehenden Diskriminierung und Ungleichheiten. Zwischen diesen beiden Polen muss das Bild hinsichtlich der Situation der Frauen differenziert werden. Die Beachtung der Konstellationen und der durch sie wirkenden Mechanismen lenkt den Blick auf die unterschiedlichen Gruppen, auf ihre Interessen und Handlungsmöglichkeiten sowie auf die konkreten Hürden, die einer Gleichstellung im Wege stehen.

5 Literatur

Acker, Joan (1973): Women and social stratification: a case of intellectual sexism. *American Journal of Sociology*, 78, 936–945.

Acker, Joan (1988): Class, gender and relations of distribution. *Signs*, 13, 473–497.

AK-Frauenbericht (Angelo, Sylvia, Ingrid Moritz, Sybille Pirklbauer et al.) (2006): *AK Frauenbericht 1995–2005. Arbeit–Chancen–Geld.* Wien: Kammer für Arbeiter und Angestellte.

Becker, Ruth und Beate Kortendiek (Hrsg.) (2004): *Handbuch Frauen- und Geschlechterforschung. Theorie, Methoden, Empirie.* Wiesbaden: VS Verlag für Sozialwissenschaften.

Becker-Schmidt, Regina (2001): Was mit Macht getrennt wird gehört gesellschaftlich zusammen. Zur Dialektik von Umverteilung und Anerkennung in Phänomenen sozialer Ungleichstellung. In: Gudrun-Axeli Knapp und Angelika Wetterer (Hrsg.), *Soziale Verortung der Geschlechter.* Münster: Westfälisches Dampfboot, 91–131.

Beer, Ursula (1990): *Geschlecht, Struktur, Geschichte. Soziale Konstituierung des Geschlechterverhältnisses.* Frankfurt am Main/New York.

Bergmann, Nadja, Maria Gutknecht-Gmeiner, Regine Wieser und Barbara Willsberger (2002): *Berufsorientierung und Einstieg von Mädchen in einen geteilten Arbeitsmarkt.* Wien.

Blaschke, Sabine und Eva Cyba (2005): Geschlechterverhältnisse im Spiegel von Einstellungen zu Arbeit und Beruf. In: Wolfgang Schulz, Max Haller und Alfred Grausgruber (Hrsg.), *Österreich zur Jahrhundertwende. Gesellschaftliche Werthaltungen und Lebensqualität 1986–2004.* Wiesbaden: VS Verlag für Sozialwissenschaften, 305–339.

Böheim, Rene, Helmut Hofer und Christine Zulehner (2005): *Wage Differences Between Men and Women in Austria: Evidence from 1983 and 1997.* IZA Discussion Papers 1554. Wien: IZA, Institute for the Study of Labour.

Bourdieu, Pierre und Jean-Claude Passeron (1973): *Grundlagen einer Theorie der symbolischen Gewalt.* Frankfurt am Main: Suhrkamp.

Connell, Robert W. (2000): *Der gemachte Mann. Konstruktion und Krise von Männlichkeiten.* Opladen: Leske+Budrich.

Crompton, Rosemary und Michael Mann (Hrsg.) (1986): *Gender and Stratification.* Cambridge: Polity Press.

Cyba, Eva (2000): *Geschlecht und soziale Ungleichheit. Konstellationen der Frauenbenachteiligung.* Opladen: Leske+Budrich.

Dahlerup, Drude (1987): Confusing concepts – confusing reality: a theoretical discussion of the patriarchal state. In: Anne Sowstack Sassoon (Hrsg.), *Women and the State.* London: Hutchinson, 93–127.

Döge, Peter und Michael Meuser (Hrsg.) (2001): *Männlichkeit und soziale Ordnung. Neuere Beiträge zur Geschlechterforschung.* Opladen: Leske+Budrich.

EIRObserver. Newsletter des European Industrial Relations Observatory. Family-related leave and industrial relations. 6/04 (i-viii).

Gerson, Judith M. und Kathy Peiss (1985): Boundaries, negotiation, consciousness: Reconceptualizing gender relations. *Social Problems,* 32: 317–331.

Goffman, Erving (1983): The interaction order. *American Sociological Review,* 48: 1–17.

Goldthorpe John H. (1983): Women and the class analysis: In defence of the conventional view. *Sociology,* 17: 465–488.

Hartmann, Heidi (1976): Capitalism, patriarchy, and job segregation by sex. 137–139, in: Marta Blaxall und Barbara Reagan (Hrsg.), *Women and the workplace.* Chicago/London: University of Chicago Press.

Hofbauer, Johanna (2006): Konkurrentinnen außer Konkurrenz. Zugangsbarrieren für Frauen im Management aus der Perspektive des Bourdieu'schen Distinktions- und Habituskonzepts. *Österreichische Zeitschrift für Soziologie,* 31 (4): 23–44.

Holtmann, Dieter, Michael Mutz, Florian Alber et al. (2006): *Zur Performanz von Wohlfahrtsregimen und zu den Unterstützungspotentialen für die verschiedenen Wohlfahrtskonzepte: eine empirische Untersuchung.* Potsdam: Universitätsverlag Potsdam.

Koppetsch, Cornelia und Günther Burkhart (1999): *Die Illusion der Emanzipation. Zur Wirksamkeit latenter Geschlechternormen im Milieuvergleich.* Konstanz: Universitätsverlag Konstanz.

Kortendiek, Beate (2004): Familie: Mutterschaft und Vaterschaft zwischen Traditionalisierung und Modernisierung. In: Ruth Becker und Renate Kortendieck (Hrsg.), *Handbuch Frauen- und Geschlechterforschung. Theorie, Methoden, Empirie.* Wiesbaden: VS Verlag für Sozialwissenschaften, 384–394.

Kreckel, Reinhard (1992): *Politische Soziologie der sozialen Ungleichheit.* Frankfurt am Main/New York: Campus

Kulawik, Teresa (2005): Wohlfahrtsstaaten und Geschlechterregime im internationalen Vergleich. In: *gender..politik..online*, http://web.fu-berlin.de/gpo/teresa_kulawik.htm

Leitner, Andrea und Angela Wroblewski (2005): Soziale Mobilität – Haben sich die Aufstiegschancen von Frauen und Männern in Österreich gleichermaßen verbessert? In: Wolfgang Schulz, Max Haller und Alfred Grausgruber (Hrsg.), *Österreich zur Jahrhundertwende. Gesellschaftliche Werthaltungen und Lebensqualität 1986–2004.* Wiesbaden: VS Verlag für Sozialwissenschaften, 117–149.

Leitner, Andrea (2004): Frauen – Gewinnerinnen oder Verliererinnen der Beschäftigungsintgration. In: Hans Georg Zilian (Hrsg.), *Insider und Outsider.* München und Mering: Rainer Hamp, 90–104.

Lenz, Ilse (2004): Frauenbewegungen: Zu Anliegen und Verlaufsformen von Frauenbewegungen als sozialen Bewegungen. In: Ruth Becker und Renate Kortendieck (Hrsg.), *Handbuch Frauen- und Geschlechterforschung. Theorie, Methoden, Empirie.* Wiesbaden: VS Verlag für Sozialwissenschaften, 665–675.

Maier, Friederike (1998): Ökonomische Arbeitsmarktforschung und Frauenerwerbstätigkeit – Versuch einer kritischen Bilanz. In: Birgit Geissler, Friederike Maier und Birgit Pfau-Effinger (Hrsg.), *FrauenArbeitsMarkt.* Berlin: Edition Sigma, 17–36.

Metz-Göckel, Sigrid (1990): Mutter sein und andere Lebensformen von Frauen. In: Sigrid Metz-Göckel und Elke Nyssen, *Frauen leben Widersprüche. Zwischenbilanz der Frauenforschung.* Weinheim und Basel: Beltz, 153–184.

Ostner, Ilona (1995): Arm ohne Ehemann? Sozialpolitische Regulierung von Lebenschancen für Frauen im internationalen Vergleich. *Aus Politik und Zeitgeschichte,* B36–37: 3–12.

Parkin, Frank (1983): Strategien sozialer Schließung und Klassenbildung. In: Reinhard Kreckel (Hrsg.), *Soziale Ungleichheiten.* Soziale Welt, Sonderband 2. Göttingen: Schwartz, 121–136.

Parsons, Talcott (1973): Alter und Geschlecht in der Sozialstruktur der Vereinigten Staaten. In: Talcott Parsons, *Soziologische Theorie.* Neuwied: Luchterhand, 65–83.

Petersen, Trond und Ishak Saporta (2004): The Opportunity Structure for Discrimination. *American Journal of Sociology,* 109 (4): 852–901.

Ranftl, Edeltraud (o. Jahr): Maßnahmen und Projekte zur Gleichwertigkeit von Arbeit in verschiedenen europäischen Ländern. Abgerufen im Dezember 2006 unter http://www. FrauenmachenKarriere.de/stepone/downloads/07/00/00/EqualPay_Maßnahmen_in ausgewählten_Ländern.pdf.

Reskin, Barbara F. (2003): Mechanisms in Our Model of Ascriptive Inequality. *American Sociological Review*, 68 (February): 1–21.

Ridgeway, Cecilia L. (1997): Interaction and the conversation of gender inequality: considering employment. *American Sociological Review*, 62: 218–235.

Schulz, Wolfgang, Max Haller und Alfred Grausgruber (Hrsg.) (2005): *Österreich zur Jahrhundertwende. Gesellschaftliche Werthaltungen und Lebensqualität 1986–2004*. Wiesbaden: VS Verlag für Sozialwissenschaften.

Simmel, Georg (1985): *Schriften zur Philosophie und Soziologie der Geschlechter* (hrsg. von Hans-Jürgen Dahme und Klaus Christian Köhnke). Frankfurt am Main: Suhrkamp.

Stiegler, Barbara (2003): *Mit Gender Mainstreaming zum «gerechten» Lohn? Strategien und Erfahrungen zur Umsetzung des Rechts auf gleichwertige Bezahlung von Männer- und Frauenarbeit*. Bonn. Elektronische Fassung abgerufen im Januar 2007 unter http://libary.fes.de/fulltext/asfo/01638.htm.

Tilly, Charles (1998): *Durable Inequalities*. Berkeley: University of California Press.

Walby, Silvia (1990): *Theorizing Patriarchy*. Oxford UK/Cambridge USA: Blackwell.

Wetterer, Angelika (2002): *Arbeitsteilung und Geschlechterkonstruktion. «Gender at Work» in theoretischer und historischer Perspektive*. Konstanz: Universitätsverlag Konstanz.

Wetterer, Angelika (2006): Ordentlich in Unordnung? Widersprüche im sozialen Wandel der Geschlechterverhältnisse. *Österreichische Zeitschrift für Soziologie*, 31 (4): 5–22.

Soziale Mobilität in der Schweiz zwischen strukturellen Chancen und Diskriminierung

René Levy

1 Fragestellung: Mobilität zwischen Position und Teilnahme

Als (vertikale) Mobilität bezeichnet man Positionsveränderungen in Bezug auf eine Form von Ungleichheit, die wichtiger Teil der Sozialstruktur ist. Zuerst seien deshalb einige grundsätzliche Überlegungen zur Frage angestellt, was unter Sozialstruktur verstanden werden soll. Wir benötigen mindestens fünf Konzepte, um das Thema angemessen behandeln zu können: soziale Felder, deren innere Struktur, soziale Schichtung, soziale Güter und Mobilität selbst.

1.1 Soziale Felder

Die Vorstellung, dass der gesellschaftliche Raum in diverse *soziale Felder* gegliedert ist, und was mit solchen Feldern gemeint ist, wurde wohl zuerst in der Sozialpsychologie entwickelt, um dem heuristischen Grundsatz einen klaren Platz zuzuweisen, soziale Dynamiken hätten «Feldcharakter». Damit ist gemeint, dass sie nicht in Analogie etwa zur Festkörperphysik «aus sich selbst heraus» verstanden werden können, sondern nur unter Berücksichtigung ihrer Interaktion mit sie umgebenden Phänomenen. Diese Idee wurde vor allem von Kurt Lewin in Form seiner Feldtheorie entwickelt (1963); sie fand später auch Eingang in die Grundvorstellungen von Bourdieu (1980). Bei Lewin stehen allgemein gegenseitige Einflüsse verschiedener an derselben Situation beteiligter Elemente im Vordergrund, um was für Elemente es sich auch immer handeln mag. Ausgesprochen soziologische Konzeptionen betonen den Aspekt der Interaktionen zwischen sozialen Einheiten (Interaktionsfelder). Bourdieu stellt ausserdem heraus, dass jedes soziale Feld auf mindestens ein zentrales Gut *(enjeu)* bezogen ist, um das sich eine dem Feld spezifische Ungleichheitsdynamik entfaltet, zu der sowohl Macht als auch Prestige (Distinktion, Reputation) gehören. Für ihn haben soziale Felder einen strukturalen Charakter, der sich nicht auf Eigenschaften der daran beteiligten Personen zurückführen lässt. Er definiert ein soziales Feld als strukturierten Raum von Positionen, z. B. beruflichen Stellen, deren Eigenschaften von ihrer Positionierung im Raum abhängen, und die Struktur des Feldes als momentanen Zustand der Machtverhältnisse zwischen den Akteuren, die an ihm teilnehmen. Eine sehr ähnliche Konzeption hat auch der Schweizer Soziologe Peter Heintz (1982) vertreten.

1.2 Struktur sozialer Felder

Soziale Felder sind also durch ihre *innere Struktur* gekennzeichnet. Diese kann nach mindestens zwei Grunddimensionen analysiert werden: erstens die mehr oder weniger ausgeprägte *Spezialisierung* oder Arbeitsteilung unter den Untereinheiten des Feldes (z. B. zwischen Individuen oder zwischen Abteilungen einer Unternehmung), und zweitens die *Hierarchisierung*, die immer auch Machtcharakter hat. Diese beiden Dimensionen sind zwar unabhängig voneinander definiert, aber oft eng miteinander verknüpft, und die soziologischen Theorien sind sich nicht einig, ob sich die Hierarchisierung als Organisationsnotwendigkeit aus der Arbeitsteilung entwickelt (etwa Durkheim 1893, Davis und Moore 1945) oder ob umgekehrt Machtgefälle durch die Einführung von Arbeitsteilung oder «horizontaler» struktureller Differenzierung abgestützt werden (Rüschemeyer 1986); höchstwahrscheinlich existieren beide Einflussrichtungen. Handelt es sich bei dem analysierten Feld um eine Globalgesellschaft, wird die Hierarchisierung soziale Schichtung genannt. Auch andere Arten sozialer Felder sind jedoch grundsätzlich nach diesen beiden Dimensionen differenziert, wobei das Ausmass der Differenzierung stark variieren kann: Familien, Organisationen, territoriale Einheiten usw.

1.3 Soziale Schichtung

Als *soziale Schichtung* bezeichnet man dauerhaft gemachte Ungleichheit, die in einer Gesellschaft hinsichtlich der Verteilung konkreter sozialer Güter besteht. Soziale Felder sind um wichtige, nicht frei zugängliche Güter herum organisiert (die sie teilweise hervorbringen) und nehmen im Fall der gesamtgesellschaftlichen Struktur insbesondere die Form von institutionellen Sektoren an (z. B. das Bildungssystem, die Wirtschaft usw.).

1.4 Soziale Güter

Wichtige *soziale Güter* können unterschiedlich konstituiert sein, ihr definierendes Merkmal liegt nicht in ihnen selbst (d.h. in ihrer «Natur»), sondern in ihrer sozialen «Begehrtheit» oder Zentralität. Diese wiederum hängt zu einem grossen Teil von der Gesellschaftsorganisation ab (Beispiel: zentrale Bedeutung von Bildung oder von Geld in modernen Gesellschaften). In diesem Sinne können nicht nur materielle, sondern auch symbolische, positionale oder relationale Güter eine zentrale Bedeutung haben. Zu den wichtigsten Gütern in Gegenwartsgesellschaften gehören namentlich Bildung, Beruf (bzw. berufliche Position), Einkommen, Vermögen, soziale Beziehungen, Wohnbedingungen und Ausstattung der lokalen und regionalen Umwelt. Sie alle sind direkt oder indirekt Grundlagen der Lebensqualität. Die soziale Bedeutung und Zentralität dieser Güter begründet die Wichtigkeit der Ungleichheiten, die in Bezug auf ihre Verteilung bestehen. Ein aktuelles Beispiel für ein Gut, dessen vormals meist sehr verbreitete Zugänglichkeit abnimmt und in gewissen Regionen der Welt bereits zu grösseren Konflikten geführt hat, ist das Wasser. Aus Platzgründen werden wir uns im Folgenden stark auf den Berufsbereich konzentrieren, der nach wie vor in den Gegenwartsgesellschaften eine besonders grundlegende Stellung im System der sozialen Ungleichheiten einnimmt.[1]

1.5 Mobilität

Meist meint dieser Begriff, entsprechend der einführend erwähnten Definition, *vertikale Mobilität*, d.h. eine Positionsveränderung im hierarchischen Sinne. Daneben gibt es auch sogenannte *horizontale Mobilität*. Diese bezeichnet eine Veränderung der strukturellen Platzierung, die nichts an der hierarchischen Positionierung ändert, etwa wenn eine Sekretärin eine Stelle in einem anderen Betrieb annimmt, ohne dabei hierarchisch oder lohnmässig auf- oder abzusteigen. Gelegentlich wird dies mit dem Begriff Situs (in Unterscheidung zu Status) bezeichnet.

Nicht mit Mobilität verwechselt werden darf der Begriff der *Migration*, der im Prinzip eine Ortsveränderung im physischen Raum bezeichnet, sei es intra- oder international, sei es vorübergehend oder dauerhaft. Oft, aber bei weitem nicht immer, sind Phänomene der Migration und der Mobilität miteinander verknüpft, und dies kann zu komplexen Situationen führen, etwa wenn ein gelernter Handwerker aus Nordafrika in die Schweiz migriert, um besser zu verdienen als zu Hause, aber dies als Hilfsarbeiter tun muss: Er ist (im internationalen System) in ein reicheres Land «aufgestiegen», verdient auch tatsächlich mehr Lohn als in seinem Herkunftsland, tut dies aber unter hierarchischen Bedingungen, die im Vergleich der internen Sozialstrukturen einem sozialen Abstieg (im interindividuellen System) gleichkommen.

1 Die wichtigste strukturelle Klammer, welche die Zentralität des Berufsbereichs begründet, ist nicht etwa die kulturelle Bedeutung des Wertes der Arbeit, sondern die schlichte Tatsache, dass in marktwirtschaftlich verfassten Gesellschaften Geld zum Überleben unerlässlich ist und von den meisten Menschen während eines grossen Teiles ihres Lebens mittels Berufstätigkeit erworben werden muss.

1.6 Fragen und Theorien der Ungleichheitsforschung

Die klassischen Fragen der Ungleichheitsforschung betreffen Tatsachenfeststellungen ebenso wie Erklärungen, z. B.:

› Wie ausgeprägt sind die sozialen Ungleichheiten? Dies ist die Frage nach der Verteilungsungleichheit verschiedener sozialer Güter wie Bildung oder Einkommen.
› Gibt es stabile Lagen, die von einer grösseren Zahl Menschen geteilt werden und als soziale Schichten oder gar Klassen angesprochen werden können? Diese Frage betrifft weniger die Verteilungsungleichheit als die Beschaffenheit oder Struktur dieser Ungleichheit. Es ist wichtig, sie nicht mit der vorherigen zu vermischen, denn Ungleichheit kann auch ohne stabile Klassen oder Schichten existieren.
› Was stabilisiert die Ungleichheiten, was verändert sie?
› Wie sieht es mit sozialem Auf- und Abstieg (vertikaler Mobilität) aus?

Zu den weniger klassischen Fragen gehören u. a.:

› Wie kommt es zu Ungleichheiten zwischen den Geschlechtern, ethnischen Gruppen, Altersgruppen, Regionen, Stadtquartieren, Ländern?
› Wie sind solche Ungleichheiten analytisch anzugehen? Handelt es sich um neue Ungleichheiten oder eher um spezifische Mechanismen in der herkömmlichen Ungleichheitsdynamik?
› Signalisiert die Bedeutung solcher Ungleichheiten, die von den klassischen Theorien weitgehend ignoriert werden, das Ende der von ihnen analysierten Schichtung?

Mobilität kann in gewissem Sinne als Test für die Beschaffenheit der sozialen Schichtung dienen: Wie durchlässig ist die Schichtungsstruktur für Mobilität? Ist diese Durchlässigkeit bzw. Undurchlässigkeit homogen oder nicht? Stellen undurchlässige Zonen Klassen- oder starke Schichtgrenzen dar?

Von den klassischen Schichtungstheorien wird Mobilität sehr unterschiedlich gewichtet. Zu unterscheiden sind dabei mindestens drei Theorietraditionen:

a) Die *marxistische Ungleichheitstheorie* thematisiert Mobilität wenig, sieht Klassenzugehörigkeit als weitgehend (sozial) gegeben und unveränderbar an – zumindest solange es nicht zu einer Revolution kommt und geht davon aus, dass sich moderne Gesellschaften auf eine immer ausgeprägtere Klassenpolarität hin entwickeln.[2] Nach diesem Schichtungsmodell wären die Klassengrenzen gegenüber Mobilität weitgehend undurchlässig.

b) *Funktionalistische Ungleichheitstheorien* gehen im Gegensatz dazu von der Annahme allgemeiner Mobilität aus[3] und erklären, bei Lichte betrachtet, weniger das bestehende Ungleichheitssystem – das sie im Prinzip voraussetzen – als die Auf- oder Abwärtsbewegungen der Individuen darin: Wie weit können sie aufsteigen und weshalb? Nach diesem Schichtungsmodell wäre Mobilität die Regel und würde nicht von zugeschriebenen Merkmalen wie etwa der sozialen Herkunft abhängen.

c) Obwohl es eine *Webersche Schichtungstheorie* im engeren Sinne nicht gibt, interessieren sich Forscher und Theoretiker, die sich an Webers Zugang orientieren, im Allgemeinen weniger für Mobilität als für das Ungleichheitssystem als solches (etwa Dahrendorf 1957, Popitz 1968 oder Parkin 1979).[4] Hier kann nicht von einem wirklichen Schichtungsmodell gesprochen werden, aber Mobilität würde konsequenterweise vor allem im Zusammenhang mit der Zu- oder Abnahme des Machtpotenzials sozialer Gruppen oder Kategorien thematisiert.

Neben den soziologischen Theorien sind auch die *gesellschaftlichen Vorstellungen* über soziale Ungleichheiten wichtig. Sie gehören zu den regelmässigen Forschungsgegenständen der Schichtungsforschung. Sie haben z.T. ideologischen Charakter, etwa die heute gängige Vorstellung der offenen oder leistungsorientierten Gesellschaft, nach der Mobilität weitgehend von der individuellen Leistung abhängen soll. Sie interessieren die Soziologie weniger mit Blick auf die Frage, inwiefern die Gesellschaftsmitglieder die bestehenden Ungleichheiten und ihr Funktionieren korrekt wahrnehmen oder sich über sie täuschen, denn in ihrer Funktion als Quelle von Legitimität oder Infragestellung des in einer Gesellschaft tatsächlich bestehenden Ungleichheitsregimes.

---

2 Dies gilt für die klassischen Zugänge seit Marx. Gewisse Neomarxisten, besonders der bereits erwähnte Wright (1996), haben jedoch die Mobilitätsanalyse zu ihrem Hauptgegenstand gemacht.

3 Dies gilt sowohl für die klassische Formulierung dieser Theorie durch Davis und Moore (1945) als auch für ihre erneuerte Version in Form des Statuserwerbsparadigmas (Blau und Duncan 1967).

4 Der in der gegenwärtigen Schichtungsforschung oft zitierte Goldthorpe hat zwar eine von Weber inspirierte Positionsklassifizierung entwickelt, verwendet sie aber im theoretischen Zusammenhang des Statuserwerbsparadigmas (etwa in Erikson und Goldthorpe 1992), anders als etwa der kreative Neomarxist Wright (1996).

Es wurde schon darauf hingewiesen, dass die klassischen soziologischen Blickweisen auf Ungleichheiten Beschränkungen haben, die heute von vielen Forscherinnen und Forschern nicht mehr akzeptiert werden. Dazu gehört zunächst die Fokussierung auf die Ungleichheit in Bezug auf zentrale soziale Güter, d.h. auf die Schichtung als Gesamtstruktur, und die damit einhergehende Vernachlässigung verschiedener, meist an zugeschriebenen Merkmalen ansetzender Kontrollmechanismen. Hinzu kommt weiter die tendenzielle Vernachlässigung der Tatsache, dass Ungleichheitsstrukturen in der weiteren sozialen Ordnung eingebettet sind (etwa die Verknüpfungen zwischen sozialen Ungleichheiten und der ethnischen Differenzierung einer Gesellschaft), sowie die Nichtbeachtung der Tatsache, dass seit Langem die Ungleichheitsdynamik in einer Gesellschaft auch durch deren Verhältnis zu anderen Gesellschaften oder Ländern beeinflusst wird, weshalb die Beschränkung empirischer Forschung auf nationale Gesellschaften wichtige Einflussfaktoren aussen vor lässt.

Man kann somit etwas pointiert sagen, dass es nicht genügt, nur Ungleichheiten zu analysieren, um diese zu verstehen: Das klassische Ungleichheitsthema betrifft vor allem die Positionen, welche Personen oder Gruppen im Ungleichheitssystem innehaben, nicht aber die Frage, wer überhaupt an den sozialen Feldern teilnimmt, die um die zentralsten Güter herum organisiert sind.[5] Wer nicht an einem sozialen Feld teilnimmt, hat auch keine Position darin und fällt somit aus der darauf konzentrierten Schichtungsforschung heraus (was ihn oder sie natürlich nicht daran hindert, eine Stellung im gesamten Schichtungssystem innezuhaben!). Die Antwort auf diesen Aspekt muss wohl je nach betrachtetem Gut verschieden sein. Wir konzentrieren uns hier auf den Berufsbereich, weil er besonders zentral ist: Wer ist berufstätig, wer nicht, und wo stehen Nichtberufstätige in der sozialen Schichtung?

Empirisch betrachtet sind ca. 70% der Schweizer Bevölkerung berufstätig (Stand 2000, Quelle: Stamm et al. 2003), daneben gibt es mehrere unterschiedlich grosse Gruppen typischer Nichtberufstätiger: Hausfrauen (17%), Pensionierte (9%), Kinder und Auszubildende (2%), Arbeitslose (2%). Hinzu kommen statistisch oft vergessene oder jedenfalls nicht separat ausgewiesene, zahlenmässig kleinere Kategorien wie schwer Kranke und Invalide, Häftlinge und Internierte sowie Asylbewerber. Nichtberufstätige haben natürlich auch einen sozialen Status, d.h. sie stehen irgendwo tiefer oder höher in der sozialen Hierarchie, nur nicht aufgrund eines eigenen Berufsstatus, sondern oft aufgrund des Berufsstatus einer anderen Person, von der sie abhängig sind – dies gilt vor allem für nicht berufstätige Hausfrauen

5 Dementsprechend sollte im Prinzip in normativen Überlegungen auch zwischen Verteilungs- und Teilnahmegerechtigkeit unterschieden werden.

und Kinder – oder aufgrund von Renten, die von einem früheren Berufsstatus abhängen wie im Fall von Pensionierten, oder aufgrund von anderen Positionierungsfaktoren.

2 Empirie I: Positionsmobilität in der Schweiz

2.1 Die Schweiz – eine offene Gesellschaft?

Bei dieser Frage geht es um das Ausmass der Mobilität, und zwar vor allem der vertikalen. In dieser Hinsicht ist die zusätzliche Unterscheidung von inter- und intragenerationaler Mobilität wichtig: Die *intergenerationale* bemisst sich nach dem Vergleich der Position der betrachteten Personen mit jener ihrer Eltern (soziale Herkunft), die *intragenerationale* nach dem Vergleich verschiedener Positionen der betrachteten Personen selbst. Die Problematik der Chancenungleichheit, so wie sie meistens diskutiert wird, betrifft vor allem die intergenerationale Mobilität und kann aufgrund des Ausmasses beurteilt werden, in dem die Positionierung einer betrachteten Person durch ihre soziale Herkunft bedingt ist (Problematik der Reproduktion von Ungleichheitslagen in der Terminologie von Bourdieu). Andere Aspekte der Chancengleichheit erfordern eher einen intragenerationalen Positionsvergleich; dies ist beispielsweise der Fall, wenn man untersuchen möchte, inwiefern sich gleiche Bildungsinvestitionen für Frauen und Männer unterschiedlich in Berufspositionen oder Verdienst auszahlen. Wir betrachten kurz vier Aspekte von Mobilität in der Schweiz aufgrund der Studie von Levy et al. (1997).[6]

2.1.1 Intergenerationale Bildungsmobilität

Beginnen wir mit der Frage nach dem Ausmass, in dem das von einer Person erreichte Bildungsniveau von jenem ihrer Eltern abhängt. Die direkte Antwort auf diese Frage wird von Tabelle 1 gegeben, welche zeigt, in welcher empirischen Beziehung diese beiden Statusaspekte zueinander stehen.

Die Tabelle zeigt, dass neben einer beträchtlichen Reproduktionsrate eine deutliche Tendenz zur intergenerationalen Aufwärtsmobilität besteht, d.h. die Kinder erreichen im Vergleich zu ihren Eltern deutlich häufiger ein höheres als ein tieferes Bildungsniveau (es handelt sich hier um die Zellen oberhalb der Diagonalen). Anzufügen ist, dass gemäss ausführlicheren Studien

6 Die folgenden Tabellen entstammen der ersten Studie, die ausdrücklich auf das schweizerische Schichtungssystem ausgerichtet war und auf einer Befragung beruht, die 1991 durchgeführt wurde.

Tabelle 1: Bildung der hauptverdienenden Person des Elternhaushalts und der Befragten

Eltern	Befragte						
	Primarschule	Sekundarschule	Lehre	höhere Berufsschule	Universität	Total %	(n)
Primarschule	37,2	17,7	25,7	15,0	4,3	100	(444)
Sekundarschule	5,2	29,5	35,2	24,8	5,3	100	(289)
Berufslehre	8,4	9,3	42,2	31,6	8,5	100	(628)
höhere Berufsschule	0,9	7,5	22,3	45,0	24,2	100	(348)
Universität, ETH	0,0	1,4	12,4	37,2	49,0	100	(161)
Total	12,6	13,4	30,9	29,6	13,4	100	(1869)

Quelle: Levy et al. 1997.

Lesebeispiel: 49,0% der Kinder von Eltern mit Hochschulabschluss haben selbst einen solchen Abschluss erworben, gegenüber 4,3% der Kinder von Eltern mit Schulobligatorium. Die intergenerationale Reproduktionsrate (d.h. der Anteil der Befragten mit demselben Bildungsniveau wie die Eltern, also der Zellen in der Diagonalen der Tabelle) beträgt 40,2% (diese Summe kann nicht aus den Prozentzahlen der Tabelle addiert werden, weil sie zeilenweise berechnet sind; sie beruht auf einer Prozentuierung sämtlicher Fälle in der Tabelle). Dunkel getönte Zellen enthalten überproportional viele Fälle, hell getönte Zellen enthalten viele Fälle in absoluten Zahlen.

die soziale Herkunft nicht der einzige Faktor ist, der das erreichte Bildungsniveau beeinflusst – wir beschränken uns hier einzig aus Platzgründen auf ihn.

2.1.2 Intergenerationale Berufsmobilität

Dieselbe Ausgangsfrage stellt sich in Bezug auf die berufliche Stellung: in welchem Ausmass hängt die Berufsstellung, die eine Person im Lauf ihres Lebens erreicht, von derjenigen ihrer Eltern ab?

Laut Tabelle 2 ist die intergenerationale Reproduktion in Bezug auf die berufliche Stellung wesentlich schwächer als im Hinblick auf die Bildung. Die Bildungsmobilität der Befragten gegenüber ihren Eltern hat ihnen also nicht im vollen Umfang einen entsprechenden intergenerationalen Berufsaufstieg ermöglicht. Die Tabelle zeigt denn auch eher ein Überwiegen von Abstiegs- gegenüber Aufstiegssituationen ausserhalb der Diagonalen (in dieser Tabelle ist es das unter der Diagonalen liegende «Dreieck», das die aufsteigenden Fälle enthält, weil die Kategorien in umgekehrter Reihenfolge aufgezählt sind als in der vorhergehenden). Das Phänomen der Aufholmobilität schliesst mit ein, dass häufig Mitglieder der jungen Generation nicht direkt das Berufsniveau ihrer Eltern übernehmen, sondern ihren Berufseintritt unter dem beruflichen Niveau der Eltern vollziehen und sich gewissermassen «hochdienen» müssen. Dies schliesst selbstverständlich nicht aus, dass verschiedene Mechanismen

Tabelle 2: Berufsposition (erfasst mittels der sozioprofessionellen Kategorien des Bundesamtes für Statistik) der hauptverdienenden Person des Elternhaushalts und der Befragten

Eltern	Befragte								
	Leitende und freie Berufe	Selbstständige	Kader	Intermediäre Berufe	qualifizierte Angestellte	qualifizierte Arbeiter	Unqualifizierte Arbeiter	Total %	(n)
Leitend, frei	6,9	6,8	31,0	29,6	11,8	13,8	0,0	100	(28)
Selbständig	2,7	15,4	5,6	20,1	20,5	11,2	24,4	100	(308)
höhere Kader	3,7	8,1	34,3	23,4	21,5	6,6	2,3	100	(74)
Intermediäre	3,6	9,5	16,5	28,2	27,3	6,9	7,9	100	(102)
qual. Angest.	0,8	8,0	8,9	18,7	27,9	13,9	21,7	100	(151)
qual. Arbeiter	4,0	9,5	6,5	21,8	32,5	17,6	8,1	100	(148)
Unqualif.	0,5	5,5	2,5	10,5	21,1	14,4	45,6	100	(191)
Total	2,4	10,1	9,6	19,6	24,0	12,5	21,6	100	(1001)

Quelle: Levy et al. 1997.

Lesebeispiel: 15,4% der Kinder von Selbstständigen sind ebenfalls selbstständig erwerbend gegenüber 5,5% der Kinder von Eltern in unqualifizierter Position. Die *Reproduktionsrate* beträgt hier 25,9%, die Tönung der Zellen hat dieselbe Bedeutung wie oben.

der Statusvererbung zwischen den Generationen am Werk sind, diese wirken aber stärker indirekt und biografisch gesehen längerfristig.

Dieselbe Anmerkung wie für die Bildung gilt auch für das erreichte Berufsniveau: die soziale Herkunft ist eine wichtige, aber nicht die einzig ausschlaggebende Einflussgrösse.

2.1.3 Intragenerationale Mobilität von der Bildungs- zur Berufsposition

Tabelle 3 dokumentiert den Zusammenhang zwischen dem erreichten Bildungsniveau und der Berufsposition zum Zeitpunkt der Befragung und trägt dem Umstand Rechnung, dass in Gegenwartsgesellschaften Bildung eine wesentliche «Einstiegsqualifikation» für den Berufsbereich darstellt. Lesebeispiel: Während niemand unter jenen Befragten, die lediglich das Schulobligatorium absolviert haben, auf das berufliche Niveau der freien Berufe (Architekten, Rechtsanwälte usw.) oder auf die Direktionsstufe aufgestiegen ist, haben 8,8% der Hochschulabgänger/-innen eine solche Position erreicht. Dieser Zusammenhang erweist sich als sehr eng; die Tabelle bildet deutlich ab, dass durch die Bildung nicht nur minimale Berufspositionen «festgelegt» werden, unter denen sich Personen mit dem entsprechenden Bildungsniveau nur selten positionieren, sondern auch maximale, über die nur wenige hin-

Tabelle 3: Vergleich von Bildungsniveau und erreichter Berufsposition der Befragten

Bildung	Sozioprofessionelle Kategorie									Total %
	Leitende und freie Berufe	Selbst-ständige	Höhere Kader	Inter-mediäre Berufe	qualifi-zierte Ange-stellte	qualifi-zierte Arbeiter	Un-quali-fizierte Arbeiter	Total %	(n)	
Primar	0,0	3,9	0,4	0,3	5,1	1,9	88,5	100	(261)	15,8
Sekundar	0,4	6,3	0,0	0,6	9,0	2,8	80,8	100	(253)	15,3
Berufslehre	1,0	8,3	0,2	2,2	55,7	29,7	3,0	100	(502)	30,5
Gymnasium	0,8	5,8	0,8	5,9	57,6	29,2	0,0	100	(123)	7,5
höh. B›schule	2,2	14,7	1,8	73,5	6,9	0,9	0,0	100	(273)	16,6
Technikum	4,6	18,8	2,9	71,2	2,4	0,0	0,0	100	(63)	3,8
Uni, ETH	8,8	4,1	63,0	21,4	1,2	1,4	0,0	100	(174)	10,6
Total %	1,9	8,1	7,2	18,4	24,8	12,2	27,3			100,0
(n)	(31)	(134)	(119)	(304)	(409)	(202)	(449)		(1649)	

Quelle: Levy et al. 1997.

auskommen. Allerdings ist anzufügen, dass die gewählten Kategorisierungen diesen Zusammenhang übertreiben, weil die Bildung teilweise in die Definition der sozioprofessionellen Kategorie einfliesst. Umgekehrt ist vermutlich der effektive Zusammenhang enger, als ihn diese Tabelle abbilden kann, weil nicht nach Altersgruppen unterschieden wird, aber die «Umtauschbedingungen» von Bildung in Beruf zwischen aufeinanderfolgenden Generationen nicht identisch bleiben, sodass für dieselbe Berufsposition früher ein geringeres Bildungsniveau ausreichte als vor Kurzem, d.h. für jüngere Befragte. Ob sich diese beiden Ungenauigkeiten gegeneinander aufrechnen oder welche von beiden überwiegt, muss offen bleiben.

2.1.4 Intragenerationale Berufsmobilität

Schliesslich soll wenigstens ansatzweise gezeigt werden, dass im Verlauf eines Berufslebens die beruflichen Positionen nicht unbedingt gleich bleiben, sondern auch (intragenerationale) Mobilität vorkommt (vgl. Tabelle 4). Die beiden Teile dieser Tabelle ergänzen einander. Der erste Teil zeigt, dass die intergenerationale Mobilität nicht völlig gleich aussieht, wenn man ältere oder jüngere Befragte betrachtet (im Alter von 25 bzw. 45 Jahren): Bei den 45-Jährigen, die in ihrem (beruflichen) Lebenslauf schon weiter vorgerückt sind, ist absteigende intergenerationale Mobilität seltener und aufsteigende häufiger, und auch die Reproduktionsrate in Bezug auf die Berufsposition ist etwas höher als bei den 25-Jährigen. Dies ist eines der Resultate, die der

Aussage zugrunde liegen, dass ein Teil der *intra*generationalen Aufstiegsmobilität in *inter*generationaler Betrachtung eine Aufholmobilität ist. Der zweite Tabellenteil verdeutlicht den Zusammenhang zwischen horizontaler und vertikaler Mobilität: Befragte ohne horizontale Mobilität (hier als Branchenwechsel erfasst) steigen intergenerational seltener ab, aber auch deutlich seltener auf als solche mit horizontaler Mobilität. Dies hängt zweifellos mit dem starken wirtschaftlichen Strukturwandel zusammen, den die Schweiz in den letzten Jahrzehnten durchlaufen hat.

Tabelle 4: Intergenerationelle und intragenerationelle Berufsmobilität

Mobilitätsrichtung		Intergenerationale vertikale Mobilität		Intragenerationale vertikale und horizontale Mobilität (zwischen 25 und 45 Jahre)	
		mit 25	mit 45	ohne horizontale Mobilität	mit horizontaler Mobilität
Absteigend		44,6	38,4	0,7	7,1
Gleich		32,4	35,5	92,1	70,5
Aufsteigend		23,3	26,2	7,2	22,4
Total	%	100,0	100,0	100,0	100,0
	(n)	(1110)	(576)	(365)	(211)

2.2 Das schweizerische Mobilitätsregime im internationalen Vergleich

Im Rahmen der Schichtungsstudie von Levy et al. (1997: 259–263) konnte die Schweiz mit zwei nordamerikanischen bzw. angelsächsischen (USA, Kanada) und zwei skandinavischen Ländern (Schweden, Norwegen) verglichen werden,[7] was die folgenden Resultate ergab:

1. Der Stellenwert der Bildung für die Berufsplatzierung ist in der Schweiz vergleichsweise besonders zentral, ungefähr gleich zentral wie der Besitz von Produktionsmitteln in den angelsächsischen Ländern.
2. Das Bildungssystem funktioniert hier als zentraler Verteilmechanismus im Schichtungssystem, die erreichte Bildungsstufe setzt tendenziell Ober- wie auch Untergrenzen für die erreichbaren Berufspositionen.
3. Im Unterschied zu den skandinavischen Mobilitätsregimes ist in der Schweiz die Platzierungswirkung der Erstbildung ziemlich definitiv, vermutlich deshalb, weil hier – anders als in diesen Ländern – erstens Weiterbildung nur selten die formal zertifizierten Qualifikationen verändert (nur wenige Erwachsene gehen beispielsweise an eine Maturi-

7 Der Vergleich wurde durch internationale Koordination und eine Publikation möglich (Western und Wright 1994).

tätsschule oder Universität, um nach einer Berufsphase ihren formellen Bildungsgrad zu erhöhen, und diese Bildungsstätten sind auch nicht für die Bedürfnisse und Profile solcher Auszubildender eingerichtet) und weil zweitens die stattfindende Weiterbildung – die einen beträchtlichen Markt darstellt – vor allem den bereits gut Ausgebildeten zugute kommt und sich deshalb in der Tendenz nicht ausgleichend, sondern verstärkend auf die Unterschiede in der Erstausbildung auswirkt.

Andere auffallende Schweizer Resultate, für die jedoch keine vergleichbaren Analysen vorliegen, sind Folgende:

1. Zwischen vertikaler und horizontaler Berufsmobilität besteht ein enger Zusammenhang: Branchenwechsel fördert die Aufstiegschancen, besonders für Frauen, wo diese Form horizontaler Mobilität praktisch Voraussetzung für vertikale Mobilität ist. Die Ursachen dieses Unterschieds sind bisher empirisch nicht geklärt worden, man kann vermuten, dass dabei die starke Geschlechtstypisierung der gelernten Berufe eine wichtige Rolle spielt, verbunden mit der Tatsache, dass die weiblich typisierten Berufe wesentlich geringere Aufstiegsmöglichkeiten eröffnen als die männlich oder gar nicht typisierten.
2. Arbeiterkinder (bzw. Kinder von manuell Arbeitenden) sind besonders selten aufwärtsmobil.
3. Kinder von Selbständigen haben – im Verlauf des 20. Jahrhunderts, auf das sich diese Analysen im Wesentlichen beziehen – besondere Mobilitätswege: Nur wenige werden ebenfalls Selbständige, und vor allem nur Söhne; die meisten werden Arbeiter oder schwach bis nicht qualifizierte Angestellte (vermutlich ist hier besonders an Immigranten und Bauernkinder zu denken) – sie erscheinen besonders stark als Verlierer des sozioökonomischen Strukturwandels, der im 20. Jahrhundert in der Schweiz stattgefunden hat.
4. Dieses generelle Mobilitätsregime gilt für Schweizerinnen und Schweizer, also für drei Viertel der Bevölkerung. Die Immigration ist ein Faktor, der insbesondere die Wirkung von Bildung reduziert, d.h. durch die Immigration wird die erworbene Bildung entwertet (im Übrigen sind in der Schweiz zwei ungleiche Konzentrationen der Immigration festzustellen: eine starke im unteren Bereich der Schichtung, eine schwächere im oberen).
5. Persönlicher Berufsaufstieg (intragenerationale Mobilität) funktioniert grösserenteils als intergenerationale Aufholmobilität, führt also mehr zur intergenerationalen Reproduktion der Ungleichheitslagen als zu

einem effektiven Aufstieg (gilt besonders für Männer, Frauen steigen intergenerational netto eher ab).

Typische *Geschlechterunterschiede* sind:

1. Männer steigen eher auf, Frauen dagegen eher ab.
2. Die intergenerationale Positionsreproduktion ist besonders stark für hochrangige Männer und tiefrangige Frauen, d.h. Männer «erben» vor allem privilegierte Positionen von ihren Eltern, Frauen vor allem unterprivilegierte.
3. Selbständigkeit wird nur an Männer vererbt.
4. Die Bedeutung von Bildung ist für Frauen noch wichtiger – d.h. für allfällige Aufwärtsmobilität noch unerlässlicher – als für Männer.
5. Dabei ist der «Umtauschwert» der Bildung in Bezug auf die Berufshierarchie für Frauen geringer als für Männer, d.h. mit gleichem Qualifikationsniveau erreichen Frauen geringere Berufspositionen als Männer.
6. Ein besonders wichtiger Faktor, der sich als zusätzliche Mobilitätsbremse bei Frauen auswirkt, sind die für weibliche Berufsverläufe typischen, bei Männern dagegen nicht vorkommenden familienbedingten Berufsunterbrüche.

3 Empirie II: Geschlechtsspezifische Erwerbsverläufe

Haben Männer und Frauen unterschiedliche Erwerbsverläufe? In der jüngeren Lebenslaufsoziologie sind zu dieser Frage drei sich gegenseitig ausschliessende Thesen vertreten worden. Die einfachste (Kohli 1985; 1986) postuliert, dass sich im Laufe der letzten rund 200 Jahre ein vorherrschendes, für moderne Gesellschaften typisches Verlaufsmuster herausgebildet hat, das im Wesentlichen um den Erwerbsbereich herum organisiert ist und aus drei aufeinanderfolgenden Hauptphasen zusammengesetzt ist: einer Ausbildungsphase, die auf die Berufspositionierung hinführt, einer Berufsphase, die stark prägend für die Lebensbedingungen der Menschen ist, und einer rentengesicherten Altersphase, deren konkrete Ausgestaltung von der Berufspositionierung abhängt. Eine Alternativthese (Levy 1977) postuliert, dass Lebensläufe in modernen Gesellschaften stark geschlechtstypisiert sind und man weibliche Verläufe nicht einfach als Varianten der männlichen verstehen kann. Eine dritte und jüngere These (Beck 1986; Beck und Beck-Gernsheim 1994) postuliert schliesslich, dass wir inzwischen nicht mehr in modernen, sondern in postmodernen Gesellschaften leben, in denen alle Modelle erodiert sind und keines mehr vorherrscht, sei es im Bereich der

Organisation des familiären Zusammenlebens oder intimer Beziehungen, sei es im Berufsbereich (Erosion des Normalarbeitsverhältnisses), sei es im Bereich der Lebensverläufe. Direkte empirische Überprüfungen dieser Thesen gibt es erst seit Kurzem.

Längsschnittanalysen von Retrospektivdaten über männliche und weibliche Erwerbs- und Familienverläufe in der Schweiz (Widmer et al. 2003) haben inzwischen gezeigt, dass es tatsächlich eine deutliche Geschlechtstypisierung der Verläufe gibt, dass aber heute einem bei Männern klar vorwiegenden Modell (85% der in einem Paar lebenden Männer) nicht ein einziges weibliches gegenübersteht, sondern vier, von denen eines dem männlichen entspricht: lebenslange vollzeitliche Erwerbstätigkeit bis zur Pensionierung (20% der in einem Paar lebenden Frauen). Die anderen drei in weiblichen Lebensläufen vorkommenden Modelle widerspiegeln auf unterschiedliche Art die Tatsache, dass die Familienarbeit einseitig von den Frauen übernommen wird. Diametral dem männlichen Verlaufsmodell entgegengesetzt ist jenes der «Familienfrauen», die nach der Heirat oder bei der Geburt ihres ersten Kindes ihre Erwerbstätigkeit definitiv aufgeben und sich voll der Familienarbeit widmen (33%). Dazwischen steht ein Modell der dauerhaften Erwerbsreduktion, bei der spätestens ab der ersten Geburt die Erwerbstätigkeit auf Teilzeit zurückgeschraubt wird (24%), und ein Modell des vorübergehenden Erwerbsunterbruchs, bei dem nach einer reinen Familienzeit wieder eine teilzeitliche Erwerbstätigkeit aufgenommen wird (20%). Dass diese geschlechtsspezifischen Verlaufsunterschiede auch die Berufsmobilität betreffen, ist nicht nur plausibel und stimmt mit Resultaten von synchronen Analysen überein, sondern wird durch neuere Längsschnittanalysen bestätigt (Levy et al. 2007). Danach können die Verläufe von 49% der in einer Paarbeziehung lebenden Männer als aufwärtsgerichtet angesehen werden, aber nur von 17% der Frauen, und 54% der weiblichen Verläufe sind deutlich familienzentriert, während es bei den Männern keine solchen gibt. Mit anderen Worten «verstecken» weibliche Erwerbsunterbrüche Familienarbeit – vorübergehende wie endgültige – und werden in den meisten Fällen mit dem Verschwinden von Aufstiegsperspektiven bezahlt.

4 Schlussfolgerung: soziale Konstruktion von Mobilitätsunterschieden

Sind die Armen an ihrer Armut schuld? 1991 waren noch 76,4% der Befragten (der Schichtungsstudie) dieser Ansicht – nach der Rezession der 90er-Jahre sind es wohl weniger geworden. Als Soziologe kann man antworten «in einigen Fällen vielleicht, aber sicher auch dann nur in beschränktem Ausmass», denn wir kennen die Wirksamkeit einer Reihe von *Mechanismen der Ungleichheitsreproduktion*, die jenseits der individuellen Einflussmöglichkeiten (und oft auch Wahrnehmungskapazitäten) liegen. Dazu gehören beispielsweise:

- Statusvererbung von den Eltern auf die Kinder über
  - sozialisierte schichtspezifische Aufstiegsaspirationen,
  - elterliche Vorbildwirkung (Identifikation, ebenfalls ein Sozialisationsresultat),
  - verfügbare Mittel für Bildungsinvestitionen bzw. Verzicht auf sofortigen Verdienst zugunsten verlängerter Bildung,
  - kulturelle Ressourcen, die den Bildungserfolg beeinflussen und über Sozialisation und Habitusformation vermittelt werden (u. a. sprachkulturelle Ressourcen im Sinn der Unterscheidung schichtspezifischer Codes, die mehr oder weniger schulfern sein können, weiter als legitim betrachtete schichtspezifisch unterschiedliche Positionierungswünsche),
  - soziale Ressourcen, vor allem in Form von «Sozialkapital», d.h. Zugang zu mehr oder weniger aufstiegsfördernden Informationen und Beziehungen,
  - Vererbung produktiven Vermögens in Form von Finanz- oder Sachkapital,

- diverse Formen sozialer Segregation (z. B. reichere und ärmere Quartiere und Gemeinden), die meist über dieselben Faktoren wirken, aber kollektive Bedeutung und deshalb zusätzliches Gewicht haben (Beispiel: die Schichtspezifität vieler städtischer Quartiere oder von zentralen vs. peripheren Gemeinden schlägt auf die Lernbedingungen in den dortigen Schulen und damit auf die erworbenen Qualifikationen durch) und zu denen spezifischere Faktoren hinzukommen wie
  - Homogamie (schichthomogene Paar- und Familienbildung),
  - Homosozialität (schichthomogene Freundschaften, als Baustein von Beziehungsnetzen),
  - sexuelle Typisierung der Qualifikation und der über sie zugänglichen Arbeitsmärkte (Männer- und Frauenberufe).

Summa summarum: Nicht nur ungleiche hierarchische Positionen in sozialen Feldern können problematisch sein, sondern auch ungleiche Teilnahmechancen an wichtigen sozialen Feldern. Wenn es um die sozialpolitische Beurteilung eines Ungleichheitssystems geht, ist deshalb neben der häufiger diskutierten *Verteilungsungerechtigkeit* auch die *Beteiligungsungerechtigkeit* zu berücksichtigen.

5 Literatur

Beck, Ulrich (1986): *Risikogesellschaft. Auf dem Weg in eine andere Moderne.* Frankfurt am Main: Suhrkamp.

Beck, Ulrich und Elisabeth Beck-Gernsheim (1994): *Riskante Freiheiten. Individualisierung in modernen Gesellschaften.* Frankfurt am Main: Suhrkamp.

Blau, Peter M. und Otis Dudley Duncan (1967): *The American Occupational Structure.* New York: Free Press

Bourdieu, Pierre (1980): *Questions de sociologie.* Paris: Editions de Minuit.

Crompton, Rosemary (1993): *Class and Stratification.* Cambridge: Polity Press.

Dahrendorf, Ralf (1957): *Soziale Klassen und Klassenkonflikt in der industriellen Gesellschaft.* Stuttgart.

Davis, Kingsley und Wilbert E. Moore (1945): Some Principles of Stratification. *American Sociological Review,* 10 (2): 242–249.

Durkheim, Emile (1893): *De la division du travail social: étude sur l'organisation des sociétés supérieures.* Paris.

Erikson, Robert und John Goldthorpe (1992): *The Constant Flux: A Study of Class Mobility in Industrial Societies.* Oxford: Clarendon Press.

Grusky, David B. (Hrsg.) (1994): *Social Stratification – Class, Race, & Gender.* Boulder: Westview Press.

Heintz, Peter (1982): Ungleiche Verteilung, Macht und Legitimität. Möglichkeiten und Grenzen strukturtheoretischer Analysen. Diessenhofen: Rüegger.

Kohli, Martin (1986): Gesellschaftszeit und Lebenszeit. Der Lebenslauf im Strukturwandel der Moderne, in: Johannes Berger (Hrsg.), *Die Moderne – Kontinuitäten und Zäsuren.* Soziale Welt (Sonderband 4). Göttingen: Schwartz, 183–208.

Kohli, Martin (1985): Die Institutionalisierung des Lebenslaufs. *Kölner Zeitschrift für Soziologie und Sozialpsychologie,* 37 (1): 1–29.

Lemel, Yannick (2004): *Les classes sociales.* Que sais-je? 341. Paris: PUF.

Lemel, Yannick (1997 [1991]): *Stratification et mobilité sociale.* Paris: Armand Colin.

Levy, René (1977): *Der Lebenslauf als Statusbiographie.* Stuttgart: Enke.

Levy, René, Felix Bühlmann und Eric Widmer (2007): Dual and single career couples in Switzerland: Exploring partners' trajectories. *Zeitschrift für Familienforschung*, special issue on Dual Career Couples: 263–289.

Levy, René und Christian Suter (2002): Stratification Research in Switzerland: Where Are We at? *Schweizerische Zeitschrift für Soziologie,* 28 (2): 181–192.

Levy, René, Dominique Joye, Olivier Guye und Vincent Kaufmann (1997): *Tous égaux? De la stratification aux représentations.* Zürich: Seismo.

Lewin, Kurt (1963): *Feldtheorie in den Sozialwissenschaften.* Bern: Huber.

Parkin, Frank (1979): *Marxism and Class Theory. A Bourgeois Critique.* London: Routledge.

Popitz, Heinrich (1968): *Prozesse der Machtbildung.* Tübingen: Mohr & Siebeck.

Rüschemeyer, Dietrich (1986): *Power and the Division of Labour.* Cambridge: Polity Press.

Stamm, Hanspeter, Markus Lamprecht, Rolf Nef, unter Mitarbeit von Dominique Joye und Christian Suter (2003): *Soziale Ungleichheit in der Schweiz – Strukturen und Wahrnehmungen.* Zürich: Seismo.

Turner, Jonathan (1984): *Societal Stratification. A Theoretical Analysis.* New York: Columbia University Press.

Western, Mark und Erik Olin Wright (1994): The Permeability of Class Boundaries to Intergenerational Mobility among Men in the United States, Canada, Norway, and Sweden. *American Sociological Review,* 59: 606–629.

Widmer, Eric, René Levy, Alexandre Pollien, Raphaël Hammer, Jacques-Antoine Gauthier (2003): Entre standardisation, individualisation et sexuation: une analyse des trajectoires personnelles en Suisse. *Schweizerische Zeitschrift für Soziologie,* 29 (1): 35-67.

Wright, Erik Olin (1996): *Class Counts: Comparative Studies in Class Analysis.* Cambridge: Cambridge University Press.

Politiques salariales, inégalités et ouverture aux échanges : une analyse microéconomique appliquée à la Suisse

Yves Flückiger

1 Introduction

Au cours des dernières années, de nombreuses recherches ont montré que l'inégalité des revenus avait considérablement augmenté dans la plupart des pays occidentaux durant le dernier quart du vingtième siècle (Aghion et Williamson 1998 ; Bound et Johnson 1992 ; Murphy et Welch 1991). Plusieurs explications ont été proposées. Les unes mettent en évidence le rôle de l'ouverture aux marchés extérieurs et par conséquent citent l'impact de la croissance du commerce international ainsi que le rôle des migrations internationales. D'autres travaux ont plutôt tendance à mettre au premier plan les changements technologiques considérables qui ont affecté la vie quotidienne durant cette période. Un troisième type d'analyse a plutôt accordé la priorité au déclin des syndicats ou à d'autres changements institutionnels.

Malgré la diversité des études réalisées sur ce thème, tous les auteurs insistent sur l'importance jouée par la globalisation dans l'évolution des inégalités. Cette unanimité s'explique sans aucun doute par le fait qu'au cours du siècle dernier, la diminution du protectionnisme s'est accompagnée par un accroissement des inégalités, notamment à l'échelle mondiale, entre les pays développés et en voie de développement. Cette évolution a été largement illustrée par Bourguignon et Morrisson (2002). Dans cet article, les deux auteurs mettent en évidence qu'au cours des deux siècles derniers, la part du revenu mondial touchée par les 20% les plus pauvres n'a pas cessé de diminuer : de 4,7%, en 1820, cette part est tombée à 2,2% à la fin du siècle passé.

Si l'on prend, à l'opposé, la part des 10% les plus riches, on voit en revanche que leur part du revenu mondial a passé de 43 à 53 % au cours de la même période. A partir de ces données, on peut mesurer l'évolution des inégalités en prenant un indicateur tout simple mesuré en divisant la part des revenus obtenue par les 10% les plus riches et la part du revenu que le 10% des plus pauvres touche. Ce ratio est passé en l'occurrence de 18 en 1820 à quasiment 48 à la fin du 20ème siècle. Le résultat est le même si l'on prend le rapport entre le revenu touché par les 5% les plus riches et les 5%

obtenus par les plus démunis. Dans ce cas, le ratio est passé de 27 à 64. Ces quelques chiffres mettent en évidence une réalité reconnue par l'unanimité des économistes, celle d'une augmentation des inégalités à l'échelle mondiale. Évidemment, ces inégalités mondiales se composent à la fois d'inégalités internationales (entre pays) et d'inégalités à l'intérieur même des pays, entre les revenus de leurs ressortissants. De ce point de vue, les évolutions nationales sont plus contrastées même si Flückiger et Zarin-Nejadan (1994) ont montré que, pour la Suisse, les inégalités de revenus ont eu tendance à augmenter au cours des années de l'après-guerre et ceci en tous les cas jusqu'au début des années 1990.

Avant d'entrer dans le cœur même de notre sujet, il convient de se demander pourquoi, en tant qu'économiste, il est primordial de s'intéresser aux inégalités. En effet, d'un point de vue strictement économique, on pourrait fort bien défendre l'idée que la principale préoccupation devrait porter sur la croissance économique et sur l'efficacité tout en relevant qu'en améliorant ces deux paramètres on parvient à régler les éventuels problèmes liés à la pauvreté et aux inégalités. Il nous semble que cet argument est faux même s'il est étroitement lié au slogan *« Growth is good for the poor »*. Cette affirmation pourrait être vraie si les inégalités restaient constantes : dans ce cas, la croissance économique est bonne pour les pauvres. Mais rien ne dit que les inégalités restent effectivement inchangées. Or, si la croissance économique s'accompagne d'une augmentation des inégalités, alors l'effet de cette croissance sur la pauvreté n'est plus du tout évident.

A ce premier argument, il faut ajouter encore d'autres explications plus théoriques mais qui ont été en bonne partie vérifiées par diverses études empiriques. En effet, les inégalités peuvent réduire le potentiel de croissance économique et réduire globalement l'efficacité. On peut aisément démontrer que des politiques économiques bien ciblées sont en mesure d'accroître l'équité tout en améliorant l'efficacité du système et en stimulant la croissance économique. Ainsi, plus d'inégalité peut se traduire par une réduction de demande globale qui est susceptible de réduire la croissance économique. Dans le même temps, une augmentation des inégalités liées à une imperfection du marché du capital par exemple peut se traduire par une réduction des investissements en capital humain qui ne peut que réduire le potentiel de croissance économique. A ce sujet, on peut consulter le dernier rapport sur le développement économique de la Banque Mondiale (2006) qui met en évidence que la lutte contre les inéquités est une condition pour accroître l'efficacité du système économique.

L'analyse des inégalités et de ses déterminants est importante non seulement pour des raisons purement éthiques mais aussi économiques.

Réduire les inégalités peut constituer une politique favorable à la croissance pour autant que les bons instruments de redistribution soient effectivement choisis. La lutte contre les discriminations constitue sans nul doute le meilleur exemple de politique qui parvient en même temps à réduire les inégalités tout en améliorant l'allocation des ressources, et ces gains d'efficacité sont susceptibles ensuite de stimuler la croissance économique. Mais pour mettre en place des politiques optimales pour combattre efficacement les inégalités, il est indispensable de connaître leur évolution et leurs origines.

Ce sera précisément l'objectif de cet article qui ambitionne d'apporter une contribution originale à la discussion relative aux effets de la globalisation ou, plus modestement, de l'ouverture au commerce international sur les inégalités de salaire. Nous nous focaliserons donc sur une facette seulement des disparités de revenus, liée en l'occurrence aux salaires qui représentent cependant près de 70% en moyenne des revenus des ménages en Suisse. Notre analyse sera divisée en trois parties bien distinctes. Dans la première, nous examinons l'évolution, au cours de la dernière décennie, de la distribution des salaires en Suisse et dans quelques cantons pour lesquels des données salariales sont disponibles. La seconde a pour objectif d'examiner les facteurs explicatifs des différences individuelles de salaires pour en comprendre les origines et en étudier l'évolution au cours du temps. Finalement, la dernière partie aura pour but d'examiner si le comportement des entreprises qui participent à la globalisation diffère significativement de celui des entreprises qui restent à l'écart de cette internationalisation en se concentrant essentiellement sur leur marché domestique.

L'analyse présentée dans cet article constitue un complément à l'approche macroéconomique qui est en général employée pour examiner les liens entre la globalisation et les inégalités de revenu que nous avons d'ailleurs nous-mêmes appliquée à la Suisse (cf. Deutsch et al. 2002a et 2002b). Cette approche macroéconomique que nous avons employée pour analyser la période de 1960 à 1996, nous a permis de montrer en particulier que le degré d'ouverture au commerce international a un impact significatif négatif sur le quintile (ou sur les deux quintiles) le(s) plus pauvre(s) de la population.

2 Evolution de la distribution des salaires de 1994 à 2004

Depuis 1994, l'Office fédéral de la statistique réalise, tous les deux ans, une vaste enquête sur les salaires versés par un échantillon représentatif d'entreprises du secteur privé (Enquête suisse sur la structure des salaires, ESS). Grâce à cette enquête, nous pouvons retracer l'évolution des rémunérations obtenues par les salariés situés à la médiane ainsi qu'à différents déciles ou quartiles de la distribution des salaires. La figure 1 met ainsi en évidence qu'au cours de la période allant de 1994 à 2004, la rémunération médiane de la population occupée dans le secteur privé en Suisse s'est accrue, en terme nominal, de 16,0%. Cette progression a été plus forte au niveau du neuvième décile (+20,4%) qu'au bas de la distribution des salaires (+18,5% au premier décile), si bien que l'écart entre le sommet de la hiérarchie salariale et le bas de celle-ci s'est accentué, traduisant une hausse des inégalités.

Figure 1 : Evolution des salaires de la population située à différentes positions de la distribution des salaires en Suisse, 1994–2004

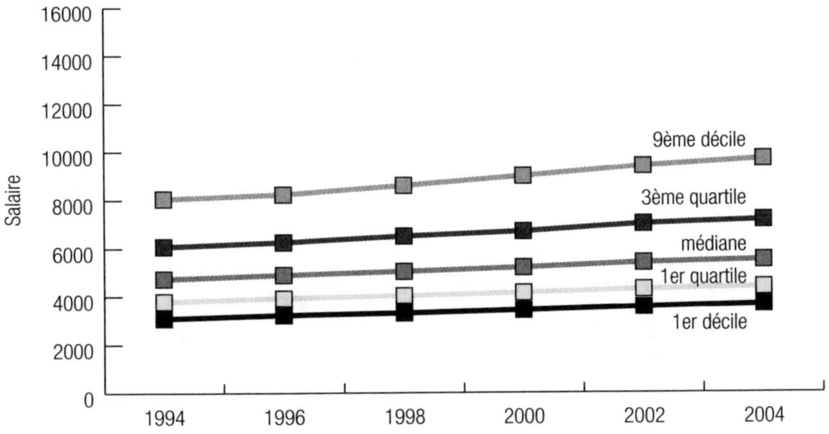

Source : OFS, Données de l'enquête suisse sur la structure des salaires (EES, 1994–2004).

Il est intéressant cependant de noter que la progression des rémunérations a été nettement plus forte au niveau du premier décile (+18,5%) qu'elle ne l'a été à l'échelle du premier quartile (+15,7%). Cela s'explique sans doute en partie par le fait que dès 1998, l'Union syndicale suisse a mis l'accent, dans ses revendications, sur la progression des bas salaires. Cela a permis d'assurer une progression plus rapide des rémunérations situées tout au bas de la distribution des salaires mais du coup, la population située juste au-dessus de ce seuil de revenu considéré comme minimum n'a pas bénéficié de la même attention, ce qui a contribué à « tasser » la distribution des salaires vers le bas.

Cette analyse peut être conduite à l'échelle de différents secteurs économiques. A titre d'illustration, nous avons choisi l'horlogerie et les instruments de précision ainsi que l'intermédiation financière. Les figures 2 et 3 indiquent des profils d'ajustement des salaires relativement différents. Dans le premier cas, celui de l'horlogerie, la progression a été relativement lente entre 1994 et 2000, témoin d'une situation économique mitigée, qui a limité la hausse nominale des rémunérations à 6,0% au niveau de la médiane. A partir de 2000, l'amélioration du climat économique s'est traduite par une hausse plus prononcée des salaires qui a atteint 13,6% à l'aune de la médiane et même 16,6% à l'échelle du neuvième décile, alors que le bas de la distribution ne bénéficiait que d'une hausse de 11,5%. Surtout, le premier décile n'a retrouvé qu'en 2004 le niveau qu'il avait atteint en 1994 déjà! L'inégalité de salaires entre le haut et le bas de la distribution des salaires versés par le secteur de l'horlogerie et des instruments de précision s'est donc creusée au cours de la période examinée. L'écart entre le 9ème et le 1er décile est ainsi passé de 1,81 en 1994 à 2,45 en 2004.

Figure 2: Evolution des salaires de la population occupée dans le secteur de l'horlogerie et des instruments de précision en Suisse, 1994–2004

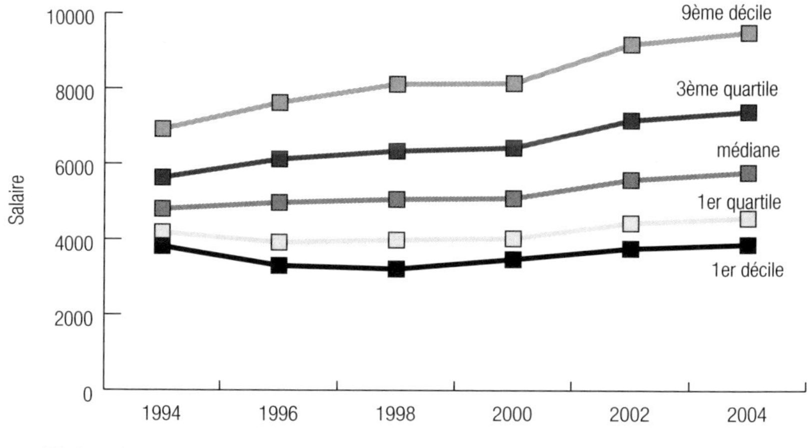

Source: OFS, Données de l'enquête suisse sur la structure des salaires (EES, 1994–2004).

Cette évolution est tout aussi frappante dans le secteur de l'intermédiation financière où le rapport entre les déciles extrêmes de la distribution des salaires a augmenté de 2,34 en 1994 à 3,02 en 2004. Il est d'ailleurs assez surprenant de constater que cet écart s'est accru plus particulièrement à la fin des années 1990 qui ont été marquées par une restructuration économique dans ce secteur. Dans l'horlogerie comme dans l'intermédiation financière, les années conjoncturelles difficiles traversées au cours des années 1990 ont donc contribué à accroître les inégalités salariales.

Figure 3 : *Evolution des salaires versés à la population occupée dans le secteur de l'intermédiation financière en Suisse, 1994–2004*

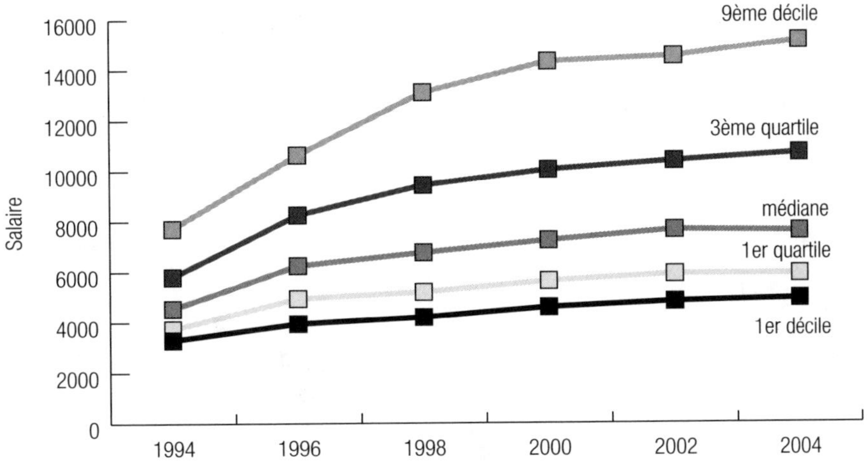

Source : OFS, Données de l'enquête suisse sur la structure des salaires (EES, 1994–2004).

Si les inégalités de salaires ont eu tendance à croître au cours des dernières années, cette évolution a été non seulement contrastée selon les secteurs économiques, mais elle l'a aussi été à l'échelle des cantons. En nous focalisant sur l'année 2004 qui est la dernière pour laquelle nous avons des données pour huit cantons ayant effectué une extension de l'ESS pour la rendre représentative à l'échelle cantonale, nous avons calculé le rapport entre le salaire des personnes situées juste au 9éme décile (90%) de la distribution et celui obtenu par celles qui se trouvent placées au bas de l'échelle salariale au premier décile (10%) des rémunérations les plus basses. Cette analyse nous a permis de constater qu'en 2004, l'inégalité salariale est la plus marquée dans le canton de Genève, où ce rapport se monte à 3,15, et la plus faible dans le canton de Fribourg, où ce ratio atteint à peine plus de 2,26.

L'utilisation d'un autre indice, plus synthétique, l'indice de Gini qui tient compte de la totalité de la distribution des salaires et pas uniquement du rapport entre les salaires situés aux extrêmes, permet d'attester la robustesse de ce résultat. Rappelons simplement que l'indice de Gini varie entre un minimum de 0, observé lorsque toutes les personnes obtiennent le même salaire, et un maximum de 1, atteint lorsqu'une seule personne accapare à elle seule (si cela était possible) toute la masse salariale distribuée. Sur cette échelle, placée sur l'axe horizontal de la figure 4, on observe que Genève atteint la valeur de 0,29 alors que l'indice fribourgeois est un peu plus élevé que 0,19. La figure 4 permet aussi de constater que les deux indicateurs d'inégalité sont fortement corrélés même si, dans le cas du Tessin et de la Suisse, l'indice de Gini est identique (0,24) alors même que le rapport entre le 9ème et le 1er décile est plus élevé en Suisse (2,65) qu'au Tessin (2,57), démontrant ainsi l'utilité de se servir de divers indices pour saisir l'ampleur des inégalités.

Figure 4: Indice de Gini et rapport entre le 9ème et le 1er décile, 2004

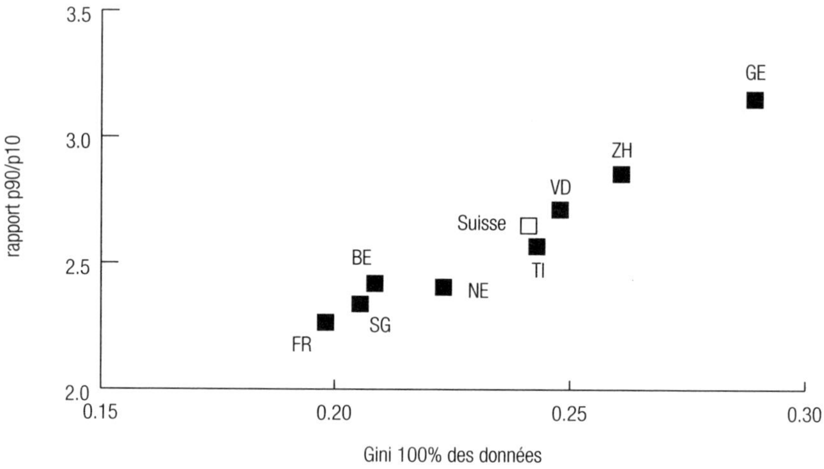

Source: ESS, 2004, OFS.

3 Evolution des déterminants des salaires de 1994 à 2004

Pour tenter de comprendre les différences individuelles de salaires qui ont été simplement observées dans la deuxième partie de cet article, nous avons mis en relation le niveau des rémunérations obtenues avec les caractéristiques individuelles des personnes employées (formation, ancienneté, âge...) et du poste qu'elles occupent (positions hiérarchiques, domaine d'activité...). De cette manière, on peut tout à la fois comprendre les différences individuelles de salaires et mettre en évidence les facteurs qui sont à l'origine de ces disparités. En examinant comment ces facteurs sont valorisés par le marché du travail, nous pouvons déterminer les changements qui ont affecté le marché du travail du point de vue de la valorisation des caractéristiques personnelles et de celles des postes occupés.

En examinant de plus près ces résultats qui permettent de chiffrer les primes associées à chacune des variables prises en considération par les employeurs pour établir la rémunération de leur personnel, on constate tout d'abord que les primes attribuées à la formation n'ont pas connu de modifications très significatives au cours de la période de 1994 à 2004. Cela est vrai notamment en ce qui concerne la formation universitaire pour laquelle le coefficient fluctue autour d'une valeur de 0,22. En revanche, au niveau des HES ou de l'apprentissage, il semble se manifester un certain trend à la baisse qui pourrait être révélateur de changements plus structurels.

Même s'il est un peu risqué d'interpréter cette modification comme étant le signal d'une pléthore d'apprentis par rapport à la demande émanant des entreprises, on peut néanmoins constater, à travers la figure 5, que les entreprises semblent progressivement mettre l'accent sur les qualifications requises pour occuper un poste de travail, cette dimension ayant tendance à absorber une partie de la prime attribuée à un apprentissage formel. En effet, au fur et à mesure de la baisse observée de la prime associée à la formation d'apprentissage, on a enregistré parallèlement une hausse de la prime attribuée par les entreprises aux postes requérant des connaissances professionnelles.

Figure 5: *Evolution des primes associées à l'apprentissage et à l'exercice d'une activité exigeant des qualifications professionnelles en Suisse, 1994–2004*

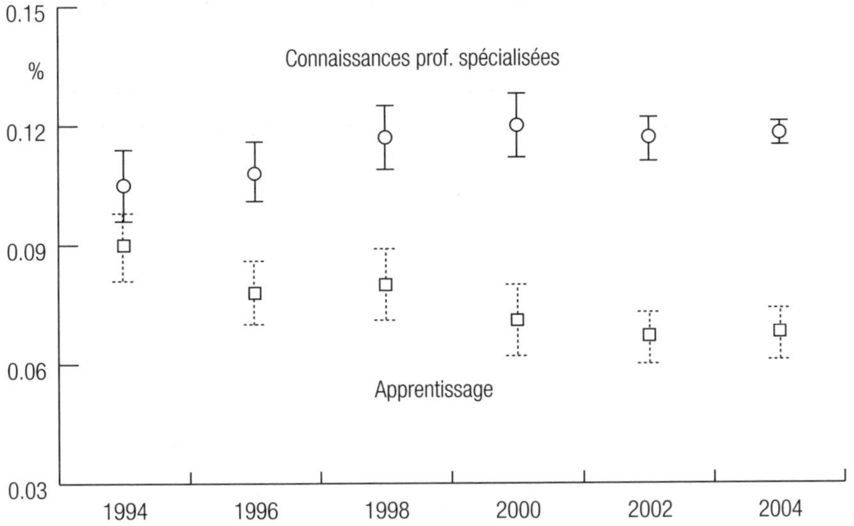

Source: OFS, données de l'enquête suisse sur la structure des salaires (ESS 1994–2004).

Il est intéressant de constater à ce propos que le même phénomène semble se manifester au niveau de la formation universitaire. En effet, les entreprises semblent mettre progressivement plus de poids sur les exigences du poste plutôt que sur la formation acquise. Les résultats de nos analyses mettent finalement en évidence que la valorisation de l'ancienneté par les employeurs suisses s'est modifiée au cours de la dernière décennie. Ainsi, la prime associée à chaque année supplémentaire passée au sein de l'entreprise a baissé en 2004 par rapport à ce qu'elle était en 1994. En l'occurrence, cette prime à l'ancienneté s'élevait encore à 0,6% par année supplémentaire en 1994. Dix ans plus tard, elle est tombée à 0,4% par année supplémentaire. Il serait néanmoins plus intéressant de mener cette analyse à l'échelle de différents secteurs pour déterminer si ce changement touche toutes les branches de la même façon ou s'il affecte plus particulièrement certaines d'entre elles, notamment les entreprises tournées vers l'exportation. C'est en particulier ce que nous ferons dans le chapitre suivant.

En effectuant les mêmes estimations pour les différents cantons pour lesquels nous avons des données que celles que nous avons réalisées pour les années de 1994 à 2004, nous avons pu mettre en exergue des différences de fonctionnement de ces marchés cantonaux du travail en comparant simplement les divers coefficients obtenus pour chacune des variables déterminant le niveau des salaires. Si l'on commence ainsi par examiner les variables relatives au niveau de formation, on peut constater tout d'abord que les formations tertiaires sont valorisées de manière très différente selon les cantons

Figure 6: Primes estimées attribuées à une personne ayant un niveau de formation tertiaire par rapport à une personne ayant achevé la scolarité obligatoire, 2004

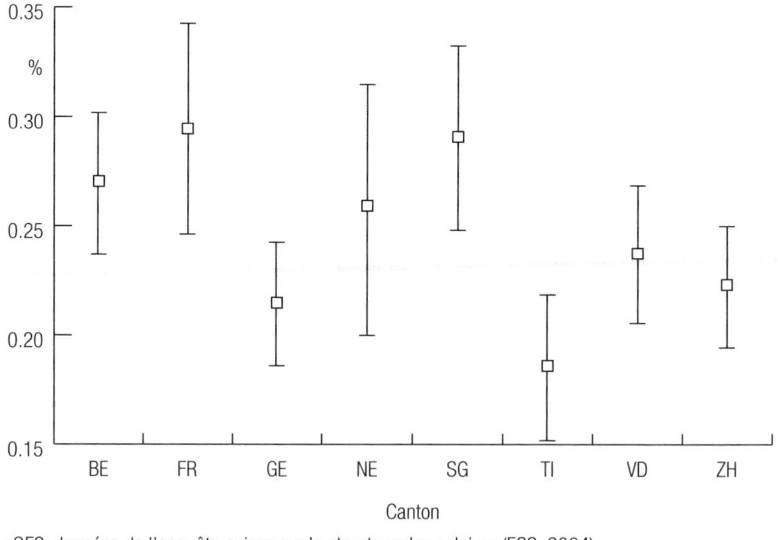

Source: OFS, données de l'enquête suisse sur la structure des salaires (ESS, 2004).

considérés. Ainsi, la figure 6 met en évidence que les marchés fribourgeois et saint-gallois du travail accordent les primes les plus élevées aux détenteurs de titre universitaire alors que cette formation est la moins bien valorisée au Tessin. De ce point de vue, les cantons de Genève et de Zurich semblent valoriser assez modérément les formations de niveau tertiaire en raison peut-être d'une pléthore de personnes dotées d'un tel niveau d'éducation dans ces deux marchés régionaux du travail. En revanche, le marché genevois du travail attribue une prime salariale plus élevée qu'ailleurs aux personnes occupées dans de hautes positions hiérarchiques.

4 Analyse des inégalités de salaires selon le type d'entreprise

Comme la section 3 l'a mis en évidence, il existe d'importantes différences dans le fonctionnement du marché du travail à Genève ou à Fribourg notamment. Ces disparités produisent manifestement des inégalités qui sont plus ou moins marquées selon les cantons, comme la figure 4 a pu le démontrer. Finalement, les inégalités salariales diffèrent passablement d'un secteur à l'autre, comme nous avons pu le constater dans les figures 1 à 3. Cette section a donc pour but principal d'analyser de manière plus détaillée les inégalités de salaires existant entre employés au sein des différentes entreprises qui composent le tissu économique de la Suisse pour déterminer si le type d'employeur considéré a une influence sur les inégalités observées.

Pour ce faire, nous distinguerons les entreprises extraverties de celles qui restent cantonnées sur le marché intérieur. En ce sens, notre analyse se situe dans le courant des recherches qui ont tenté d'estimer les impacts respectifs des caractéristiques des employés et de celles des entreprises qui les emploient sur la dispersion des salaires. Alors que l'impact des caractéristiques individuelles (niveau d'éducation, ancienneté au travail et dans l'entreprise, etc.) sur le niveau des salaires a été mis en évidence dans la section 3, nous souhaitons démontrer dans la dernière partie de cet article que les spécificités des entreprises et des établissements ont également un impact non négligeable sur les rémunérations des employés et sur les inégalités de salaires.

La méthodologie que nous avons adoptée pour cette section reprend l'approche suggérée par Kramarz et al. (1996) qui, eux aussi, ont combiné des données relatives aux employés et d'autres concernant les employeurs. L'hypothèse de base du modèle réside dans le fait qu'il existe des différences de salaire, non seulement au niveau des branches, mais également au niveau des entreprises dans une même branche d'activité. Par conséquent, le salaire d'un individu pris au hasard correspond à la somme de la rémunération de ses caractéristiques productives observables et inobservables, autrement dit son capital humain, et d'une composante associée à l'entreprise qui l'emploie (ce que nous appelons «effet fixe global»).

En l'occurrence, dans le cas qui nous intéresse, nous supposons que le marché du travail est composé de deux secteurs: un secteur ouvert au commerce international, et un autre fermé aux échanges extérieurs. Tant les entreprises que les travailleurs peuvent passer d'un secteur à l'autre. La distribution des entreprises et des travailleurs entre les deux secteurs est le fruit de comportements rationnels de la part des entreprises et des travailleurs. Dans ce cas, deux processus de sélection sont mis en pratique. En premier lieu, les entreprises choisissent leur secteur, étant données leurs caractéristiques (e.g. taille, secteur d'activité). Dans un deuxième temps, les travailleurs choisissent de travailler pour une entreprise ouverte ou fermée, compte tenu de leurs propres caractéristiques. Nous supposerons que le processus de sélection se résume de la manière suivante: les entreprises «annoncent» les salaires et autres conditions de travail associées aux secteurs ouvert et fermé, puis les salariés choisissent dans quel type d'entreprise ils désirent travailler. Compte tenu de ses caractéristiques observables et inobservables, la probabilité qu'un travailleur soit employé dans une entreprise ouverte dépend dès lors du coût relatif associé à ce type d'emploi (e.g. niveau d'effort, heures de travail…) et de ses bénéfices escomptés, résumés ici par le différentiel de salaire espéré entre les deux types d'entreprises.

La procédure d'estimation comporte trois étapes. Dans un premier temps, nous estimons la probabilité individuelle d'être employé dans le secteur ouvert aux marchés extérieurs. Outre l'information que l'on peut extraire des déterminants de cette probabilité estimée, cette première étape nous permet aussi de déduire un ratio (appelé de «Mills inversé») que l'on peut associer à chaque secteur. Ce ratio est nécessaire à la deuxième étape de l'analyse pour estimer les déterminants des salaires qui caractérisent chacun des deux secteurs considérés. Les paramètres associés à ce ratio nous permettent de déduire si le processus de sélection des individus dans les deux secteurs est le fruit d'un processus purement aléatoire ou si, au contraire, il est le résultat d'un appariement rationnel entre les dotations productives des individus et les besoins des entreprises dans chaque secteur. Enfin, dans une dernière étape, nous régressons les équations des effets fixes globaux sur les caractéristiques des entreprises.

Pour mener à bien notre analyse, nous avons utilisé une nouvelle fois l'Enquête suisse sur la structure des salaires en choisissant d'effectuer nos analyses sur la base des données pour la seule année 1996, afin de pouvoir les mettre en relation avec les données issues du Recensement fédéral des entreprises (RFE) daté de 1995. Le RFE est une enquête réalisée sur l'ensemble des établissements en Suisse. Elle est effectuée de manière exhaustive tous les dix ans et, dans l'intervalle, partiellement tous les 3 ans. En 1996, les données collectées par l'ESS couvrent 8258 entreprises employant 552'015 salarié(e)s (dont environ 450'000 dans le secteur privé). Ce nombre représente environ un cinquième de l'offre de travail en Suisse.

Le lien entre les deux bases de données a été rendu possible par l'utilisation du numéro d'identification des entreprises disponible dans les deux bases. À partir du RFE95, nous avons extrait notamment la variable qui nous permet de déterminer si les entreprises exportent ou non une partie de leur output. Les autres variables du RFE95 que nous avons utilisées pour notre analyse se rapportent aux parts d'emplois occupés dans l'entreprise par des femmes, par des travailleuses et travailleurs étrangers ainsi que la part de postes à temps partiel. Une dernière variable d'importance extraite du RFE95 nous permet de savoir si l'entreprise possède un ou plusieurs établissements.

L'ESS nous procure quant à elle des informations relatives évidemment à la rémunération annuelle des salariés couverts par l'enquête, laquelle peut être décomposée en un salaire de base, les 13ème et 14ème salaires, le paiement des heures supplémentaires, des primes éventuelles pour le travail du dimanche ou en équipe, ainsi que les bonus et autres paiements spéciaux annuels. À partir de ces informations, l'OFS calcule un salaire brut mensuel standardisé à 40 heures de travail hebdomadaires. C'est cette dernière variable que nous avons utilisée comme variable dépendante dans nos estimations. L'ESS nous fournit également de l'information sur le type de permis de séjour des travailleuses et travailleurs non suisses, sur l'âge, l'état civil, le type de formation acquise et l'ancienneté (en années) dans l'entreprise. Une variable particulièrement intéressante nous indique dans quel domaine d'activité la personne est active au sein de l'entreprise. Cette variable nous a ainsi permis de distinguer les dits cols bleus (activité proche de la production) des cols blancs. Une autre variable fort importante est celle indiquant le niveau des qualifications requises par le poste de travail qu'occupe la personne. Quatre niveaux de qualifications ont été répertoriés par l'enquête. Toutefois, en accord avec les statistiques des salaires établies par l'OFS, nous avons agrégé les deux niveaux de qualifications les plus élevés, limitant ainsi les niveaux de qualifications des emplois au nombre de trois. En plus de ces informations, l'ESS nous permet également de savoir dans quelle branche d'activité l'entreprise est active, sa taille et si elle est signataire ou non d'une convention collective de travail (d'entreprise ou d'association).

Comme nous l'avons souligné auparavant, la principale variable pour caractériser les travailleurs est le niveau des qualifications requises par le poste de travail. Trois niveaux ont ainsi été utilisés, tout en faisant la distinction entre cols bleus et cols blancs. Par conséquent nous avons six types de travailleurs : les cols blancs non qualifiés, les cols blancs qualifiés, les cols blancs très qualifiés, les cols bleus non qualifiés, les cols bleus qualifiés et finalement les cols bleus très qualifiés. Selon le descriptif du questionnaire envoyé aux entreprises, les travailleurs non qualifiés occupent un poste comportant des activités simples et/ou répétitives. Les travailleurs qualifiés occupent par contre un poste requérant des connaissances professionnelles spécialisées, généralement attestées par un certificat fédéral de capacité. La dernière catégorie, celles des travailleurs les plus qualifiés, occupe un poste requérant un travail indépendant, très qualifié et comportant les tâches les plus difficiles au sein de l'entreprise.

Pour chacune de ces six catégories de travailleurs, nous nous intéressons à leur profil salarial en fonction, d'une part, de l'âge et, d'autre part, de leur ancienneté (en années) dans l'entreprise. En fonction de l'âge, le profil salarial estimé nous permettra de déduire comment les entreprises rémunèrent un capital humain dit général, qui peut être a priori transférable d'une entreprise à l'autre dans une même branche d'activité, voire partiellement dans une autre branche. En fonction de l'ancienneté, le profil salarial estimé nous permettra par contre de savoir comment les entreprises rémunèrent un capital humain spécifique à leur établissement, peu transférable dans une autre entreprise de la branche et probablement pas transférable du tout dans une autre branche d'activité.

Afin de contrôler les éventuels comportements discriminatoires des entreprises envers la population étrangère, nous avons également introduit dans les équations de salaire des variables binaires indiquant le type de permis des travailleurs étrangers. Le tableau 1 décrit l'ensemble de ces variables individuelles. Les deuxième et troisième colonnes indiquent les moyennes et écarts-types des variables pour les entreprises ouvertes et fermées.

Le tableau 1 permet de constater que le salaire moyen (pondéré selon les poids fournis dans l'ESS) est plus élevé dans les entreprises ouvertes d'environ 10 pour-cent. On peut également constater que la proportion de salariés d'origine suisse actifs dans les entreprises ouvertes est relativement moindre que dans celles fermées au commerce international, l'inverse étant vrai pour les frontaliers et les travailleurs étrangers détenant un permis d'établissement. Notons également que le travailleur moyen dans l'entreprise ouverte est plus âgé et a passé davantage d'années au sein de l'entreprise qui l'employait en 1996.

Comme on pouvait s'y attendre, étant donné l'importance des industries manufacturières par rapport à l'ouverture au commerce en Suisse, les cols bleus sont relativement plus nombreux à travailler pour le compte d'entreprises qui

Tableau 1 : *Moyennes et écarts-types (entre parenthèses) des caractéristiques individuelles selon le régime d'ouverture*

Variable	Exportations			
	Oui		Non	
Salaire mensuel brut standardisé*	6404.215	(2823.872)	5820.832	(2600.543)
Suisse	0.673		0.738	
Saisonnier	0.005		0.011	
Permis annuel	0.040		0.041	
Etabli	0.184		0.154	
Frontalier	0.074		0.034	
Autres permis	0.022		0.020	
Jamais marié	0.236		0.298	
Age	41.595	(10.406)	39.201	(10.516)
Ancienneté	12.404	(10.075)	10.165	(8.772)
Cols bleus non qualifiés	**0.158**		**0.083**	
Age	41.125	(10.324)	39.005	(10.232)
Ancienneté	11.798	(9.555)	9.146	(7.995)
Cols bleus qualifiés	**0.270**		**0.143**	
Age	41.403	(10.705)	39.437	(10.674)
Ancienneté	12.872	(10.442)	11.090	
Cols bleus très qualifiés	**0.048**		**0.036**	
Age	43.329	(9.446)	41.525	(9.929)
Ancienneté	14.973	(10.548)	13.228	(9.794)
Cols blancs non qualifiés	**0.054**		**0.133**	
Age	41.810	(11.136)	38.706	(10.869)
Ancienneté	11.366	(10.042)	8.045	(7.644)
Cols blancs qualifiés	**0.205**		**0.343**	
Age	40.504	(10.851)	37.503	(10.984)
Ancienneté	11.624	(9.886)	9.443	(8.464)
Cols blancs très qualifiés	**0.263**		**0.259**	
Age	42.561	(9.656)	41.303	(9.271)
Ancienneté	12.635	(9.941)	11.587	(9.209)
Nombre d'observations	80'132		80'769	

* Estimations pondérées en utilisant le poids correspondant dans la LSE (poids probabiliste).

Source : OFS, données de l'enquête suisse sur la structure des salaires (ESS, 1996).

exportent. Cette tendance est toutefois moins marquée pour les individus occupant un poste qui requiert de hautes qualifications. Comme nous allons estimer pour chaque catégorie de travailleurs les profils salariaux en fonction de l'âge et de l'ancienneté, il nous a semblé opportun de présenter les moyennes de ces variables pour chacune des catégories de travailleurs. On peut se rendre compte que l'âge moyen des travailleurs occupés dans les entreprises ouvertes est en moyenne plus élevé pour l'ensemble des catégories de travailleurs. Il en va de même en ce qui concerne les années d'ancienneté. Bien entendu, le fait que les travailleurs actifs soient, en moyenne, davantage attachés à leurs entreprises ne signifie aucunement que ces dernières valorisent davantage ce type de capital humain plutôt qu'un capital humain plus général.

Comme le tableau 2 permet de le constater, la taille des entreprises ouvertes au commerce international est en moyenne relativement plus élevée. Au niveau des contrats collectifs, les entreprises ouvertes semblent relativement moins enclines à négocier des Conventions collectives de travail (CCT) d'entreprise. Ce ne sont, toutefois, que des moyennes tirées d'un échantillon d'entreprises. Les différences entre entreprises ouvertes et fermées observées par ce biais sont donc probablement, en grande partie, le fruit des caractéristiques des branches dans lesquelles celles-ci sont actives.

Tableau 2: Caractéristiques moyennes des entreprises

	Ensemble	Exportations	
		oui	non
Taille entreprise	189.5	222.1	170.9
Signataire CCT d'entreprise	0.264	0.224	0.287
Signataire CCT d'association	0.074	0.079	0.071
Langue allemande	0.804	0.843	0.782
Langue française	0.151	0.115	0.171
Part main-d'œuvre étrangère	0.258	0.268	0.253
Part main-d'œuvre féminine	0.317	0.321	0.315
Part emplois temps partiel	0.173	0.164	0.178
Part cols bleus non qualifiés*	0.122	0.158	0.083
Part cols bleus qualifiés*	0.208	0.270	0.144
Part cols bleus très qualifiés*	0.043	0.049	0.037
Part cols blancs non qualifiés*	0.004	0.054	0.133
Part cols blancs qualifiés*	0.274	0.205	0.343
Part cols blancs très qualifiés*	0.261	0.263	0.260
Établissement unique	0.577	0.559	0.588

* Estimations pondérées en utilisant le nombre d'observations par entreprise comme poids.

Source : OFS, données de l'enquête suisse sur la structure des salaires (ESS, 1996).

C'est uniquement par le biais d'une analyse multivariée qu'il serait possible de déduire effectivement si oui ou non les entreprises ouvertes au commerce international sont relativement moins enclines à signer des CCT d'entreprises, toutes choses égales par ailleurs. Dans le même ordre d'idée, le fait que les entreprises ouvertes emploient relativement moins de cols blancs qualifiés et très qualifiés, et plus de cols bleus qualifiés et très qualifiés, est certainement lié à leur branche d'activité. Ces statistiques ont, comme indiqué plus haut, un caractère purement descriptif.

D'autre part, les estimations que nous avons effectuées nous ont permis de constater que, compte tenu des effets fixes globaux d'entreprises qui ont été estimés, l'inégalité de salaire inter-entreprises est relativement importante. De surcroît, cette inégalité inter-entreprises apparaît systématiquement plus importante parmi les entreprises fermées, et ce quel que soit le critère d'ouverture considéré. De manière générale, les différences inter-entreprises apparaissent bel et bien comme une source potentielle d'inégalité salariale non négligeable.

Au niveau de l'impact des caractéristiques individuelles, nous avons pu noter que la probabilité qu'un travailleur suisse soit employé dans une entreprise exportant est significativement plus faible que pour un travailleur de nationalité étrangère, et ce quel que soit le permis de travail détenu par ce dernier. Cela suggère que la demande relative de travailleurs suisses par les entreprises exportatrices est plus faible que dans les entreprises vendant leurs produits exclusivement sur le marché intérieur. Bien entendu, cela peut en partie s'expliquer par le fait que les travailleurs étrangers ont des compétences linguistiques ou des connaissances relatives aux marchés extérieurs visés par l'entreprise relativement plus importantes, en moyenne, que les travailleurs suisses. Par rapport à un col blanc non qualifié, les cols bleus, quel que soit le niveau des qualifications requises par le poste qu'ils occupent, et les cols blancs non qualifiés ont tous une probabilité moindre d'être actif dans une entreprise ouverte aux échanges internationaux. Par contre, les cols blancs qualifiés n'ont pas une probabilité qui diffère significativement de leurs homologues occupant un poste demandant des qualifications généralement attestées par un Certificat fédéral de capacité (CFC), toutes choses égales par ailleurs. Remarquons encore que pour les cols blancs très qualifiés, la probabilité d'être actif dans une entreprise ouverte décroît de manière non linéaire avec leur âge. Autrement dit, les jeunes universitaires ont une probabilité plus élevée que les universitaires plus âgés de travailler dans une entreprise exportatrice.

Si nous reportons maintenant notre attention sur l'analyse des « prix » estimés du capital humain, nous avons pu observer en premier lieu que, indépendamment du type d'entreprise, les travailleurs étrangers obtiennent un salaire significativement inférieur à leurs homologues de nationalité suisse, toutes choses étant égales par ailleurs. De manière générale, les détenteurs d'un permis de travail de courte durée sont les plus pénalisés. Ceci étant dit, il est intéressant de relever que nos estimations nous ont permis de montrer que la pénalité infligée aux travailleurs étrangers est systématiquement plus élevée dans les entreprises dites fermées.

A partir des pénalités estimées qui sont associées à chaque type de travailleur étranger, nous avons déduit le différentiel de salaire que peut espérer un travailleur étranger en s'orientant vers une entreprise ouverte aux échanges internationaux plutôt que vers une entreprise fermée. Le tableau 3 synthétise ces différentiels de salaire. On peut ainsi voir qu'un frontalier travaillant dans une entreprise en concurrence sur les marchés extérieurs gagne, en moyenne et toutes choses égales par ailleurs, près de 5,5% de plus que s'il était actif dans une entreprise concentrée sur le marché intérieur. Une des explications probables à l'existence d'une moindre discrimination envers la population étrangère dans les entreprises ouvertes est, comme nous l'avons souligné auparavant, que la demande relative entre main-d'œuvre étrangère et suisse est plus forte dans ces dernières que dans les entreprises fermées aux échanges. Une hypothèse plausible en ce qui concerne une bonne partie des détenteurs de permis annuels (i.e., les plus qualifiés). Il est toutefois difficile de se prononcer de manière plus précise sur ce point, étant donné que nous n'avons aucune information tant sur la nationalité des salariés que sur les pays avec lesquels leurs employeurs commercent. Bien entendu, il est aussi possible que cette différence de traitement, entre entreprises ouvertes et fermées à l'égard des travailleurs étrangers, soit purement associée à un comportement discriminatoire plus marqué parmi les employeurs moins ouverts vers l'extérieur.

Tableau 3: Différentiel de salaire entre entreprises dites ouvertes et entreprises fermées pour la main-d'œuvre étrangère (en %)

Type de permis	Exportations
Saisonnier	7.63
Permis annuel	7.27
Etabli	2.82
Frontalier	5.58
Autres permis	11.66

Note : Ces différentiels ont été calculés en faisant la différence, pour chaque type de permis, entre les coefficients estimés dans les entreprises ouvertes et ceux estimés dans l'équation des salaires des entreprises fermées. Des coefficients estimés qui sont statistiquement hautement significatifs.

Source : OFS, données de l'enquête suisse sur la structure des salaires (ESS, 1996).

Finalement, sur la base des estimations empiriques que nous avons effectuées, nous avons pu établir des profils salariaux des employés en fonction de leur âge (expérience professionnelle) et/ou de leur ancienneté. Il apparaît en particulier que le différentiel de salaire entre les travailleurs très qualifiés et les autres travailleurs est positif et en grande partie croissant sur l'ensemble du cycle de vie (sur le marché du travail). Comme le montre la figure 7, ce différentiel de salaire entre cols bleus très qualifiés et non qualifiés est relativement plus important dans les entreprises exportatrices. Il est ainsi d'environ 10% à l'âge de 20 ans et de plus de 60% pour les cols bleus âgés de 60 ans, toutes choses égales par ailleurs.

En ce qui concerne les cols blancs, le différentiel de salaire sur le cycle de vie entre très qualifiés et non qualifiés est, comme on pouvait s'y attendre, plus important que pour les cols bleus. Par contre, il ne paraît pas y avoir

Figure 7: Différentiel de rendement de l'expérience professionnelle en fonction de l'âge entre cols bleus très qualifiés et non qualifiés dans les entreprises ouvertes et fermées

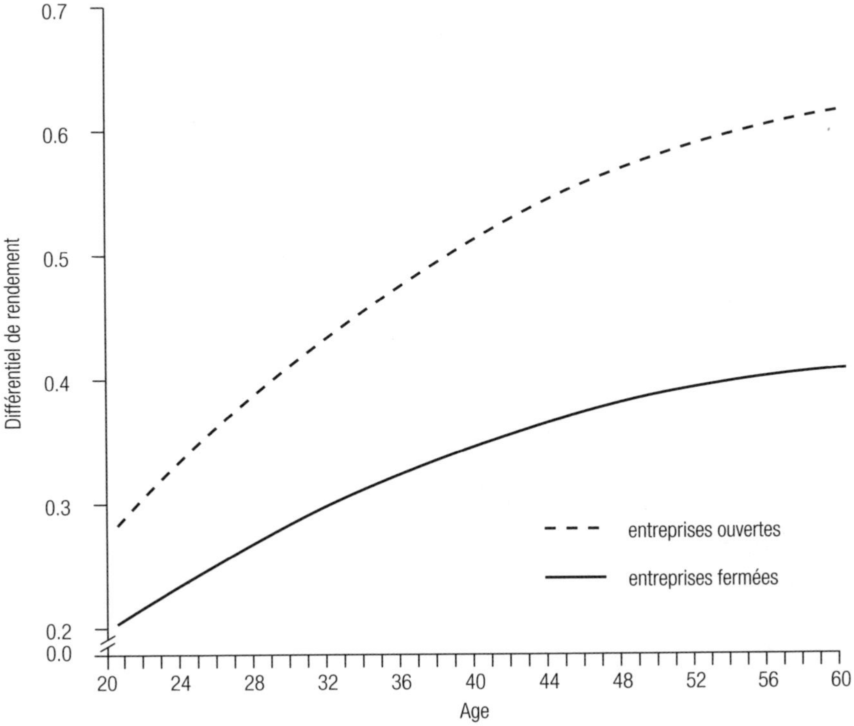

Source: OFS, données de l'enquête suisse sur la structure des salaires (ESS, 1996). mise en relation avec les données du recensement fédéral des entreprises (RFE, 1995).

de différence significative entre entreprises ouvertes et fermées à ce niveau, bien que cela semble être le cas entre les cols blancs qualifiés et non qualifiés.

Une question que nous nous sommes également posés est de savoir pour quelle(s) catégorie(s) de travailleurs l'ouverture aux marchés extérieurs a un impact négatif sur leur profil salarial en fonction de l'âge. Nous avons donc comparé, pour chaque catégorie, le profil salarial estimé dans une entreprise exportatrice par rapport à celui estimé dans une entreprise fermée. Cette analyse nous a permis de démontrer que ce sont avant tout les travailleurs les plus qualifiés, et davantage les cols bleus, qui sont les « gagnants » de l'ouverture.

De manière générale, les profils estimés en fonction de l'âge montrent que le différentiel de salaire entre les entreprises ouvertes et fermées s'accroît significativement avec les années. Or, au regard de la littérature sur le sujet, un tel constat suggère que les entreprises exportatrices ont une politique de

Figure 8 *Différentiel de rendement des années d'ancienneté entre les cols bleus très qualifiés et non qualifiés dans les entreprises ouvertes et fermées*

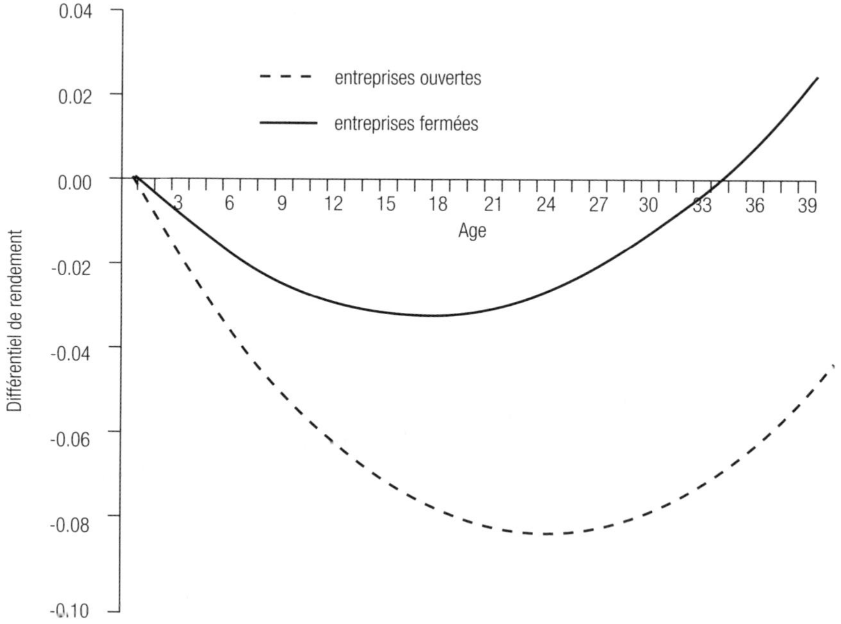

Source: OFS, données de l'enquête suisse sur la structure des salaires (ESS, 1996). en relation avec le recensement fédéral des entreprises (RFE, 1995).

rémunération sur le cycle de vie plus proche de celle décrite dans les modèles d'agence (Lazear 1979). Autrement dit, en proposant des profils salariaux relativement plus « pentus », les entreprises extraverties poursuivent l'objectif d'accroître davantage que les entreprises fermées l'incitation à l'effort de leurs employé(e)s sur le cycle de vie. Soulignons encore qu'Akerlof et Katz (1989) ont montré que de tels profils salariaux étaient caractéristiques d'une politique de salaire d'efficience.

Qu'en est-il des profils salariaux en fonction de l'ancienneté ? L'image est bien différente de celle déduite par rapport à l'âge (expérience professionnelle). En effet, nous avons pu constater que la rémunération du capital humain spécifique, accumulé lors des années passées au sein du même établissement, est plus faible pour les cols bleus les plus qualifiés, surtout dans les entreprises ouvertes. Cette conclusion est confirmée en particulier si l'on examine les différentiels de profils estimés entre cols bleus très qualifiés et non qualifiés. La figure 8 nous permet ainsi de constater que seuls les cols bleus non qualifiés gagneraient sur ce point à travailler dans une entreprise exportatrice, toutes choses égales par ailleurs.

De manière globale, ces profils estimés suggèrent deux choses. La première est que les profils salariaux et les différentiels de profils entre niveaux de qualification sont différents entre cols bleus et cols blancs, que l'entreprise exporte ou non. Deuxièmement, au regard des rendements observés, les entreprises semblent davantage préférer l'acquisition d'un capital humain général par leurs travailleurs plutôt qu'un capital humain spécifique, surtout pour leur main-d'œuvre la plus qualifiée. Cette tendance est significativement plus marquée parmi les entreprises exportatrices.

5 Conclusions

L'analyse microéconomique effectuée dans cet article nous a permis de constater que la sélection des travailleurs entre les entreprises ouvertes et fermées n'était pas purement aléatoire. En particulier, il est apparu que les moyennes associées aux distributions observées des salaires dans chaque type d'entreprise sont supérieures à ce qu'elles seraient si la sélection des individus s'était faite de manière totalement aléatoire. Autrement dit, les individus actifs dans les entreprises ouvertes ont, en moyenne, un avantage comparatif à travailler dans ce type d'entreprise. De la même manière, les individus travaillant dans les entreprises fermées ont un avantage comparatif à être employés dans celles-ci puisqu'ils obtiennent, en moyenne, un salaire plus élevé que celui qu'ils gagneraient en travaillant dans une entreprise ouverte.

D'autre part, nous avons pu observer que la demande relative de travailleurs suisses par les entreprises exportatrices est plus faible que dans les entreprises écoulant leurs produits exclusivement sur le marché intérieur. Bien entendu, cela peut en partie s'expliquer par le fait que les travailleurs étrangers ont des compétences linguistiques ou des connaissances relatives aux marchés extérieurs visés par l'entreprise relativement plus importantes, en moyenne, que les travailleurs suisses. Mais ce résultat est en soi intéressant dans l'optique de l'ouverture des frontières suisses à la libre circulation de la main-d'œuvre européenne. Cette conclusion est de surcroît confirmée par le fait que les pénalités salariales infligées aux travailleurs étrangers sont systématiquement et significativement plus élevées dans les entreprises fermées, ce qui pourrait signifier sans doute que les établissements ouverts aux échanges extérieurs reconnaissent plus facilement et plus naturellement les titres et les diplômes acquis à l'étranger que cela n'est le cas auprès des entreprises tournées exclusivement vers le marché interne. Le capital humain semble donc plus facilement transférable d'un pays à l'autre dans une économie ouverte, conclusion intéressante également dans l'optique de la mise en œuvre des accords bilatéraux.

L'analyse des données descriptives des entreprises ouvertes et fermées nous a permis de constater également que les salaires mensuels moyens étaient significativement plus élevés dans les entreprises extraverties qu'ils ne le sont dans les entreprises tournées vers le marché domestique. Cette observation provient sans doute d'une productivité du travail qui est en moyenne plus élevée dans les industries exportatrices en raison de la pression concurrentielle qu'elles subissent sur les marchés mondiaux, laquelle est encore renforcée par l'appréciation tendancielle du franc suisse qui les oblige à accroître leur productivité. Cette caractéristique provient également du fait que l'avantage comparatif de l'économie suisse réside clairement dans des secteurs à forte valeur ajoutée relativement intensifs en main-d'œuvre qualifiée. Les données descriptives relatives aux entreprises ouvertes, comparées à celles des entreprises fermées, confirment en tous les cas cette assertion. Elle peut s'expliquer finalement par le fait que les entreprises exportatrices appliquent plus fréquemment des politiques de salaire d'efficience.

Si les entreprises ouvertes offrent des rémunérations attractives en moyenne, en revanche, il apparaît qu'elles créent également des différences de salaires plus élevées que les entreprises fermées. Si l'on considère l'écart de rétribution entre les cols bleus très qualifiés et non qualifiés, on constate ainsi qu'il est relativement plus important dans les entreprises exportatrices puisqu'il y atteint environ 10% à l'âge de 20 ans et qu'il dépasse même les 60% pour les cols bleus âgés de 60 ans et plus, toutes choses égales par ailleurs.

En ce qui concerne les cols blancs, le différentiel de salaire sur le cycle de vie entre très qualifiés et non qualifiés est, comme on pouvait s'y attendre, plus important que pour les cols bleus. Par contre, il ne paraît pas y avoir de différence significative entre entreprises ouvertes et fermées sur ce plan.

Finalement, nous mentionnerons encore le fait que l'analyse des profils salariaux estimés démontre qu'au regard des rendements observés, les entreprises semblent davantage préférer l'acquisition d'un capital humain général par leurs travailleurs plutôt qu'un capital humain spécifique, surtout pour leur main-d'œuvre la plus qualifiée. Or, cette tendance est significativement plus marquée parmi les entreprises exportatrices, ce qui signifie que ces dernières valorisent davantage un capital humain plus versatile, plus flexible, pouvant plus facilement (i.e., à moindres coûts) s'adapter aux éventuels changements affectant la technologie de production de la branche d'activité, voire l'organisation du travail dans l'entreprise.

Les analyses présentées dans cet article permettent de comprendre les différences d'inégalités salariales relativement conséquentes que nous avons pu observer entre les cantons et entre les divers secteurs économiques, qui peuvent s'expliquer en particulier par le degré d'ouverture manifesté par les différentes branches qui composent ces économies régionales. Surtout, les résultats mis en évidence dans cet article laissent présager une augmentation des inégalités de salaires qui est directement liée à l'extraversion croissante de l'économie suisse.

6 Références bibliographiques

Aghion, Philippe et Jeffrey G. Williamson (1998) : *Growth, Inequality and Globalization*. Cambridge : Cambridge University Press.

Akerlof, George et Lawrence Katz (1989) : Workers' Trust Funds and the Logic of Wage Profiles. *Quarterly Journal of Economics*, 104 : 525–36.

Banque Mondiale (2006) : *L'équité favorise la croissance*. Rapport sur le développement dans le monde.

Bound, John et George Johnson (1992) : Changes in the Structure of Wages in the 1980s: An Evaluation of Alternative Explanations. *American Economic Review*, 82 : 371–392.

Bourguignon, François et Christian Morrisson (2002) : Inequality among World Citizens: 1820–1990. *American Economic Review*, 92 (4) : 727–744.

De Coulon, Augustin (1999) : *Four essays on the labor market assimilation of immigrants in Switzerland*. Thèse no. 494, Université de Genève.

Deutsch, Joseph, Yves Flückiger, José Ramirez et Jacques Silber (2002a) : *Inégalité des revenus et ouverture au commerce extérieur*. Publication Seco, Berne.

Deutsch, Joseph, Yves Flückiger, José Ramirez et Jacques Silber (2002b) : Inégalité des revenus et ouverture au commerce extérieur. *Revue Suisse de Sociologie*, 28 (2) : 241–265.

Flückiger, Yves et Milad Zarin-Nejadan (1994) : The Effect of Macroeconomic Variables on the Distribution of Income. *Journal of Income Distribution*, 4 : 25–39.

Flückiger, Yves et José Ramirez (2000) : *Les différences de salaires entre les hommes et les femmes en Suisse*. Office Fédéral de la Statistique et Bureau Fédérale de l'Égalité. (Paru également dans la série de rapports de l'Observatoire Universitaire de l'Emploi, no. 10, Université de Genève.)

Heckman, James (1979) : Sample Selection Bias as a Specification Error, *Econometrica*, 47 (1) :153–162.

Higgins, Matthew et Jeffrey G. Williamson (1999) : Explaining Inequality the World Round : Cohort Size, Kuznets Curves and Openness. *NBER Working Paper*, Paper no. 7224.

Kakwani, Nanak (1980) : *Income Inequality and Poverty: Methods of Estimation and Policy Implications*. A World Bank Research Publication. Oxford: Oxford University Press.

Kremer, Michael et Eric Maskin (1996) : Wage Inequality and Segregation by Skill. *NBER Working Paper,* Paper no. 5718.

Lazear, Edward (1979) : Why Is There Mandatory Retirement? *Journal of Political Economy*, 87 (6) : 1261–1284.

Murphy, Kevin et Finis Welch (1991) : The Role of International Trade in Wage Differentials, in: Marvin H. Kosters (éd.), *Workers and their wages : Changing patterns in the United States*. Washington DC, AEI Press : 39–69.

Ramirez, José (2000) : Inter-industry and Inter-Firm Wage and Hours Differentials in Switzerland. *Swiss Journal of Economics and Statistics,* 136 (3) : 371–395.

Silber, Jacques (1999) : *Handbook on Income Inequality Measurement*. Boston: Kluwer Academic Publishers.

Soziale Ungleichheiten aus milieutheoretischer Perspektive

Michael Vester

Der Begriff des Milieus gehört heute zu den populärwissenschaftlichen Konzepten, die in Politik und Medien besonders häufig benutzt werden. Er bezieht seine Popularität aus seiner Unbestimmtheit. Sie erlaubt es, im Alltagsleben und in der Politik beliebige soziale Gruppen oder Zusammenhänge zu bezeichnen, ohne sich näher auf deren Bestimmungen festlegen zu müssen. Vor allem lassen sich auch Festlegungen vermeiden, die mit dem Milieu eine Zuordnung zu ungleichen sozialen Stellungen oder gar zu bestimmten sozialen Schichten oder Klassen verbinden. Damit werden ausdrückliche Etikettierungen vermieden, die Menschen auf- oder abwerten, und Klassifikationen, die ihre Ansprüche auf Einzigartigkeit und freie Selbstbestimmung in Frage stellen. Wenn wir Klassifikationen und Bewertungen vermeiden, dann vermeiden wir es auch, andere zu kränken. Wir vermeiden damit aber auch Erkenntnis. Denn unsere gesamte soziale Wahrnehmung wäre ohne Klassifikationen und Bewertungen unmöglich.

1 Durkheim: Begründung des Milieukonzepts

Die erste Regel der Soziologie, wie sie Emile Durkheim aufgestellt hat, ist, mit den Vorurteilen, die in den Alltagsbegriffen liegen, zu brechen. Durkheim verfuhr so auch mit dem unbestimmten Milieubegriff des Alltagslebens. Er verwandelte ihn in einen wissenschaftlichen Begriff, indem er ihn – entgegen dem Klassifikationstabu – ausdrücklich mit den ungleichen sozialen Stellungen, die Menschen in sozialen Ordnungen einnehmen, verknüpfte. Durkheim führte das Konzept des Milieus sogar als unverzichtbares, zentrales Konzept in die Soziologie ein. Gleichwohl ist dieses zentrale Konzept eines der Begründer der Soziologie lange und nachhaltig an den Rand und ins Vergessen gedrängt worden.

Durkheim gibt dem Milieukonzept in zwei Hauptwerken (Durkheim 1961 [1894/95]; 1988 [1893/1902]) eine relativ strenge Bestimmung. Das «soziale Milieu» bezeichnet gesellschaftliche Zusammenhänge, deren Zusammenhalt (Kohäsion) untereinander und Abgrenzung voneinander auf zwei Arten von sozialen Bindungen beruht, nämlich (a) auf spezifischen *objektiven* sozialen Beziehungen und (b) auf einer daran anknüpfenden gemeinsamen *kulturellen* Identität, insbesondere moralischen Verhaltensregeln.

Diese Beziehungen und Identitäten sind alles andere als beliebig. Zum einen hängen sie von einer bestimmten *Gesamtgliederung* der sozialen Zusammenhänge ab, deren Teile aufeinander angewiesen und durcheinander bis zu einem gewissen Grade festgelegt sind. Zum anderen unterliegen sie einer bestimmten *sozialhistorischen* Entwicklung. Das Denken in den Zusammenhängen der gesellschaftlichen Gesamtgliederung und deren Geschichtlichkeit war allen Begründern der Soziologie – Weber, Veblen und Marx wie Durkheim – gemeinsam. Es ist in dem Masse in den Hintergrund getreten, in dem die soziologische Ausbildung sich auf einen Korpus von Begriffsdefinitionen und Techniken verengt hat, in dem die Verbindungen zu anderen Disziplinen, insbesondere den Geschichts- und Wirtschaftswissenschaften, weitgehend gekappt sind. Bevor ich – im Abschnitt über die Dimensionen des sozialen Raums – auf dieses Denken in Gesamtzusammenhängen spezifischer zurückkomme, möchte ich zunächst Durkheims doppelte «Definition» der sozialen Milieus näher beleuchten.

Im ersten Teil seiner «Definition» begreift Durkheim Milieus als einen *Beziehungszusammenhang*, in dem den Einzelnen verschiedene soziale Stellungen zugewiesen werden. Nach der Art der sozialen Beziehungen unterscheidet er drei Arten von Milieus (Durkheim 1988 [1983/1902]: 245), die diese Beziehungen verschieden organisieren, sich geschichtlich nacheinander entwickelt haben und heute überlagern. Das *familiale Milieu* geht auf die alten Stammesgesellschaften zurück und organisiert den Zusammenhang seiner Mitglieder nach dem Status in den Familien- und Verwandtschaftsbeziehungen, also Stellungen nach Geschlecht, Alter, Abstammungslinie, Verwandtschaftsgrad usw. Mit der Gründung der antiken Stadtgesellschaften mussten die Menschen mit anderen zusammenleben, mit denen sie nicht verwandt waren. Nun traten neben die alten Blutsbande die «sozialen Bande» *(liens sociaux)* der Arbeitsteilung in den *beruflichen Milieus*. Die Arbeitsteilung schafft die «organische Solidarität» der Gesellschaft, die darauf beruht, dass ihre Glieder aufgrund ihrer funktionalen Spezialisierung voneinander abhängig sind wie die Organe eines Körpers. Vor allem durch die Dynamik der Arbeitsteilung erweiterte sich nach und nach ihre räumliche Reichweite, so dass die Ausdehnung der *territorialen Milieus*, der räumlichen Nachbarschaft und der politisch und rechtlich, nach verschiedenem politischem Bürgerstatus geordneten Gesamtgesellschaft, von der Gemeinde zur Nation und übernationalen Zusammenhängen notwendig wurde. Mit der Ausdehnung der Arbeitsteilung über lokale Grenzen haben die Berufsmilieus seit dem Mittelalter auch ihre traditionellen ständischen Schranken immer mehr überwunden (Durkheim 1988 [1983/1902]: 245). Damit wurde deren innere Organisation, die den Bürgerinnen und Bürgern und ihren Assoziationen einen bestimmten politischen und rechtlichen Status zuweist, zur weiteren, tendenziell demokratischen Entwicklung herausgefordert.

Ein nachhaltiger sozialer Zusammenhalt entsteht nach Durkheim aber erst, wenn als Zweites ein *moralischer Zusammenhang* hinzukommt. Er entsteht daraus, dass sich Individuen, die sich durch ähnliche Ideen, Interessen, Gefühle und Beschäftigungen von der übrigen Gesellschaft unterscheiden, üblicherweise voneinander angezogen fühlen und zu Gruppen zusammenfinden, die allmählich einen gemeinsamen Korpus moralischer Regeln entwickeln, mit dem sie ihre Identität von derjenigen anderer Gruppen abgrenzen (ebd.: 55 f.) und den sie in einem eigenen moralischen Habitus (ebd.: 44) verinnerlichen. Ein Beispiel sind die beruflichen Korporationen mit ihren gemeinsamen Moral-, Ausbildungs-, Kult-, Gemeinschafts- und Solidaritätsformen (ebd.: 53).

Mit diesen beiden Bestimmungen – als Beziehungszusammenhang und als Moralzusammenhang – stellt Durkheim das Milieukonzept dem wirtschaftsliberalen Konzept des englischen Soziologen Herbert Spencer gegenüber. Spencer will den Zusammenhalt der Gesellschaft aus wirtschaftlichen Tauschinteressen bereits vorher vorhandener unabhängiger Individuen erklären. Nach Durkheim entsteht aber die Individualität erst aus der inneren Differenzierung der beruflichen Milieus. Diese sind Grundeinheiten der Gesellschaft, die sich im Prozess der Arbeitsteilung herausbilden und aus eigenem Antrieb in ihrer Interaktion den sozialen Zusammenhalt und die Moral, die Arbeitsteilung und die funktionale Spezialisierung hervorbringen und dadurch auch die intellektuelle Kompetenz und die Reflexivität des Individuums erhöhen (ebd.: 55 f., 474 f.).

Es ist damit auch ein Missverständnis anzunehmen, dass Durkheim mit der Betonung der Mechanismen sozialen Zusammenhalts die Einschränkung der individuellen Freiheiten rechtfertigt. Die Praxis der Milieus vergegenständlicht sich zwar auch in materiellen Objekten, in Rechts- und Moralnormen und in kulturellen Produkten, die als beharrende Kräfte wirken. Doch ihre «überragende Bedeutung» haben die sozialen Milieus insbesondere auch als «lebendige Kraft» und aktiver, «bestimmender Faktor der kollektiven Entwicklung»; ohne den «Begriff des sozialen Milieus» ist daher «die Soziologie in die Unmöglichkeit versetzt, irgendwelche Kausalbeziehungen festzustellen» (Durkheim 1961 [1984/95]: 195–198).

Mit dem Milieubegriff will Durkheim nicht den Klassen- oder Schichtbegriff ersetzen. Er verwendet vielmehr das «berufliche Milieu» als eine Art Oberbegriff. Stände, Kasten und Klassen sind historische Spezialformen der beruflichen Milieus, die entstehen, wenn bestimmte Milieus andere Milieus ihrer Herrschaft unterordnen. Durkheim hatte hier besonders das Herrschaftssystem der Fabrikindustrie des ausgehenden 19. Jahrhunderts vor Augen, das den selbstbestimmten Prozess zunehmender Arbeitsteilung und Kompetenz durch eine von oben streng reglementierte «erzwungene Arbeitsteilung» ersetzte, welche die gewerkschaftlichen Interessenvertretungen der Berufsgruppen unterdrückte und damit «Klassenkämpfe» erzeugte (Durkheim 1988 [1893/1902]: 443–445). Durkheim suchte nach Lösungen für die zunehmenden Probleme sozialer Kämpfe und Desintegration in seiner Zeit. Als politische Lösung schlug er eine auf die Berufsmilieus gegründete Wirtschaftsdemokratie vor (ebd.: 42–51). Die soziale Lösung sah er in der Wiederherstellung der Milieus als integrative Kraft, die der sozialen Desintegration oder Anomie, die mit den industriekapitalistischen Konkurrenz- und Herrschaftsverhältnissen verbunden ist, entgegenwirken kann, auch wenn der Aufbau des sozialmoralischen Zusammenhalts eine langwierige Arbeit ist, die durch desintegrative Entwicklungen bedroht ist (ebd.: 44 f., 56, 227, 436 f., 474, 479 f.).

2 Neuentwicklungen: Ergänzung objektivistischer Ansätze

Die bis heute vorherrschenden Konzepte der Klassen und Schichten haben Durkheims Ansatz wenig berücksichtigt. Für Durkheim war wichtig, dass die Schichten oder Klassen sich auch selbsttätig als Milieus mit eigenen kulturellen Identitäten konstituieren. Die vorherrschenden Konzepte leiten soziales Handeln dagegen relativ direkt aus objektiven Merkmalen (wie Berufsstellung, Einkommen, Ausbildung) ab, oft mit Theorien, nach denen das Handeln v.a. durch ökonomische Interessen motiviert ist.

Seit dem Ende der 1950er-Jahre, im Zusammenhang mit der Auflösung der beiden geschlossenen Machtblöcke des Kalten Krieges, entstanden aber auch Gegenströmungen, die die geschlossenen Gesellschaftsbilder der vulgärmarxistischen und vulgärliberalen Klassen- und Schichtkonzepte zunehmend in Frage stellten. Sie hielten ihnen vor, der anwachsenden Komplexität und Dynamik sozialer und kultureller Differenzierung nicht mehr gerecht zu werden. Es entstanden verschiedene Neuansätze, die das Konzept des sozialen Milieus und – damit gleichbedeutend – der *(class) culture* wieder aufnahmen und es vor allem auf gesamtgesellschaftliche Teilungen bezogen, in denen berufliche, familiale und territoriale Dimensionen zusammenkommen. Milieus wurden als vieldimensionale, ganzheitliche Phänomene aufgefasst. Entsprechend aufwändig war die quantitative und qualitative Erforschung dieser Vielzahl von Indikatoren und Verhaltensmustern.

Dissidenten der marxistischen Tradition begründeten in England die Strömung der *Cultural Studies*, die insbesondere mit ethnologischen Methoden ursprünglich vor allem die Selbsterzeugung von klassenspezifischen Alltagskulturen untersuchte. Ihre Vertreter waren insbesondere Raymond Williams (1972 [1958]), Edward P. Thompson (1987 [1963]), Stuart Hall, Tony Jefferson et al. (1979 [1977]) sowie Paul Willis (1981 [1978]).

In der politischen Soziologie entstanden Forschungen über die «sozialmoralischen Milieus» bzw. «gesellschaftspolitischen Lager», die die historisch entstandene Verankerung der politischen Parteien in soziokulturellen, regionalen und konfessionellen Zusammenhängen wiederentdeckten (Lepsius 1993 [1966]; von Oertzen 2006 [1994]; Vester et al. 2001).

Eine besonders innovative und erfolgreiche Pionierleistung kam seit 1980 aus der Konsum- und Lebensstilforschung mit dem Konzept der Lebensstil-Milieus (Ueltzhöffer et al. 1993; Ueltzhöffer 1999). Mit einer Kombination qualitativer und quantitativer Methoden wurde die Vielfalt der objektiven Schichtmerkmale und der subjektiven Muster von Geschmack, Werten und Zielen des Alltagslebens empirisch erhoben und in den strukturierten Typologien des Sinus- und des Sigma-Instituts geordnet, mit denen sie Kontinuität und Wandel der Milieus gleichzeitig ermitteln konnten.

Ebenfalls seit etwa 1980 entstanden ähnliche Entwicklungen aus der Schichtungssoziologie der Schule Karl Martin Boltes. Stefan Hradil führte die differenzierenden Milieu- und Lagekonzepte wieder in die Soziologie ein. Er grenzte sich von objektivistischen Klassen- und Schichtungstheorien ebenso ab wie von der extremen Individualisierungstheorie, die die vollständige Auflösung der sozialen Milieus in Individuen behauptet. Er kommt Durkheims Milieukonzept nahe: «Die Einstellungen und Bewußtseinsformen der miteinander lebenden Menschen gleichen sich in Prozessen gegenseitiger Auseinandersetzung und Anpassung an. ... Interaktive Interpretationsprozesse und kollektive Erfahrungen schaffen so typische Bündelungen von „objektiven" Lebensbedingungen und „subjektiven" Einstellungen, Bewußtseinsformen etc.» (Hradil 1987: 163). Aus dieser Bündelung von «Objektivem» und «Subjektivem» bilden sich ihnen zugrunde liegende tiefere Muster, die «typischen Verhaltensmuster[n] sozialer Gruppierungen» (ebd.: 164). Diese Gruppierungen bezeichnet Hradil als soziale Milieus: «Unter „Milieu" wird [...] eine Gruppe von Menschen verstanden, die solche äußeren Lebensbedingungen und/oder innere Haltungen aufweisen, aus denen sich gemeinsame Lebensstile herausbilden» (ebd.: 165).

Als theoretisch und methodologisch besonders weitreichend erwiesen sich die Konzepte, die Pierre Bourdieu seit den 1960er-Jahren in Auseinandersetzung mit den herrschenden Orthodoxien entwickelt hatte. Bourdieu fasste die drei Milieuformen Durkheims in einem konsistent ausgearbeiteten Konzept zusammen, das die soziale Praxis aus dem Habitus, den sozialen Machtmitteln («Kapitalsorten») und den Feldern der sozialen Auseinandersetzung erklärt (Bourdieu 1982 [1979]). Er verdeutlichte an umfassendem empirischen Material, dass die sozialen Klassen sich über ihre Familienmilieus so organisieren und über die Generationen fortsetzen, dass sie ihre Stellung in bestimmten Berufsmilieus ebenso wie in den gesamtgesellschaftlichen Milieus sichern bzw. verbessern können. Die Vielfalt der Stil-, Geschmacks-, Wahrnehmungs-, Bewertungs- und Praxismerkmale, aber auch der Bildungs- und Berufsstrategien wird durch ein einheitsstiftendes Prinzip nach einem gemeinsamen Nenner geordnet: durch den spezifischen Habitus der Klassenmilieus bzw. seiner Unterfraktionen. Bourdieu konnte auch empirisch nachweisen, dass es Entsprechungen (Homologien) zwischen Berufsmilieus und ihnen nahe liegenden Stilen und Praxisformen gibt.

Bourdieus Schwerpunkt liegt auf den Mechanismen der Aufrechterhaltung (Reproduktion) sozialer Ungleichheit und auf dem besonderen Beitrag der bürgerlichen und kleinbürgerlichen Milieus hierzu. Im Milieukonzept von Vester et al. (2001 [1993]) ist der Ansatz Bourdieus auf die Bundesrepublik angewandt und so weiterentwickelt worden, dass auch die Differenzierung der Volks- und Arbeitnehmermilieus und deren Potenziale aktiver Selbstbestimmung («Emanzipation») herausgearbeitet werden können. Gleichzeitig wird aufgezeigt, dass sich politische Parteivorlieben nicht direkt aus der vertikalen Milieuzugehörigkeit ableiten lassen, aber dass politische Ordnungsvorstellungen dennoch ihren Platz im sozialen Raum haben, z. B. konservative bei den traditionellen Milieufraktionen, selbstbestimmte in den modernen. Hradil betont die Aspekte der Selbstbestimmung und der fliessenden Übergänge der Milieus noch stärker und weist darauf hin, dass viele Menschen mehreren Milieus angehören oder zwischen ihnen stehen.

3 Die hannoversche Milieuforschung

Die hannoversche Milieuforschung (Vester et al. 2001 [1993]) versuchte, eine Synthese zwischen den stärker subjektorientierten Ansätzen, zu denen auch die frühen *Cultural Studies* in England gehörten, und den Klassentheorien zu erarbeiten. Sie knüpfte dabei an Bourdieus Weiterentwicklung der Klassenanalyse an, gelangte aber zu stärkeren Differenzierungen. Während Bourdieu vor allem die Differenzierung von Bürgertum und Kleinbürgertum untersucht hatte, wurden nun auch die modernen Auffächerungen der Volksmilieus, die die unteren drei Viertel der Bevölkerung ausmachen, näher untersucht. Insgesamt sollen im Folgenden drei Hauptergebnisse dieser Forschungen zusammengefasst werden.

Das erste Ergebnis war, dass der Wandel der Berufs- und Wirtschaftsstruktur zwar die Mobilität in neue Berufsgruppen, insbesondere der Dienstleistungen, einschloss, aber doch überwiegend nur horizontale Strukturverschiebungen in Berufsgruppen bewirkte, die mehr kulturelles Kapital erforderten. Demgegenüber hat sich die Erwartung, dass vertikale Klassengegensätze verschwinden würden, nicht erfüllt. Die vertikale Stufung der sozialen Klassen in zwei obere Traditionslinien (ca. 20%), zwei Traditionslinien der «respektablen Volksklassen» (ca. 70%) und eine Traditionslinie der Unterprivilegierten (ca. 10%) ist weitgehend erhalten geblieben.

Zum Zweiten konnte festgestellt werden, dass die fünf grossen Traditionslinien der Klassenmilieus immer noch bestehen. Durch Bildungsexpansion, Dienstleistungsberufe und postmaterielle Werte haben sie sich nicht aufgelöst, aber doch wie Familienstammbäume aufgefächert – und zwar nach Generationen, die ihren Habitus je nach ihren sozialen Erfahrungen immer wieder auf modernere Verhältnisse umgestellt haben.

Ein drittes Ergebnis war, dass die Zugehörigkeit zu politischen Lagern (oder *cleavages*) nicht direkt aus den vertikalen Milieu- oder Klassenteilung abgeleitet werden kann. Dies beruht aber nicht auf einer neueren Auflösung oder «Erosion» der alten Klassenidentitäten. Vielmehr haben die politischen Lager historisch noch nie direkt den vertikalen Teilungen entsprochen, da sie aus den Konflikten und Traditionen im Feld der Politik und der Weltanschauungen entstanden sind, die einer gewissen Eigengesetzlichkeit oder «relativen Autonomie» folgen.

Insgesamt bestätigen die Milieuforschungen nicht das Bild einer schematischen ökonomischen Klassenteilung und auch nicht das Bild einer Auflösung in autonome oder passive Einzelpersonen. Die alte Klassengesellschaft hat sich vielmehr durch die Erfahrungen der Akteure hindurch differenziert. Allerdings hat sie, wie noch zu zeigen sein wird, eine noch weitgehend ständische Form.

4 Berufsgruppen: Linksdrift im sozialen Raum

Der Ansatz Bourdieus wird in den hannoverschen Forschungen als ein dynamisches Konzept der Klassenentwicklung interpretiert und nicht, wie sonst häufig, als Konzept einer statischen Reproduktion von Klassenverhältnissen. Bourdieu macht diese dynamische Sichtweise möglich, indem er mit der konventionellen Sichtweise, die die Sozialstruktur als rein vertikale Schichtung darstellt, bricht und eine zusätzliche, horizontale Raumdimension einführt (Bourdieu 1982 [1979], insbes.: 212f). Bourdieu führte die horizontale Achse zunächst ein, um die auf gleicher vertikaler Stufe befindlichen sozialen Gruppen in Teilgruppen differenzieren zu können. Er positionierte die Berufsgruppen, deren soziale Rangstufe auf ererbtem «ökonomischen Kapital» beruhte, am rechten Pol der horizontalen Achse, und zwar unten die kleineren und oben die grösseren Selbstständigen. Die Berufsgruppen, deren soziale Rangstufe mehr auf ihrem erworbenen «kulturellen Kapital» beruhte, positionierte er zum linken Pol hin, und zwar unten die praktischen Fachberufe, oben die akademischen Berufe. Bourdieu entdeckte dabei, dass die Vielfalt der Teilgruppen nicht beliebig ist, sondern einer bestimmten Logik der Differenzierung folgt. Seine räumliche Darstellung ermöglicht es, historische Widersprüche und Veränderungen sichtbar zu machen. Durch die Unterteilung der sozialen Klassen auf jeder Stufe in Fraktionen kann die langfristige Verschiebung der Sozialstruktur nach links, zu den jüngeren, moderneren und besser ausgebildeten «Klassenfraktionen» (Bourdieu) abgebildet werden. Mit Hilfe der Berufsstatistik zeigt Bourdieu auf, dass die Gruppen am rechten Pol (mit ererbtem «ökonomischen Kapital») schrumpfen und zum linken Pol hin (mit erworbenem «kulturellen Kapital») stark zunehmen.

Mit dem neuen Raumkonzept können also zuvor verdeckte Felddynamiken analysiert werden, die für das Verständnis der Milieuentwicklungen und -konflikte wichtig sind. Die horizontale Achse macht nicht nur horizontale Differenzierungen, sondern – in der Dimension der Zeit – auch horizontale Mobilitäten und Strukturverschiebungen erkennbar. So lässt sich für die Jahrzehnte nach dem Zweiten Weltkrieg eine starke Linksdrift feststellen (Bourdieu 1982 [1979]: 212 f.; Vester et al. 2001 [1993]: 373–426). Die Bewegungen waren überwiegend nicht die einer vertikalen Mobilität, wie es die konventionelle Sozialstrukturforschung meint, sondern die einer horizontalen Mobilität von den traditionelleren in die moderneren «Klassenfraktionen» auf der gleichen vertikalen Stufe. Wenn dies so ist, dann löst sich die Klassenstruktur nicht durch eine vertikale Differenzierung auf. Sie verschiebt sich nur nach links, d.h. in den Bereich des zunehmenden kulturellen Kapitals.

Mit seinem mehrdimensionalen Raumbild (Bourdieu 1982 [1979]: 212 f.) visualisiert Bourdieu diesen Prozess. Es zeigt, dass in den Jahren nach dem Zweiten Weltkrieg in Frankreich die Gruppen des kleinen und mittleren Eigentums und der geringen Berufsqualifikation im rechten Teil des Raumes stark geschrumpft und die Gruppen der qualifizierten Arbeit weiter links ebensosehr gewachsen sind. Dies ist der Ausdruck der von Jahrzehnt zu Jahrzehnt schneller zunehmenden Spezialisierung, d.h. des steigenden Bedarfs an kulturellem Kapital, der wiederum immer mehr technische Innovationen hervorgebracht hat. Dieser Prozess erweist sich damit als Teil des langen historischen Prozesses der gesellschaftlichen Arbeitsteilung, in dem die Berufe immer spezialisierter und qualifizierter werden. Ebenso war die Bildungsexpansion keine isolierte Tendenz des Schul- und Hochschulbesuchs, sondern Teil einer umfassenden, wirtschaftlich wie sozial notwendigen und anhaltenden Höherqualifizierung der Berufe seit den 1950er-Jahren (Müller 1998b; Geißler 2002: 339 f.).

Im Raum der beruflichen Positionen drückt diese Bewegung zum linken Pol nichts anderes aus als den von Adam Smith, Karl Marx und Emile Durkheim beschriebenen Prozess zunehmender Arbeitsteilung, Spezialisierung und Zusammenarbeit, d.h. die Entwicklung der menschlichen und technischen «Produktivkräfte». Wenn der «Gesamtarbeiter» (Marx) immer kompetenter wird, kann er nach Ansicht von Marx und Durkheim auch mehr demokratische Mitentscheidung im Arbeitsprozess und in der Gesellschaft beanspruchen.

Die Daten bestätigten auch für Deutschland eine Drift nach links im sozialen Raum, insbesondere die Zunahme der «neuen Berufe» mit höherem kulturellem Kapital (Vester et al. 2001 [1993]: 373–426). Allein von 1950 bis 1987 hat sich der Anteil der Berufe, die sich durch hohes Fachkönnen, hohe Eigenverantwortung und hohes Zusammenhangsverständnis auszeichnen, von etwa 5 auf rund 22% erhöht. (Ihr Anteil dürfte inzwischen deutlich über 30% liegen.) Zu ihnen zählen nicht nur die oberen, akademischen Berufe im Bereich von Bildung, Wissenschaft und freien Berufen, sondern auch die nicht- und halbakademischen Intelligenzberufe bzw. Semiprofessionen der Technik, der Verwaltung, der medizinisch-sozialen Dienstleistungen und der Sozialpflege in der sozialen Mitte.

Die Zunahme kulturellen Kapitals steht auch hinter der Gewichtsverschiebung vom primären zum industriellen und zum dienstleistenden Sektor und hinter der Umwandlung von Kleineigentümern in Arbeitnehmer. 1950 bestand die Erwerbsbevölkerung in Westdeutschland noch zu 32% aus Selbstständigen und ihren mithelfenden Familienangehörigen (je 16%). Die Selbstständigen waren überwiegend ständisch-kleinbürgerlich geprägt. Bis zum Jahre 2000 verringerte sich ihr Anteil auf 12% (davon nur 1% Mithelfende). In der gleichen Zeit erhöhte sich der Anteil der Arbeitnehmer von etwa 68% auf etwa 89%, also um 21%. Diese Entwicklung war um 1970 bereits grösstenteils abgeschlossen.

Orthodoxe Marxisten konnten dies früher nur als Abstieg in die proletarische Besitzlosigkeit und Unsicherheit interpretieren. Heute kann die Verwandlung von 20% Selbstständigen in Arbeitnehmer als eine horizontale «Umstellung» (Bourdieu) der Klassen verstanden werden. Infolge der Konzentration der Unternehmen im Kapitalismus hatten die Selbstständigen weniger Unternehmen zu vererben. Seit den 1950er-Jahren drängten sie ihre Kinder dazu, sich auf andere leitende Stellungen und die nötigen Universitätsabschlüsse umzustellen. Eine Stufe tiefer, in der sozialen «Mitte», hatten die Steigerungen der Produktivität dazu beigetragen, dass der Anteil der Erwerbstätigen in der Landwirtschaft von 25% auf 2,5% sank. Da dies vor allem von 1950 bis 1970, in den «goldenen Jahren» des kapitalistischen Wachstums, geschah, konnten die Kinder der Betroffenen horizontal in die expandierenden Industrie- und Dienstleistungsbranchen überwechseln, wo sich die Arbeitnehmerschaft gerade bessere Standards des Einkommens, der Arbeitsbedingungen, der Sozialversicherung und der Ausbildung erkämpft hatte. Damit blieben sie auf der sozialen Stufe der respektablen Mitte der «kleinen Leute» bzw. der «Volksklassen».

Die «aufsteigenden» Arbeiter und die «absteigenden» Kleinbürger trafen sich also in einer grossen und gesicherten sozialen Mitte. Die heutige Landkarte der sozialen Milieus der Bundesrepublik zeigt noch die deutlichen Spuren der doppelten Herkunft dieser Arbeitnehmermitte. Die etwa 30% der linken Mitte stammen aus der Facharbeiterschaft, die etwa 22% der rechten Mitte aus den ständisch-kleinbürgerlichen Volksmilieus. Diese neue Mitte der Arbeitnehmer war, weil sie mehr Teilgruppen der Volksklassen vereinigte, gleichzeitig grösser und vielfältiger als die frühere Erwerbsklasse der körperlich arbeitenden Industriearbeiter.

Bedeutete dies, dass nun die Klassenidentität der Arbeiter durch Teilhabe am Wohlstand, durch Vielfalt und Mobilität in einer «nivellierten Mittelstandsgesellschaft», in einer «Verbürgerlichung» oder «Individualisierung» untergehen musste? Tatsächlich war diese Heterogenität nichts Neues. Die Volksklassen waren immer in sich vielfältig gewesen, nach Berufen, Lagen, Konfessionen und Regionen. Jetzt nahmen sie diese Vielfalt mit hinein in die neue Grossgruppe der «Arbeitnehmer», die eine feste Stellung als Verhandlungspartei im konservativen (und später im sozialdemokratischen) Wohlfahrtsstaat erhielt. Dadurch verstärkten sich eher die Tendenzen einer wechselseitigen Annäherung, einer Konvergenz der verschiedenen Klassenfraktionen. Vieles blieb heterogen, aber es wurde auch zusammengehalten von dem einigenden Band der Erfahrung gemeinsamer Interessen und Rechte, die in der Regel eher friedlich als militant gegenüber Unternehmern und Staat vertreten wurden.

Die Forschung beobachtete daher auch die Herausbildung eines gemeinsamen «Arbeitnehmerbewusstseins» (Kern und Schumann 1982; Mooser 1984). Diese Beobachtung bestätigte, dass die Klassenteilung nicht «nivelliert», «verbürgerlicht» oder «erodiert», sondern mit den horizontalen Umstellungen eben nur seitlich verschoben ist.

Insgesamt verläuft die Entwicklung freilich immer noch widersprüchlich und konflikthaft (Vester et al. 2007). Die horizontale Linksdrift drückt aus, dass sich im globalen Wettbewerb die Volkswirtschaften der hochentwickelten Länder zunehmend in Ökonomien der Hochqualifikation verwandeln. Hohe Arbeitsproduktivität mit niedrigen Stückkosten wird immer weniger durch tayloristische Arbeitszerlegung und immer mehr durch berufliche Spezialisierung und Höherqualifizierung erreicht. Damit verändert sich die Zusammensetzung der Arbeitnehmerberufe und der Belegschaften immer noch nachhaltig. Die Tendenz der Entqualifizierung der Arbeit – das *de-skilling* – wird sogar schneller als früher durch die Tendenz der Höherqualifizierung der Arbeit – das *re-skilling* – zurückgedrängt. Dies geschieht seit mindestens 30 Jahren beschleunigt.

Dahinter steckt aber keine einheitliche Tendenz, sondern eine scherenförmige und durchaus zweischneidige Entwicklung. Vor allem neoliberale Unternehmensstrategien versuchen, die Arbeit nach wie vor durch Arbeitszerlegung, Flexibilisierung, Abwertung und prekäre Vertragsverhältnisse an das Niveau von Niedriglohnländern anzupassen. Trotz der Auslagerung der an- und ungelernten Arbeit in diese Länder liegt deren Anteil innerhalb der Bundesrepublik mit mehr als 25% insgesamt noch deutlich über demjenigen anderer hochentwickelter Länder (Oesch 2006).

Gerade durch ihr Wachstum geraten aber auch die hochqualifizierten Dienstleistenden und technischen Experten in eine zunehmende Krise ihrer Berufsstellung, in eine «Statuskrise». Einerseits wird ihre Arbeit immer anspruchsvoller, kompetenter und unerlässlicher für die Wirtschaftsleistung und Exportkraft. Andererseits verlieren grosse Teile dieser Gruppen ihren bisherigen relativ privilegierten und gesicherten Berufsstatus. Das heisst, die Berufsqualifikationen steigen und werden dann wieder entwertet. Dies hat funktionale, aber auch machtpolitische Gründe. Zunächst untergräbt der wachsende funktionale Bedarf an Höherqualifizierten den Seltenheitswert höherer Berufsqualifikationen, der früher vor Entlassungen oder Herabstufungen geschützt hatte. Eben daran setzen die unternehmerischen Strategien der Entwertung auch des qualifizierten Arbeitsvermögens an. Diese neoliberalen Strategien behandeln das Gros der Hochqualifizierten als austauschbare Kräfte mit weniger Rechten, Einkommen und Statussicherheit wie die übrigen Arbeitnehmer auf den unteren Etagen der Qualifikation auch. Hinzu kommen Strategien der Herabstufung und der Selektion. Sie bestehen in der Bremsung des Aufstiegs in höhere Qualifikationsstufen.

5 Habitus: Differenzierung historischer Traditionslinien

Freilich setzen sich die beschriebenen horizontalen Dynamiken der neuen technologischen Revolution und vertikalen Dynamiken der neuen sozialen Machtkämpfe nicht unmittelbar in eine Neubildung der Milieus um. Die Milieus entstehen nicht daraus, dass kurzfristige Berufs- und Soziallagen sich in Individuen «widerspiegeln», die ansonsten eigenschaftslos sind. Sie entstehen vielmehr aus langlebigen Familien- und Milieutraditionen, die ihrer Geschichte nach auf eine bestimmte Stellung in der sozialen Ordnung abgestimmt sind und deren Kräfte nun durch veränderte soziale Lagen herausgefordert werden.

Wie sich die Mentalitäten der Volksmilieus in sich differenziert und weiterentwickelt haben und wie dies mit dem Wandel der Berufsgruppen zusammenhing, soll im Folgenden mit Hilfe von verschiedenen Bildern des sozialen Raums, die die differenzierten Ergebnisse der Milieuforschungen vereinfacht zusammenfassen, skizziert werden.

Bei der Erarbeitung unserer Typologie des Klassenhabitus gingen wir methodologisch etwas anders vor als Bourdieu. Dieser (1982 [1979]) ging von den Berufgruppen aus, denen er, gestützt auf reiches empirisches Material, die Wahrscheinlichkeit eines spezifischen Lebensstils und Habitus zuordnete. Dadurch konnte der missverständliche Eindruck entstehen, dass der Habitus der Klassen die kausale Folge der ökonomischen Klassenposition sei. In seiner Theorie geht Bourdieu jedoch davon aus, dass es die Herkunftsfamilien sind, die nicht nur Statusressourcen (ökonomisches, kulturelles und soziales Kapital), sondern über die Sozialisation auch die Habitusmuster und Strategien weitergeben, mit denen eine soziale Stellung gesichert oder erworben werden kann.

Unsere Analyse begann also direkt beim Habitus und fragte erst dann nach dem Beruf. Sie stützte sich auf grosse Stichproben langer narrativer Interviews (und auch Gruppendiskussionen), aus denen mit hermeneutischen Methoden die Muster und schliesslich Typen des Habitus herausgearbeitet wurden (Vester et al. 2001 [1993]; Vögele et al. 2002; Bremer 2004; Lange-Vester 2007). Dabei zeigte sich zweierlei. Zum einen war der Habitus nicht von der Berufsstellung «entkoppelt»; er war weiterhin überwiegend mit «typischen» Berufen verbunden. Zum anderen zeigte sich im Vergleich der Interviews mit Eltern und Kindern, dass die jüngeren Milieus die Habitusmuster der Herkunftsmilieus nicht aufgegeben, sondern für neue Umstände abgewandelt haben (Vester et al. 2001 [1993]: 215–218, 311–369), nach der Regel: «Der Apfel fällt nicht weit vom Stamm.»

In einem zweiten Schritt haben wir 1991 in einer grossen repräsentativen Befragung der westdeutschen Bevölkerung nach dem Ansatz Bourdieus das Panorama der Klassenmilieus auch quantitativ genauer bestimmt (Vester et al. 2001 [1993]: 222–244). Der Habitustypus jeder befragten Person wurde über eine multivariat ausgewertete Batterie von 44 Statements bestimmt, die das Meinungsforschungsinstitut Sinus bereitgestellt hatte (Becker et al. 1992; Ueltzhöffer et al. 1993). Sodann wurden die Formen sozialer Kohäsion und politischer Beteiligung sowie die Bildungs- und Berufsdaten über drei Generationen erfragt.

Abbildung 1: Traditionslinien sozialer Milieus in Westdeutschland 1982–2003

Die vertikalen Milieustufen und ihre horizontale Differenzierung nach fünf grossen Traditionslinien (1.1., 1.2., 2.1., 2.3. und 3.)	Differenzierung der Traditionslinien nach Untergruppen (-) bzw. Generationen (a,b,c) 1982 bis 2003
1. **Obere bürgerliche Milieus** (um 22%)	
1.1. **Macht und Besitz:** Traditionslinie der wirtschaftlichen und hoheitlichen Macht (um 8%)	Konservativ-technokratisches Milieu (ca. 9% -> ca. 7%): – Gehobenes bürgerliches Milieu (? - ca. 4 %) – Gehobenes kleinbürgerliches Milieu (? - ca. 3%)
1.2. **Akademische Intelligenz:** Traditionslinie der humanistischen Bildungselite und der gehobenen dienstleistenden Berufe (um 8%)	Liberal-intellektuelles Milieu (ca. 9% -> ca. 8%): – Bildungsbürgerliches Milieu (? - ca. 4%) – Gehobenes Dienstleistungsmilieu (? - ca. 4%)
1.3. **Kulturelle Avantgarde** Fraktion aus 1.1 und 1.2 (um 5%)	– Alternatives Milieu (ca. 5% -> 0%) – Postmodernes Milieu (0% -> ca. 6%)
2. **«Respektable» Volks- und Arbeitnehmermilieus** (um 65%)	
2.1. Traditionslinie der **Facharbeit und der praktischen Intelligenz** (zwischen 30% und 35%)	(a) Traditionelles Arbeitermilieu (ca. 10% -> ca.6%) (b) Leistungsorientiertes Arbeitnehmermilieu ca. 20% -> ca. 18%) (c) Modernes Arbeitnehmermilieu (0%->ca.11%)
2.2. Traditionslinie der **ständisch-kleinbürgerlichen Volksmilieus** (zwischen 28% und 25%)	(a) Traditionelles kleinbürgerliches Arbeitnehmermilieu (ca. 28% -> ca. 13%) (b) Modernes kleinbürgerliches Arbeitnehmermilieu (0% -> ca. 12%)
2.3. **Avantgarde der Jugendkultur** Fraktion aus 2.1 u. 2.2 (um 10%)	Hedonistisches Milieu (ca. 10% -> ca. 9%)
3. **Unterprivilegierte Volks- und Arbeitnehmermilieus** (um 12%)	Traditionslose Arbeitnehmermilieus: – Statusorientierte (ca. 3%) – Resignierte (ca. 6%) – Unangepasste (ca. 2%)

Zur Beachtung: Die Prozentzahlen in der linken Spalte geben die Bandbreite der Milieugrössen an. Die Prozentzahlen in der rechten Spalte geben an, wie sich die Milieugrössen, soweit bekannt, von 1982 bis 2000 verändert haben. Die Prozentsätze und auch die ursprünglichen Milieubezeichnungen, die wir inzwischen weiterentwickelt haben, stützen sich auf das Sinus-Institut und das Sigma-Institut (Becker et al. 1992; Flaig et al. 1993; www.sigma.online.de v. 22.9.2003).

Mit den Ergebnissen konnten wir die Klassenmilieus nach den Berufszugehörigkeiten ihrer Mitglieder in den sozialen Raum Bourdieus einordnen und in einem Raumbild darstellen (Vester et al. 2001 [1993]: 46 f.). In diesem Raumbild zeigt sich für jedes Milieu eine gewisse Streuung, aber auch ein Schwerpunkt. Damit deutet sich eine räumliche Struktur an. Drei Milieus nehmen darin den oberen sozialen Raum ein, fünf Milieus die Mitte und ein Milieu den untersten Teil. Das Ergebnis unserer Untersuchung bestätigt damit keine vollständige, aber doch eine weitgehende Entsprechung oder «Homologie» (Bourdieu) zwischen Klassenpositionen und Habitus.

Zugleich bestätigte die Befragung, dass die Veränderungen der Milieus in den letzten drei Generationen hauptsächlich in horizontalen Umstellungen auf modernere Berufe der gleichen vertikalen Stufe bestanden hatten. Die Frage nach den Berufen und Bildungsabschlüssen der Eltern- und Grosselterngeneration ergab, dass es erstaunlicherweise vertikale Aufstiege in die oberen bürgerlichen Milieus kaum gegeben hat, mit der Ausnahme des kleinen «gehobenen Dienstleistungsmilieus», das sich aus Kindern von Facharbeitern und Fachangestellten der Mitte rekrutiert hat.

Bemerkenswert ist insgesamt das Ergebnis, dass sich die Milieus durch den Wandel der Berufe und der Werte nicht aufgelöst haben. Sie haben sich aber doch – gleich Familienstammbäumen – im Rahmen ihrer Grundwerte umgewandelt. Unsere Synopse der Milieu-Entwicklung von 1982 bis 2003 (Abb. 1) zeigt, dass sich die Milieus bei aller Vielfalt weiterhin fünf grossen genealogischen Linien zuordnen lassen, zwei oberen, zwei mittleren und einer unteren. Die Milieus sind dabei als Nachfahren der früheren Stände, Klassen und Schichten (und ihrer Untergruppen) erkennbar. Die grossen Traditionslinien bleiben per Saldo seit 1982 annähernd gleich gross. Die modernisierenden Bewegungen der «Individualisierung» spielen sich hauptsächlich als Generationenverschiebung innerhalb der jeweiligen Traditionslinie ab, als Auffächerung in modernere Zweige. Das relative Gewicht von Werten der Selbstbestimmung, Selbstverwirklichung und auch der Mitwirkung in Wirtschaft und Gesellschaft hat zugenommen, ohne dass die Grundwerte der Herkunftsmilieus aufgegeben wurden.

Die gleiche räumliche Konfiguration wie auch Modernisierung nach Generationen lässt sich auch an den Daten und Landkarten anderer Gesellschaften, beispielsweise Grossbritanniens, Frankreichs und Italiens (Vester et al. 2001 [1993]: 34–36, 50–54), zeigen.

6 Klassenmilieus: eine ständische Konfiguration

Die Typen des Habitus sind nicht aus einem vorgefassten Konzept abgeleitet, sondern empirisch, gleichsam «induktiv» ermittelt worden. Wenn wir sie dann mosaikförmig zu einer – vereinfachten – Landkarte der sozialen Milieus zusammenfügen (Abb. 2), zeigt es sich, dass ihr Zusammenhang nicht willkürlich ist. Ihre räumliche Gliederung entspricht der Teilung der Berufsfelder und einer ähnlichen Teilung der Lebensstile bzw. Habitusformen. Im Alltagsleben sind also äussere Lebensstellung und innerer Habitus relativ eng «verkoppelte» Elemente einer «Lebensführung» (Weber 1964) oder «Lebensweise» (Williams 1972 [1958]), durch die die Milieus, Schichten oder Klassen sich voneinander abgrenzen und innerlich zusammenhängen.

Grosse empirische Studien (Bourdieu 1982 [1979]; Vester et al. 2001 [1993]) haben für Frankreich wie für die Bundesrepublik nachgewiesen, dass der Habitustyp immer noch eng auf das jeweilige Berufsfeld abgestimmt ist, allerdings auf dynamische und flexible Weise, gleichsam über ein Gummiband. Die Vermittlung zwischen beidem erfolgt durch die im Habitus angelegten Schemata des Geschmacks und der Alltagspraxis und durch milieueigene «Strategien», die die nachwachsenden Generationen in bestimmte Bildungs- und Berufswege führen und die nicht nur zur «Reproduktion» der Klassenstellung, sondern auch zu «Umstellungen» taugen, wenn das angestammte Berufsfeld eines Milieus sich wandelt und beispielsweise zur blossen Erhaltung der sozialen Stellung höhere Bildungsanforderungen stellt. Entgegen den Klagen über die Trägheit der Menschen mangelt es keineswegs an der Bereitschaft zu Umstellungen und zur Eigenverantwortung. Allerdings wird erwartet, dass Risiken, die die Ressourcen und Planungen der Familien überfordern, durch staatliche Ordnungspolitik flankiert werden.

Vertikal ist die Gesellschaft ständisch dreigeteilt in eine privilegierte, eine nichtprivilegierte und eine unterprivilegierte Schichtungsstufe. Die oberen bürgerlichen Milieus, zusammen etwa 20%, unterscheiden sich von den gewöhnlichen Volksmilieus durch den besonderen Wert, den sie auf höhere Bildung, Kultur und geschmackliche Kennerschaft legen. Unter dieser «Trennlinie der Distinktion» finden wir die «respektablen» Volksmilieus mit etwa 70%. Für sie sind gute Facharbeit oder ein sicherer sozialer Status die Grundlage der Selbstachtung. Die unterprivilegierten Milieus (um 10%) sind gering qualifiziert und geachtet und liegen unterhalb der unsichtbaren «Trennlinie der Respektabilität».

Horizontal teilen sich die Milieus, wie auch Bourdieu (1982 [1979]) und Müller (1998a) feststellen, auf jeder Stufe nach «Klassenfraktionen». Diese unterscheiden sich nach dem Berufsfeld und nach der Einstellung zur

Abbildung 2: Soziale Milieus in Westdeutschland 2003. Die ständische Stufung der Bildungswege

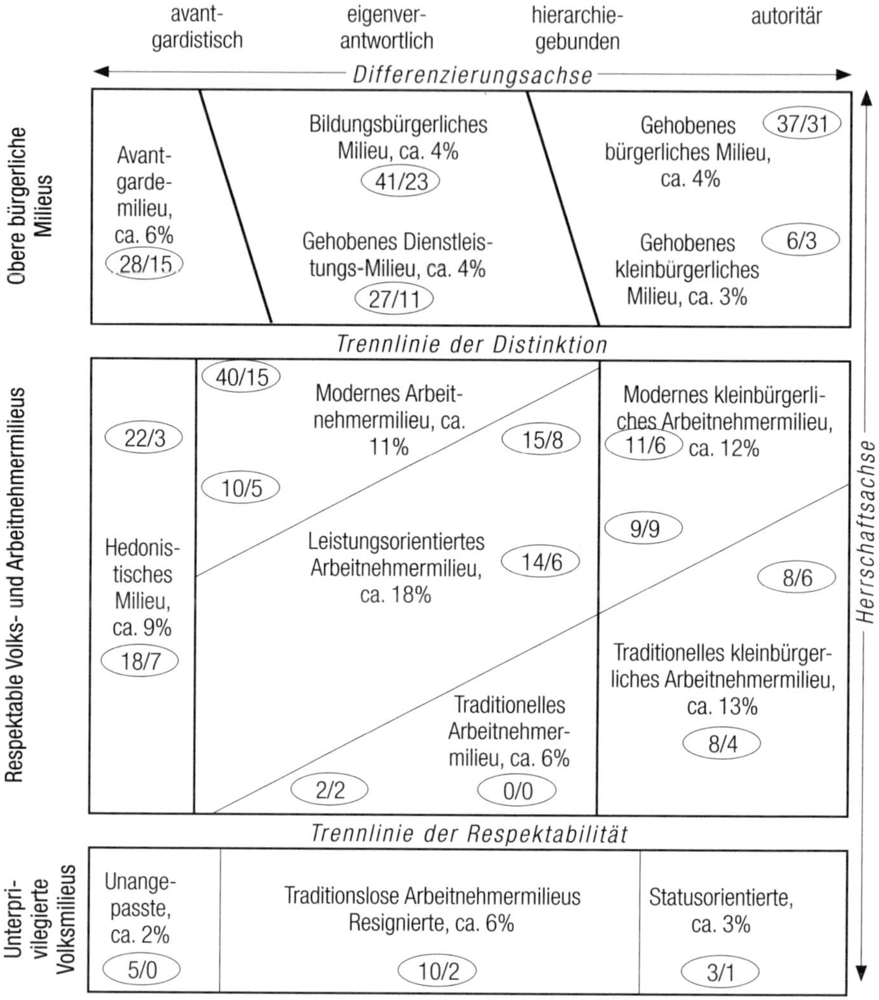

(A/H) Bildungskennziffern: *Abitur* (einschl. Fachabitur) / *Hochschulabschluss* (einschl. Fachhochschulen) je 100 Milieuangehörige in Westdeutschland 1991 (Durchschnitt 15,1% / 7,7%). Abbrecher/-innen Gymnasien und Realschulen 8,8% (1991). Lesebeispiel: In der oberen Teilgruppe des «modernen Arbeitnehmermilieus» haben ca. 40% ein Abitur oder Fachabitur und ca. 15% einen Hochschul- oder Fachhochschulabschluss.

Statistische Grundlage der Milieuprofile und der Bildungskennziffern: Repräsentative Erhebung (n = 2699) der deutschsprachigen Wohnbevölkerung ab 14 Jahre 1991 (nach Vester et al. 2001 [1993]); Neuformulierung der früheren Milieubezeichnungen aufgrund einer differenzierenden Neuauswertung dieser Erhebung (in Vögele et al. 2002); Hochrechnung auf die Milieugrössen von 2003 (nach Sigma – Sozialwissenschaftliches Institut für Gegenwartsfragen, Die sozialen Milieus in der Verbraucheranalyse, www.sigma.online.de v. 22.9.2003).

M. Vester (Konzept) / D. Gardemin (Grafik) – agis Universität Hannover – 2004.

Autorität und zur sozialen Hierarchie. Rechts grenzen sich die kleinbürgerlichen und die konservativsten Gruppen ab. Sie bevorzugen eine autoritäre Statusorientierung. Links von ihnen finden wir die Milieus, für die gute fachliche Arbeit die Grundlage für Selbstvertrauen, Selbstbewusstsein und Selbstständigkeit ist. Am linken Rand sehen wir eine hedonistische Avantgarde der Jugendkultur. Sie grenzt sich mit idealistischen Ansprüchen vom abwägenden Realismus der horizontalen Mitte ab.

Diese Raumgliederung hat eine erstaunlich verfestigte Form (und ähnelt darin frappierend der Gliederung anderer fortgeschrittener Gesellschaften (vgl. Vester et al. 2002 [1993]: 48–54). Die Gesellschaft teilt sich in hauptsächlich fünf Milieu-Grossgruppen (Vögele et al. 2002), die ihren Platz im sozialen Raum schon seit Generationen weitergeben und daher als «Traditionslinien» gelten können. Gleichwohl gibt es gewisse Bewegungen, in kleinem Umfang zwischen ihnen und in beachtlichem Umfang in ihnen. Diese Bewegungen sind vor allem Ausdruck der beruflichen Umstellungen und des vermehrten Bildungserwerbs der jüngeren Generationen und drängen – ähnlich einer sich häutenden Schlange – auch gegen die äusseren Schranken, durch die sich die Berufsgruppen anderer Traditionslinien gegenüber Neuzugängen «abschließen».

Die hierarchische ständische Ordnung steht jedoch im Konflikt mit dem zunehmenden, Gleichberechtigung einfordernden Kompetenzerwerb in den Volksmilieus. Die oval eingerahmten Bildungskennziffern in Abbildung 2 zeigen auch in der Mitte eine dynamische Bildungsbeteiligung, die aber nach oben «ausgebremst» und auf mittlere Bildungswege und Berufsstellungen gelenkt wird. Diese ständische Hierarchie institutionalisiert ungleiche soziale Chancen über das dreigliedrige System der Schulbildung und entsprechende Kanalisierungen der Berufswege (vgl. Berger und Kahlert 2006). Damit gerät sie heute auch zunehmend in Konflikt mit der wirtschaftlichen Notwendigkeit, bei verschärfter internationaler Konkurrenz die Bildungsreserven für eine Ökonomie der Hochqualifikation besser auszuschöpfen.

[1.] Oben grenzen sich die nach allen Standards privilegierten *oberen bürgerlichen Milieus* durch distinktive Lebensstile und -stellungen ab. Sie teilen sich nach dem klassischen Gegensatz von Bildung und Besitz bzw. Geist und Macht in eine linke und eine rechte Traditionslinie. Innerhalb beider haben sich nach 1945 die Gewichte nach links hin zu jüngeren und moderneren Milieufraktionen verschoben. Die alten Eliten des Obrigkeitsstaats, des Militärs und des autoritären Unternehmertums wurden nach und nach durch technokratische Elitemilieus und schliesslich neue Bildungsmilieus zurückgedrängt. Gleichzeitig sind beide Milieus auch nach unten fraktioniert, in einen gehobenen Teil und einen kleinbürgerlichen Teil mit geringeren Bildungs- und Berufsstandards.

Bis auf das kleine *gehobene Dienstleistungsmilieu*, in dem sich die Aufsteiger der technischen Expertenberufe und der sozialen Dienstleistungen befinden, haben sie ihre soziale Stellung seit Generationen gegen Neuzugänge gesichert.

[1.1.] Oben rechts ist die *Traditionslinie von Besitz und hoheitlicher Macht* verortet. Hier dominieren ein exklusiver Stil, ein klares Elite-, Erfolgs- und Machtbewusstsein, aber auch patriarchalische Verantwortung und verbindliche Formen nach unten. Die Traditionslinie enthält kaum Aufsteiger von unten. Sie teilt sich in zwei Untergruppen:

Das *gehobene bürgerliche Milieu* pflegt einen «gebildeten Konservatismus». Es besteht seit mindestens drei Generationen aus Managern und leitenden Angestellten der privatwirtschaftlichen und öffentlichen Verwaltung, gehobenen selbstständigen Unternehmern und Freiberuflern (vor allem Ärzten und Juristen), hat sich aber durch die flexibleren technokratischen Stile der jüngeren Führungseliten modernisiert. Demgegenüber folgt das dominierte *gehobene kleinbürgerliche Milieu* einem eher strengen, autoritären Konservatismus. Sein Bildungskapital ist bescheiden, denn seine Angehörigen sind nicht durch Bildung, sondern durch innerbetriebliche Karrieren in ihre gehobenen wirtschaftlichen und staatlichen Verwaltungsfunktionen aufgestiegen. Dies entspricht der familialen Mitgift. Schon die Eltern hatten eher nur durchschnittliche Bildungsabschlüsse und waren, wie die Grosseltern, mittlere Beamte und Selbstständige bzw. Landwirte. Die meisten Angehörigen des Milieus sind älter als 55 Jahre, d.h. diese Milieufraktion verabschiedet sich sozialhistorisch, vor allem weil sie die Umstellung der anderen und jüngeren oberen Milieus auf hohes Bildungskapital nicht mitgemacht hat.

[1.2.] Nach links grenzt sich die *Traditionslinie der akademischen Intelligenz* ab. Gegenüber der offenen Exklusivität des konservativen Bürgertums betonen ihre Angehörigen, dass sozialer Aufstieg durch Leistung bzw. kulturelle Distinktion (statt durch ererbte Machtstellungen) möglich sein soll. Sie verteilen sich auf die gehobenen humanistischen und dienstleistenden Berufe. Die obere Gruppe, das *bildungsbürgerliche Milieu*, betont alte humanistische Familientraditionen der hohen Kultur und eine idealistische Aufklärungsmission gegenüber den anderen Milieus. Die untere Gruppe, das *gehobene Dienstleistungsmilieu*, ist noch teilweise dem Habitus seiner Herkunft aus den Milieus der Facharbeiter und Fachangestellten verbunden und eher in halbakademischen «Semiprofessionen» zu Hause. Dem entspricht ein technokratisch-rationales Leistungsethos und die Ablehnung übertriebener Selbstdarstellung.

[1.3.] Die *kulturellen Avantgarden* aussen links bilden keine eigene Traditionslinie, sondern entstehen als Ableger ihrer Nachbarmilieus immer wieder neu. Sie sind überwiegend Domäne jüngerer Oberschichtangehöriger. Sie artikulieren sich entweder moralisch, in idealistischen Lebens- und Politikentwürfen (wie im ab 1968 entstandenen und heute geschwundenen *alternativen Milieu*), oder ästhetisch in den schönen Künsten und Lebensstilen (wie im heutigen *postmodernen Milieu*, dessen Blütenträume seit der Krise der *new economy* auch wieder welk geworden sind).

[2.] Die *«respektablen» Volksmilieus der Mitte* grenzen sich durch eine respektable Lebensführung und eine sichere und geachtete Berufsstellung nach unten ab. Nach oben grenzen sie sich ab als Arbeitnehmer und «kleine Leute», die es durch eigene Leistung zu etwas gebracht haben. Sie sind daher sensibel gegenüber Privilegierungen, die die Grundsätze der Leistungsgerechtigkeit und Statussicherung verletzen, wie dies etwa die Absenkung des Arbeitslosengeldes auf Sozialhilfeniveau (Hartz IV) tut. Horizontal teilen sie sich, wie die oberen Milieus, ebenfalls in zwei historische Traditionslinien und einen avantgardistischen Ableger. Sie haben sich durch die Drift zum kulturellen Pol erheblich modernisiert.

[2.1.] Die Milieus der *Traditionslinie der Facharbeit und der praktischen Intelligenz* sind skeptisch gegenüber allen Autoritäten und grossen Ideologien und betonen Eigenverantwortung und Gleichberechtigung. (Aus dieser Wurzel sind früher die christlichen und die sozialistischen Arbeiterbewegungen entstanden.) Ihr zentraler Wert ist die *Autonomie*, die sie sich gegenüber den oberen Milieus sichern wollen. Erreicht werden soll dies durch planvolle («asketische») Lebensführung, gute Facharbeit, Ausbildung und Leistung wie auch durch gegenseitige Hilfe und geeignete Interessenorganisationen. Solidarität folgt dem Grundsatz der Gegenseitigkeit; es gilt das Prinzip «Leistung gegen Leistung», ausser wenn jemand unverschuldet in Not gerät. Aus dem asketischen Arbeitsethos folgt auch, dass jeder Mensch nach seinen Werken beurteilt werden soll. Ungleichheit soll nicht durch Geschlecht, Ethnie oder andere Zugehörigkeiten, sondern nur durch Leistungsunterschiede begründet werden. Leistungsunterschiede dürfen zu Differenzen des Lebensstandards, aber nicht zur Macht über andere führen. Das Ethos der Arbeit und der Eigenverantwortung erlaubte den Milieus, sich erfolgreich auf moderne Technologien, Arbeitsweisen und Lebensstile umzustellen.

Die Traditionslinie besteht aus drei Generationengruppen. Von diesen ist das *traditionelle Arbeitermilieu* der Grosseltern, das noch an körperliche Arbeit, materiellen Mangel und Bescheidenheit gewöhnt war, sehr geschrumpft und überaltert. Die mittlere Generation, das grosse *leistungsorientierte Arbeitnehmermilieu*, bestehend aus den modernen Facharbeitern (meist Männern) und Fachangestellten (meist Frauen), sieht sich als Leistungsträger der Volkswirtschaft und verlangt dafür auch mehr Teilhabe an Wohlstand und

Bildung und mehr Mitsprache in der Politik. Die jüngste Generation, das rasch wachsende *moderne Arbeitnehmermilieu*, repräsentiert die neue, hoch qualifizierte Arbeitnehmerintelligenz in modernen technischen, sozialen und administrativen Berufen, die sich an der Basis vor Ort solidarisch engagiert und für unkonventionelle Formen offen ist. Durch die Erfahrungen der wirtschaftlichen Stagnation ist allerdings bei allen drei Milieus das Vertrauen in das Sozialmodell der Bundesrepublik, nach dem Leistung auch gerecht belohnt wird, nachhaltig erschüttert worden.

[2.2.] In der *kleinbürgerlich-ständischen Traditionslinie* in der rechten Mitte dominieren ständisch-konservativen Züge. Viele Angehörige stammen aus Familien von Kleinbesitzenden, die sich auf Arbeitnehmerberufe umstellen mussten, aber ihre Sicherheit immer noch von der Einordnung in Hierarchien erwarten. Ihr zentraler Wert ist die *Statussicherheit* innerhalb einer Hierarchie. Väter, Chefs, Honoratioren und Politiker gelten noch als Vorbilder, aber sie haben auch eindeutige Fürsorgepflichten gegenüber ihren Untergebenen. In diesem Patron-Klient-Verhältnis gilt der Grundsatz «Treue gegen Treue». Die Sorge um Statusverluste aufgrund der wirtschaftlichen Modernisierung hat daher zu grosser Enttäuschung über die Politik geführt. Vor allem das ältere *kleinbürgerliche Arbeitnehmermilieu* gehört aufgrund veralteter Fähigkeiten und bescheidener Einkommen zu den Verlierern des Strukturwandels. Die mittlere Generation im *modernen kleinbürgerlichen Arbeitnehmermilieu* ist zwar durch mittlere Qualifikationen und Einkommen besser gesichert und durch modernere Lebensstile etwas toleranter. Aber auch sie sieht ihre Standards von ausländischen Zuwanderern und der modernen Jugend bedroht und sympathisiert mit einer autoritären oder populistischen Politik.

[2.3.] Das *Milieu der «hedonistischen» Jugendkultur* besteht weitgehend aus den Kindern der beiden vorgenannten Traditionslinien der Volksmilieus, die gegen die Leistungs- bzw. Pflichtethik ihrer Eltern jugendtypisch rebellieren. Ihre Orientierung an Konsum und Spontaneität entspricht auf den ersten Blick dem Bild der «Erlebnisgesellschaft» (Schulze 1990) und dem «Zuerst-komme-ich». Indessen handelt es sich mehrheitlich um «Freizeithedonisten», die sich am Abend und am Wochenende mehr Freiräume wünschen. Zudem befinden sie sich meist in der Übergangsphase zwischen 20 und 30 Jahren, mit zunehmend unsicheren Berufs- und Zukunftsperspektiven. Daher sind viele von der Politik enttäuscht und fordern, wie alle Milieus der Mitte, zu mehr als 80% die Erhaltung der Sicherungen der Arbeitnehmerrechte und des Sozialstaats.

Insgesamt ist in der grossen Mitte die horizontale Bildungs-, Berufs- und Lebensstildynamik besonders ausgeprägt. In beiden Traditionslinien sind junge Milieufraktionen der sogenannten modernen Arbeitnehmer rasch gewachsen. Sie besetzen die konventionellen Dienstleistungen (modernes kleinbürgerliches Arbeitnehmermilieu) und die moderneren Dienstleistungen (modernes Arbeitnehmermilieu) mit mittlerem und gehobenem Qualifikationsniveau. Letztere Gruppe hat eine hohe Abiturquote erreicht, die aber mehr für Fachschulbesuch als für Aufstieg in akademische Berufe genutzt wird. Die Volksmilieus sind nicht mehr bildungsfern, sondern zur Hälfte über die Hauptschule hinausgelangt, allerdings auf dem weiteren Weg in die höhere Bildung abgebremst. Die andere, «untere» Hälfte freilich ist von sozialen Schieflagen bedroht.

[3.] In der *Traditionslinie der unterprivilegierten Volksmilieus* hat sich seit Generationen die Erfahrung sozialer Ohnmacht verfestigt. In unberechenbaren Lebensverhältnissen nutzt das Ethos planmässiger Lebensführung wenig. Wichtiger sind die Fähigkeiten der flexiblen Nutzung gebotener Gelegenheiten, des raschen Dazulernens und der Anlehnung an Stärkere. Diese Milieus, für die immer ungelernte und unstetige Beschäftigungen typisch waren, hatten in der alten Bundesrepublik wie auch in der DDR erstmals dauerhafte, wenn auch körperlich belastende Beschäftigungen als Arbeiter am Fliessband und im Bergbau und als Angestellte in bestimmten Dienstleistungen finden können. Dies ermöglichte eine Anlehnung an die Lebensstrategien der «respektablen» Arbeitnehmermilieus über ihnen. Heute aber werden viele dieser Arbeitsplätze in andere Länder verlagert. Als gering Qualifizierte, deren grosse Mehrheit an den Bildungsöffnungen nicht teilhatte, finden die Angehörigen der drei Teilmilieus schwer neue Jobs. Viele sind dauerarbeitslos bzw. stärker in prekären Wirtschaftszweigen aktiv.

7 Modelle der Sozialordnung: Vom konservativen zum liberalen Pfad?

Das Panorama der Milieus ist widersprüchlich. Einerseits zeigt es die grosse Beharrungskraft einer ständischen Institutionalisierung ungleicher sozialer Chancen. Ebenso zeigt es aber auch eine mehrheitliche Bereitschaft zur Eigenleistung und zur Umstellung über hohe Bildungsaktivität, die allerdings an bestimmte gesellschaftspolitische Risikoabsicherungen gebunden ist. Durch die Erfahrungen im historischen Sozialmodell der Bundesrepublik ist eine tiefe Gewöhnung an diesen «Pfad» der Entwicklung entstanden. Esping-Andersen (1990; 1998) unterscheidet drei Alternativen solcher nationalen Pfade, die sich in den verschiedenen Staaten aus historischen Konflikten zwischen den sozialen Gruppen herausgebildet haben. Sie beruhen auf der institutionellen

Regelung der Chancen sozialer Platzierung (über das Bildungs- und Berufssystem), der materiellen Lage (über Tarifparteien und Sozialsystem) und der geschlechtlichen Arbeitsteilung (z. B. Entlastung der Familienarbeit durch private oder öffentliche Dienstleistungen). Eine «gerechte Sozialordnung» kann je nach Pfad verschieden aussehen:

› im *liberalen Modell* (der angelsächsischen Länder) als staatliche Minimalsicherung für die untersten Schichten und als private Selbstvorsorge nach dem reinen Leistungsprinzip für die mittleren und oberen Schichten;
› im *sozialdemokratischen Modell* (Skandinaviens) als staatliche Anhebung auch der unteren Schichten auf die individuellen Lebenschancen der modernen Mittelschichten;
› im *korporativen Modell* (des kontinentalen Westeuropa) als Mischung aus dem modernen Prinzip der Leistungsgerechtigkeit und dem ständischen Prinzip der Statussicherung, der Sicherung eines Rangplatzes in einer Hierarchie gestufter Rechte und Pflichten.

Diese nationalen Pfade – und ihre Mischformen – sind heute durch globale Konkurrenz herausgefordert und müssen daher von der Politik her umgebaut werden. Das deutsche korporative Modell beruht auf einem komplexen Aushandlungssystem zwischen Staat und Interessenorganisationen. Es birgt die Gefahr, bürokratisch und ständisch zu erstarren und zu einem Kartell von Besitzstandswahrern zu degenerieren, wenn es sich nicht neuen sozialen Herausforderungen und Gruppen öffnet. Durch seine Risikoabsicherungen bietet es aber die Chance, die Bereitschaft zum sozialen Wandel zu verstärken. Seit den Wachstumsjahren der Bundesrepublik sind die Milieus horizontalen Strukturwandel gewohnt. Die Milieus stellten sich aktiv auf anspruchsvollere Arbeitsplätze, besonders in den Dienstleistungen, um.

Im historischen Sozialmodell der Bundesrepublik wurden die Risiken der Umstellungen durch staatliche Ordnungspolitik abgefedert, um Teilhabe am Wirtschaftswachstum zu sichern oder Statusverluste zu vermeiden. Seit etwa drei Jahrzehnten stehen jedoch die Risiken und die Regulierungskonzepte unter Veränderungsdruck. Durch die zunehmende internationale Konkurrenz wurden zunächst eher gering qualifizierte, inzwischen aber auch immer mehr höher qualifizierte Arbeitsplätze in die neuen Industrieländer verlagert. Damit sind nicht mehr nur die gering qualifizierten, sondern auch die besser qualifizierten und «leistungsstarken» mittleren Milieus herausgefordert. Gebremst ist ihr Zugang zu den hoch qualifizierten Berufen mit Hochschulabschluss, die immer noch privilegierte Standards der Einkommen, des Ansehens und der sozialen Sicherung sowie eine stark unterdurchschnittliche Arbeitslosigkeit geniessen. Unterdurchschnittlich ist auch die Förderung der Sozial-,

Gesundheits- und Bildungsdienstleistungen, die in anderen Ländern erheblich zur Verminderung – nicht zuletzt der weiblichen – Arbeitslosigkeit und Prekärbeschäftigung beitragen. Schliesslich trägt die restriktive Haushalts- und Arbeitsmarktpolitik dazu bei, dass die inländische Konsum- und Staatsnachfrage nicht hinreichend zum Wirtschaftswachstum und zum Abbau der Arbeitslosigkeit beiträgt. Die Staatsausgaben werden infolgedessen übermässig in die unproduktivste Aufgabe gelenkt: die Versorgung der Arbeitslosen. Soziale Schieflagen bedrohen inzwischen ein ganzes Spektrum von sozialen Gruppen (vgl. Schultheis und Schulz 2005; Bude und Willisch 2006).

Durch diese Erfahrungen hat sich in den meisten Milieus der Eindruck eines sozialpolitischen Paradigmenwechsels verfestigt, der die Grundprinzipien der Leistungsgerechtigkeit und Statussicherung aufgibt und die sozialen Risiken übermässig auf die Milieuzusammenhänge zurückverlagert. Vier Fünftel der Bevölkerung stehen einem Wechsel insbesondere zum neoliberalen Pfad sehr ablehnend gegenüber. Empörung entsteht, wenn beispielsweise Entlassungen von solchen Firmen vorgenommen werden, die höchste Gewinne einfahren. Absenkungen sozialer Sicherungen auf Minimalstandards, etwa das Sozialhilfeniveau des Arbeitslosengeldes II (Hartz IV), werden als Verletzungen des zentralen Grundsatzes angesehen, dass die durch eigene Leistung ermöglichte Lebensweise auch in der Not fortgesetzt werden kann. Hartz IV wird als die Drohung erlebt, in die unsichere und chancenlose Lage der gering qualifizierten unterprivilegierten Milieus abgedrängt, also materiell und moralisch ausgegrenzt zu werden.

Der moralische Schmerzpunkt (und damit der sozialpolitische Interventionspunkt) ist für die meisten Milieus nicht erst dann erreicht, wenn ein absolutes materielles Minimum unterschritten wird, wie dies im englischen Sozialmodell der Fall ist. Er ist bereits erreicht, wenn die gewohnte respektable Lebensweise und die Vorstellungen einer gerechten sozialen Lasten- und Chancenverteilung in Frage gestellt werden. Bei sozialer Gerechtigkeit geht es nicht nur um die «Quantität», sondern auch um die «Qualität» der sozialen Standards – also die «Lebensweise als Ganzes» – und um die soziale «Parität», d.h. eine gewisse Symmetrie der Belastungen und Chancen.

8 Gesellschaftspolitische Lager: Spuren historischer Kämpfe

Welches sind nun die Modelle der gesellschaftlichen Ordnung, an denen sich die Bevölkerung orientiert? Schon die klassische Wahlforschung von Lazarsfeld et al. (1969 [1944]) geht von sozialen *cleavages* oder Trennlinien aus, die sich über die Generationen in den sozialen Milieus vererben. Ihre Nachfolger, besonders Rokkan und Lepsius (Rokkan 1965; Lipset und Rokkan

1967; Lepsius 1993 [1966]), haben aber festgestellt, dass diese Trennlinien kein unmittelbares Abbild der ökonomischen Trennlinien zwischen oben und unten sind. In den parteipolitischen Lagern kombinieren sich vielmehr wirtschaftliche, konfessionelle, regionale und sozialmoralischen Trennlinien. Dass die politischen Lager nicht direkt aus den ökonomischen Klassenteilungen abgeleitet werden können, ist nicht etwa die Folge einer «Entkoppelung» von sozialer Lage und politischem Bewusstsein, wie die «Erosionsthese» von Beck (1986), Giddens (1997) und anderen behauptet. Es ist der historische Normalfall. Dieser beruht auf den Eigenheiten des politischen Feldes. Dieses gliedert sich meist in Koalitionen, die Milieugrenzen überschneiden. Die Führungsgruppen sind eher in höheren Milieus angesiedelt, die mit den Regeln des Kampfes, des Repräsentierens und des Diskurses besser vertraut sind als die Klientelgruppen.

Unsere Repräsentativbefragung bot bereits 1991 die Gelegenheit, die Erosionsthese breit zu überprüfen. Die These behauptet, die politischen Lager der Klassenmilieus hätten sich aufgelöst, da an die Stelle der «materiellen» Verteilungskämpfe zwischen Kapital und Arbeit Konflikte um «postmaterielle Ziele» – die Rechte der Bürger, der Frauen, der Ethnien usw. – getreten seien. Gegenthesen verwiesen darauf, dass es bei Wahlen immer noch deutliche Präferenzen von Arbeitern für Arbeitnehmerparteien und von Nichtarbeitern für bürgerliche Parteien gebe und dass postmaterielle Werte auch in der Arbeiterbewegung keineswegs neu seien.

Überprüft wurden diese Thesen über eine umfangreiche Batterie von Einstellungsstatements. Die Auswertung des Befragungsergebnisses mit Cluster- und Faktorenanalysen ergab eine neue Typologie. In dieser waren sechs «Lager» erkennbar, die sich nach ihren Vorstellungen der sozialen Gerechtigkeit und der gesellschaftspolitischen Ordnung klar unterschieden (Vester et al. 2001 [1993]: 58–64, 100–112, 249 f., 427–472). Trotz gewisser Verschiebungen entsprechen sie noch den klassischen konservativen, liberalen, sozialdemokratischen, rechtspopulistischen und heute auch den postmaterialistischen Vorstellungen der Sozialordnung. Nachfolgende Befragungen haben auch für Ostdeutschland bestätigt, dass es sich um lang anhaltende Grundüberzeugungen handelt (vgl. u. a. Vester et al. 2001 [1993]).

Die gefundenen Lager hatten zwar Schwerpunkte in bestimmten Klassenmilieus, aber sie waren nicht deckungsgleich mit ihnen. Vielmehr verteilten sie sich jeweils vertikal bzw. diagonal über verschiedene Milieus (Abbildung 3). Dies bestätigt, dass es sich nach wie vor um Koalitionen verschiedener Milieufraktionen über die Milieugrenzen hinweg handelt.

Im rechten Teil des sozialen Raums liegt eine noch relativ intakte Formation von zwei konservativen Lagern, die Hochburgen der CDU/CSU und des rechten Flügels der SPD sind. Nach dem konservativen Modell sozialer Gerechtigkeit können alle sozialen Gruppen Solidarität beanspruchen, aber nicht in gleichem Masse, sondern hierarchisch abgestuft nach Besitz, Bildung, Geschlecht und Ethnie. Das Modell folgt dem Patron-Klient-Muster: Loyalität muss durch paternalistische Fürsorge vergolten werden. Das Lager der *Gemässigt-Konservativen* mit Schwerpunkt bei den kleinbürgerlichen Arbeitnehmern legt das Modell eher arbeitnehmerisch aus. Verletzt z. B. der Patron seine Fürsorgepflicht, so sind u. a. auch gewerkschaftliche Kampfmittel berechtigt. Auch hat sich ein Drittel dieses Lagers moderneren und toleranteren Lebensstilen zugewandt. Dies übt Druck aus auf das Lager der *Traditionell-Konservativen*, das in der Rolle des Patrons ist.

Im linken Teil des sozialen Raums finden sich zwei arbeitnehmerische Lager, die Hochburgen der SPD und des sozialen Flügels der CDU/CSU sind. Das Lager der *Sozialintegrativen* tritt für gleiche Rechte aller sozialer Gruppen ein, d.h. sowohl für die «materielle» Verteilungsgerechtigkeit für Arbeitnehmer und Unterprivilegierte als auch für die «postmateriellen» Rechte der Zivilgesellschaft, der Frauen, der Ausländer, der Natur usw. Das Lager stützt sich auf die moderne Reformintelligenz, die nicht nur oben, sondern auch in den mittleren Milieus der Sozialberufe, der Gewerkschaften und der Kirchen verankert ist. Damit ist es räumlich und moralisch einem anderen Lager nahe, den *Skeptisch-Distanzierten*, die vor allem aus den Volksmilieus der Facharbeit kommen und ein Modell der Solidarität auf Gegenseitigkeit vertreten. Wer zu Produktivität und Sozialstaat beiträgt (und wer unverschuldet in Not ist), soll auch daran teilhaben. Beide Lager sind in ihren Vorstellungen von Solidarität von der Politik der Volksparteien stark enttäuscht.

Ein drittes Paar von komplementären Lagern entspricht dem ideologischen Gegensatz von «Elite» und «Masse» oder «ideell» und «materiell». Das Lager der *Radikaldemokraten*, links oben im sozialen Raum, vertritt die postmateriellen Ideale, während es für materielle Ungleichheiten eher unsensibel ist. Wirtschaftsliberale Akzente sind hier stärker als sozialliberale. Das Lager ist daher Hochburg der Grünen und eines gewissen progressiven Neoliberalismus. Dass das Lager kaum Anhänger unterhalb der oberen Milieus hat, liegt offensichtlich an einer elitistischen Ideologie, die die eigene höhere Position mit einer puritanischen Arbeitsethik rechtfertigt, die den Volksmilieus abgesprochen wird. Ihm entgegengesetzt ist das Lager der *Enttäuscht-Autoritären* mit beklemmenden 27%. Es vereint Verlierer der ökonomischen Modernisierung, insbesondere ältere, aber teilweise auch jüngere Milieus mit wenig Bildungskapital und unsicheren Zukunftsperspektiven. Sie verarbeiten ihre Ausgrenzung – anders als die demokratische Mitte – nach autoritärem Muster, mit Ressentiments gegen Ausländer, alles Moderne und die Politiker,

Abbildung 3: Die gesellschaftspolitischen Lager im Raum der Milieus

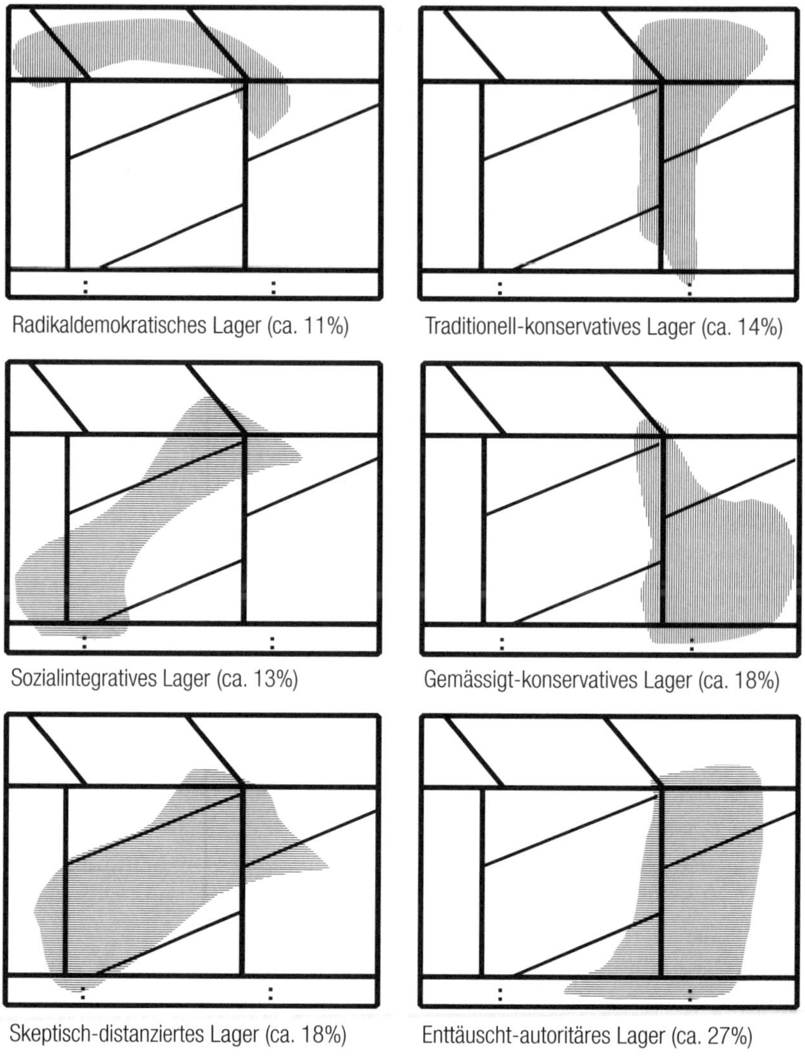

Quelle: agis.uni-hannover.de

die ihre Fürsorgepflichten vernachlässigen. Sie wollen gegen die Risiken des Strukturwandels durch eine protektionistische Wirtschaftspolitik und eine restriktive Zuwanderungspolitik geschützt werden. Aus Realismus wählen sie traditionell meist CDU/CSU und SPD. Regionalwahlen zeigen aber, dass –

wie in anderen Ländern Europas – rechtspopulistische Parteien vor allem aus dieser Basis den grössten Teil ihrer 20% Proteststimmen gewinnen können.

Insgesamt war schon zu Beginn der 1990er-Jahre vorhersehbar, dass ein neoliberaler «Pfadwechsel» keine Akzeptanz bei der Mehrheit finden würde. Die Mehrheiten tendieren vielmehr anhaltend zu den historischen konservativen und sozialdemokratischen Modellen der sozialen Ordnung. Immer noch mehr als 80% wollen eines der beiden Modelle des Wohlfahrtsstaates, auch wenn sie seine Erneuerung durch mehr Mitbestimmung von unten wünschen. Wie die Synopse (Abbildung 4) zeigt, überwiegen die Modelle der Solidarität mit 49%. Solidarität und individuelle Verantwortung – auch das ist nicht neu – gehören dabei zusammen und dürfen nicht gegeneinander ausgespielt werden, wie es die extremen Modelle des Protektionismus und des Neoliberalismus verlangen. Zusätzlich könnten die 27% des protektionistischen Lagers durch eine Politik sozialer Mindestgarantien ins Boot geholt und den Rechtspopulisten abspenstig gemacht werden. Ein solcher historischer Kompromiss war von Anfang an sowohl unter sozialdemokratischem wie unter konservativem Vorzeichen möglich und mehrheitsfähig, und er war es noch in der 2005 gebildeten Grossen Koalition.

Die Niederlage der Volksparteien in der Bundestagswahl von 2005 war nicht die erste Mahnung. Der Rückgang beider Volksparteien von jeweils 38,5 Prozent (2002) auf 35,2 Prozent bei der CDU/CSU und 34,2 Prozent der Stimmen bei der SPD im Jahre 2005 entsprach Entwicklungen, die bereits in den 1990er Jahren deutlich sichtbar waren. Im Zusammenhang mit der Zunahme sozialer Schieflagen war ab 1990 die in Umfragen gemessene «Verdrossenheit» über die politischen Parteien auf etwa 60% angestiegen

Abbildung 4: Gesellschaftspolitische Lager und soziale Ordnungsmodelle in der Bundesrepublik

Elitemodelle (ca. 25%)		
(1)	Radikaldemokratisches Lager (RAD): *postmaterialistisch-liberales Elitemodell*	ca. 11%
(2)	Traditionell-konservatives Lager (TKO): *konservatives Fürsorgemodell*	ca. 14%
Solidaritätsmodelle (ca. 49%)		
(3)	Gemässigt-konservatives Lager (GKO): *konservatives Solidaritätsmodell*	ca. 18%
(4)	Sozialintegratives Lager (SOZ): *postmaterialistisch-solidarisches Modell*	ca. 13%
(5)	Skeptisch-distanziertes Lager (SKED): *Solidarität auf Gegenseitigkeit*	ca. 18%
Protektionistische Modelle (ca. 27%)		
(6)	Enttäuscht-autoritäres Lager (EA): *Populismus / Schutz vor (ausländischer) Konkurrenz*	ca. 27%

Repräsentativbefragung «Gesellschaftlich-politische Milieus in Westdeutschland» 1991: n = 2684; deutschsprachige Wohnbevölkerung ab 14 Jahren in Privathaushalten; Cluster- und Faktorenanalyse (Vester et al. (2001 [1993]), Kap. 12).

und die Wahlbeteiligung bei Landes- und Kommunalwahlen immer häufiger unter 60% gesunken. Besonders hoch waren, auch bei Bundestagswahlen, die Enthaltungen in Wahlkreisen mit hohem Arbeiteranteil oder in sog. «Problemvierteln» und bei der wachsenden Zahl der Arbeitslosen gewesen. Schon in den neunziger Jahren hatte die CDU einmal bei 35,1 Prozent (1998) und die SPD einmal bei 33,5 Prozent (1990) und ein anderes Mal bei 36,4 Prozent (1994) gelegen. Die Abwahl der rot-grünen Koalition im Jahre 2005 war die Quittung für eine verschärfte Politik der sozialen Asymmetrie, die die wirtschaftsliberalen Führungsgruppen der SPD gegen die anderen Flügel der SPD durchgesetzt hatten. Damit hatte die SPD ihre Stammwähler in den Lagern der Arbeitnehmermitte wie auch die modernen Arbeitnehmermilieus verprellt. Die hohen Verluste der CDU/CSU konnten ebenfalls durch den wirtschaftsliberalen Pfadwechsel, den Angela Merkel im Wahlkampf propagiert hatte, erklärt werden.

Die Bundestagswahl von 2005 hatte mit der Schwächung der beiden Volksparteien, der Stärkung der drei kleinen Parteien und der Zunahme des Nichtwählens eine Konstellation geschaffen, die eine andere Dynamik der gesellschaftspolitischen Kräfte hätte ermöglichen können. In der 2005 neu gebildeten Grossen Koalition hätte ein Bündnis zwischen den sozialen Flügeln der beiden Volksparteien eine Rückkehr zu einer Politik des sozialen Ausgleichs und einer Abkehr von den sozialen Schieflagen der Schröderschen «Agenda 2010» einleiten können. Die liberal-konservativen Flügel beider Parteien verhinderten jedoch ein solches Umsteuern, und die sozialen Asymmetrien verstärkten sich weiter.

Dies führte dazu, dass die Abkehr von den Volksparteien bei der Bundestagswahl von 2009 beispiellose Ausmasse erreichte. Die SPD verlor weitere 11,2% und landete bei einem historischen Tief von 23,0% der gültigen Stimmen. Die Verluste der CDU/CSU hielten sich in engeren Grenzen, sie sank auf 33,8% (-1,4%). Dass sie dann mit der FDP ihre liberal-konservative Wunschkoalition bilden konnte, lag aber nicht an einem realen «swing» aus dem Lager der rot-grünen Parteien in das schwarz-gelbe Lager. Es lag an der erneuten enormen Zunahme des Nichtwählens, die überwiegend zu Lasten der SPD gegangen war. Das Ausmass des Desasters wird deutlicher erkennbar, wenn wir nicht von den gütigen abgegebenen Stimmen, sondern von der Gesamtheit der Wahlberechtigten ausgehen (Gardemin/Geiling 2009, vgl. Geiling 2009). In der rot-grünen Regierungsperiode, von 1998 bis 2009, sind die Nichtwähler und Nichtwählerinnen von 18,9% auf 30,2% gewachsen. In der gleichen Zeit ist die SPD von 33,2% auf 16,1% der Gesamtheit der Wahlberechtigten abgestürzt, die CDU/CSU von 28,5% auf 23,6%. Zusammen mit der FDP repräsentierte die CDU/CSU 2009 nur noch 33,8% der Wahlberechtigten.

Die Krise der Volksparteien kann immer weniger zugedeckt werden. Der SPD steht, nach der katastrophischen Niederlage und der Abwahl der alten Führung, ein jahrelanger Neufindungsprozess bevor, in dem das verspielte Vertrauenskapital bei allen Generationen und Gruppen mühsam von wieder von unten her aufgebaut werden muss. Die neue bürgerliche Koalition wird durch die Zerreissprobe zwischen sozialen und wirtschaftsliberalen Interessen, sichtbar an den von allen Seiten kritisierten Widersprüchen der Haushaltspolitik, selber in tiefere Strukturkrisen und innere Konflikte geraten.

In beiden Volksparteien sind jedoch Lernprozesse nicht möglich, solange die Dominanz der wirtschaftsliberalen Ideologien und Flügel weiter besteht. Sie blockiert immer noch die Entwicklung einer modernisierten keynesianischen Wirtschafts- und Sozialpolitik. Diese Politik könnte einen sozialen Lasten- und Chancenausgleich mit einer nachholenden Expansion der Humandienstleistungen im Bildungs-, Gesundheits-, Sozial- und Kultursektor, die unter wirtschaftliberalen Prioritäten heruntergespart worden sind, verbinden. Über die Arbeitsplätze und die Leistungen der Humandienstleistungen und einer hochproduktiven Industrie könnten die Reservearmee von Arbeitslosen und unsicher Beschäftigten abgebaut und eine gute Lebensqualität für alle geschaffen werden, die der hohen Arbeitsproduktivität und den modernen Lebensstilen der Menschen entspricht.

9 Literatur

Beck, Ulrich (1986): *Risikogesellschaft.* Frankfurt am Main: Suhrkamp.

Becker, Ulrich, Horst Becker und Walter Ruhland (1992): *Zwischen Angst und Aufbruch. Das Lebensgefühl der Deutschen in Ost und West nach der Wiedervereinigung.* Düsseldorf: Econ.

Berger, Peter A. (1986): *Entstrukturierte Klassengesellschaft? Klassenbildung und Strukturen sozialer Ungleichheit im historischen Wandel.* Opladen: Westdeutscher Verlag.

Berger, Peter A. und Heike Kahlert (Hrsg.) (2005): *Institutionalisierte Ungleichheiten. Wie das Bildungswesen Chancen blockiert.* Weinheim/München: Juventa.

Bremer, Helmut (2004): *Von der Gruppendiskussion zur Gruppenwerkstatt.* Münster: Lit.

Bourdieu, Pierre (1982 [1979]): *Die feinen Unterschiede.* Frankfurt am Main: Suhrkamp.

Bourdieu, Pierre und Jean-Claude Passeron (1971 [1964/1971]): *Die Illusion der Chancengleichheit.* Stuttgart: Klett.

Bude, Heinz und Andreas Willisch (Hrsg.) (2006): *Das Problem der Exklusion.* Hamburg: Hamburger Edition.

Durkheim, Emile (1988 [1893/1902]): *Über soziale Arbeitsteilung.* Frankfurt am Main: Suhrkamp.

Durkheim, Emile (1961 [1894/95]): *Die Regeln der soziologischen Methode.* Neuwied: Luchterhand.

Esping-Andersen, Gøsta (1990): *The Three Worlds of Welfare Capitalism.* Oxford: Blackwell.

Esping-Andersen, Gøsta (1998): Die drei Welten des Wohlfahrtskapitalismus. Zur Politischen Ökonomie des Wohlfahrtsstaates. In: Stephan Lessenich und Ilona Ostner (Hrsg.): *Welten des Wohlfahrtskapitalismus.* Frankfurt am Main: Campus, 16–56.

Gardemin, Daniel und Heiko Geiling (2009): Gegen das eigene politische Lager: Die Krise der SPD. *spw – Zeitschrift für sozialistische Politik und Wirtschaft,* 174/6, 14–22.

Geiling, Heiko (Hrsg.) (2009): *Die Krise der SPD.* Münster: Lit.

Geißler, Rainer (2002): *Die Sozialstruktur Deutschlands.* Opladen: Westdeutscher Verlag.

Giddens, Anthony (1997): *Jenseits von Links und Rechts. Die Zukunft radikaler Demokratie.* Frankfurt am Main: Suhrkamp.

Hall, Stuart, Tony Jefferson, John Clarke et al. (1979 [1977]): *Jugendkultur als Widerstand.* Frankfurt am Main: Syndikat.

Hradil, Stefan (1987): *Sozialstrukturanalyse in einer fortgeschrittenen Gesellschaft. Von Klassen und Schichten zu Lagen und Mileus.* Opladen.

Inglehart, Ronald (1977): *The Silent Revolution. Changing Values and Political Styles among Western Publics.* Princeton.

Kern, Horst und Michael Schumann (1982): «Arbeit und Sozialcharakter: Alte und neue Konturen». Vortrag auf dem 21. Deutschen Soziologentag, *SOFI-Mitteilungen,* Nr.7 .

Kreckel, Reinhard (Hrsg.) (1983): *Soziale Ungleichheiten* (Soziale Welt Sonderband). Göttingen: Schwartz.

Lange-Vester, Andrea (2007): *Habitus der Volksklassen.* Münster: Lit.

Lazarsfeld, Paul F., Bernard Berelson und Hazel Gaudet (1969 [1944]): *Wahlen und Wähler.* Neuwied/Berlin: Luchterhand.

Lepsius, M. Rainer (1993 [1966]): Parteiensystem und Sozialstruktur. In: Ders., *Demokratie in Deutschland.* Göttingen: Vandenhoeck & Ruprecht, 25–50.

Lipset, Seymour Martin und Stein Rokkan (Hrsg.) (1967): *Party Systems and Voter Alignments.* New York: The Free Press.

Mooser, Joseph (1984): *Arbeiterleben in Deutschland 1900–1970.* Frankfurt am Main: Suhrkamp.

Müller, Walter (1997): Sozialstruktur und Wahlverhalten. Eine Widerrede gegen die Individualisierungsthese. *Kölner Zeitschrift für Soziologie und Sozialpsychologie*, 49: 747–760.

Müller, Walter (1998a): Klassenstruktur und Parteiensystem. Zum Wandel der Klassenspaltung im Wahlverhalten. *Kölner Zeitschrift für Soziologie und Sozialpsychologie*, 50: 3–46.

Müller, Walter (1998b): Erwartete und unerwartete Folgen der Bildungsexpansion. *Kölner Zeitschrift für Soziologie und Sozialpsychologie*, 50, Sonderheft 38: 81–112.

Oertzen, Peter von (2006 [1994]): Klassen und Milieus als Bedingungen gesellschaftlich-politischen Handelns. In: Helmut Bremer und Andrea Lange-Vester (Hrsg.): *Soziale Milieus und Wandel der Sozialstruktur.* Münster, 37–69.

Oesch, Daniel (2006): *Redrawing the Class Map. Stratification and Institutions in Britain, Germany, Sweden and Switzerland.* Basingstoke: Macmillan Palgrave.

Rokkan, Stein (1965): Zur entwicklungssoziologischen Analyse von Parteisystemen. *Kölner Zeitschrift für Soziologie und Sozialpsychologie*, 17. Jg.: 675–702.

Schultheis, Franz und Kristina Schulz (Hrsg.) (2005): *Gesellschaft mit begrenzter Haftung. Zumutungen und Leiden im deutschen Alltag.* Konstanz: UVK.

Schulze, Gerhard (1992): *Die Erlebnisgesellschaft.* Frankfurt am Main/New York: Campus.

Thompson, Edward P. (1987 [1963]): *Die Entstehung der englischen Arbeiterklasse.* 2 Bde. Frankfurt am Main: Suhrkamp.

Ueltzhöffer, Jörg, Berthold Bodo Flaig und Thomas Meyer (1993): *Alltagsästhetik und politische Kultur.* Bonn: J. H. W. Dietz Nachf.

Ueltzhöffer, Jörg (1999): Europa auf dem Weg in die Postmoderne. Transnationale soziale Milieus und gesellschaftliche Spannungslinien in der Europäischen Union. In: Wolfgang Merkel und Andreas Busch (Hrsg.): *Demokratie in Ost und West.* Frankfurt am Main: Suhrkamp, 624–652.

Vester, Michael (2001): Milieus und soziale Gerechtigkeit. In: Karl-Rudolf Korte und Werner Weidenfeld (Hrsg.): *Deutschland-Trend-Buch*, Opladen: Leske + Budrich, 160-171.

Vester, Michael, Peter von Oertzen, Heiko Geiling et al. (2001 [1993]): *Soziale Milieus im gesellschaftlichen Strukturwandel.* Frankfurt am Main: Suhrkamp.

Vester, Michael, Christel Teiwes-Kügler und Andrea Lange-Vester (2007): *Die neuen Arbeitnehmer. Zunehmende Kompetenzen – wachsende Unsicherheit.* Hamburg: VSA.

Vögele, Wolfgang, Helmut Bremer und Michael Vester (2002): *Soziale Milieus und Kirche.* Würzburg: Ergon.

Weber, Max (1964): *Wirtschaft und Gesellschaft. Grundriss der verstehenden Soziologie.* Köln/Berlin: Kiepenheuer & Witsch.

Williams, Raymond (1972 [1958]): *Gesellschaftstheorie als Begriffsgeschichte. Studien zur historischen Semantik von «Kultur»*. München: Rogner & Bernhard.

Willis, Paul (1981 [1978]): *«Profane Culture». Rocker, Hippies: subversive Stile der Jugendkultur.* Frankfurt am Main: Syndikat.

Sozioökonomische Ungleichheit im Weltsystem: Entwicklung, Einflussfaktoren und Folgen

Volker Bornschier

1 Einführung

Soziale Ungleichheit ist für die Soziologie nicht nur zentral, sondern geradezu konstitutiv. Denn die Soziologie beginnt als Disziplin dort, wo die soziale Ungleichheit nicht mehr als naturgegeben betrachtet, sondern als gesellschaftlich bedingt entdeckt wird. Seither beschäftigt sich die Soziologie mit der Untersuchung und Hinterfragung gesellschaftlicher Konstruktionen bei der Überführung von Ungleichartigkeit in Ungleichwertigkeit.

Mit Ungleichartigkeit und Ungleichwertigkeit sind auch zwei Zentralwerte der Moderne angesprochen: Freiheit und Gleichheit. Beide Zentralwerte widersprechen sich im Kern, es muss also ein Kompromiss gefunden werden. Den Freiheitsanspruch vorausgesetzt, ist Gleichheit im Sinne völliger Gleichheit logisch eine sich widersprechende Aussage, da sie in dieser Form den Freiheitsanspruch nicht zulassen würde. Aber gerade die Uneinlösbarkeit des Gleichheitsanspruches hält das Thema der Gleichheit in der modernen Gesellschaft wach. Im normativen Überbau der westlichen Gesellschaft wird das Problem durch die Verschiebung des Gleichheitsanspruchs auf den Gerechtigkeitsanspruch gelöst, der an die prinzipielle Gleichheit anknüpft. Wenn Menschen *im Prinzip* gleich sind, dann ist ihre Ungleichartigkeit als solche eben keine Begründung für eine ungleiche Behandlung oder ein Werturteil, das Ungleichartigkeit in Ungleichwertigkeit überführt. Vielmehr gebietet die Gerechtigkeit einen Rechtfertigungszwang für ungleiche Behandlung oder für die Behauptung von Ungleichwertigkeit. Aus anthropologisch-naturrechtlicher Sicht ist diese Rechtfertigung nicht beliebig, sondern an den urteilenden Verstand und damit an die prinzipielle Gleichheit trotz Verschiedenheit gebunden. Das Thema, worum es in der modernen Gesellschaft geht, lautet demnach «gerechte Ungleichheit». Diese Bemerkungen zeigen, dass soziale Ungleichheit nicht auf den materiellen Bereich beschränkt werden darf. Die Möglichkeiten der Selbstbestimmung, also unterschiedliche Grade an Freiheit, waren und sind genauso ungleich verteilt.

«Weltsystem» bezeichnet einmal das umfassendste System menschlichen Zusammenlebens, dann auch den Gesamtzusammenhang von umfassenden

Systemen – internationale, zwischenstaatliche und weltweite interorganisatorische Systeme – und umfassten Systemen – Staaten, Nationen, Regionen, Familien, Firmen, Verbände und Individuen –, die miteinander in Wechselwirkung stehen. Lange Zeit thematisierte nur ein kleiner Teil der Sozialwissenschaftler die soziale Welt als einen Zusammenhang, der die höchsten Systemebenen bis hin zum Individuum verbindet. Beim Weltsystem handelt es sich um einen besonderen Typus von Gesellschaft, der nicht durch einen Staat zusammengehalten wird. Solche staatenlosen Gesellschaften waren in der Vergangenheit kleinräumig und nur durch beschränkte Komplexität gekennzeichnet. Demgegenüber ist das moderne Weltsystem ein komplexes soziales Gebilde auf globalem Niveau, das unter anderem in eine Vielzahl unterschiedlich mächtiger Staaten zerfällt. Wie die nationalen Gesellschaften ist auch das Weltsystem stark sozial geschichtet. Beim Weltsystem kommt hinzu, dass staatliche Machtunterschiede neben wirtschaftlichen und kulturellen eine wichtige Quelle von Ungleichheit darstellen. Der spezielle Typ des Weltsystems nach der Zeitenwende von 1945 wird als *Weltgesellschaft* bezeichnet. Der Oberbegriff «Weltsystem» (Weltgesellschaft als Unterbegriff für das Weltsystem seit 1945) beinhaltet die Annahme, dass ein soziales System existiert, das umfassender ist als irgendeines der staatlich organisierten Gesellschaften, deren Verhalten ebenfalls aus dem Blickwinkel des Globalen analysiert wird. Dabei wird das Weltsystem der Neuzeit als ein dezentrales, aber hierarchisches Ganzes aufgefasst. Soziale Ungleichheit ist mithin ein konstitutives Merkmal des Weltsystems.

Das zweite Kapitel dieses Essays präsentiert eine Kurzgeschichte der sozioökonomischen Ungleichheit im Weltsystem über die letzten 250 Jahre. Die gebotene Kürze bedingt diese Einschränkung auf das letzte Vierteljahrtausend (für eine viel längere Perspektive vgl. Lenski 1966). Die letzten Abschnitte beschäftigen sich mit den Wandlungen der Ungleichheitsstrukturen im letzten Drittel des 20. Jahrhunderts. Das dritte Kapitel befasst sich mit drei wichtigen offenen Fragen. Eine dieser Fragen wird im vierten Kapitel ausführlicher behandelt: Wie können die über diesen Zeitraum beobachtbaren Ungleichheiten erklärt werden? Welche Gruppen von Faktoren erklären im multivariaten Test mehr als andere?

2 Entwicklung der sozioökonomischen Ungleichheit

2.1 Der Blick weit zurück

Die soziale Welt um 1750 war im Blick zurück unentwickelt. Die *politische Ungleichheit*, d.h. fehlende Gewährleistung von Freiheit zur Selbst-

und Mitbestimmung, war nach heutigen Standards enorm. Autokraten und damals zumeist monarchistische Herrscher standen der Selbstbestimmung der Menschen entgegen. Dagegen war die materielle Ungleichheit im damaligen Weltsystem nach heutigen Standards vergleichsweise gering. Zudem war diese Ungleichheit auf besondere Weise organisiert: Sie bestand in Unterschieden zwischen Klassen und Regionen einzelner Gesellschaften, während es zwischen grossen Weltregionen wie etwa China und Europa keine grösseren Unterschiede in den materiellen Lebensbedingungen gab (Bornschier 2002; 2005: 101). Abbildung 1 veranschaulicht dies.

Die Industrielle Revolution, die sich vom England des 18. Jahrhunderts ausgehend im 19. Jahrhundert durchzusetzen begann, darf nicht nur als «Modernisierungsgeschichte» gelesen werden, bei der sich ein oder wenige Pioniere entwicklungsmässig vom Rest absetzten. Denn parallel dazu fand die zweite imperialistische Ausdehnung staatlicher Herrschaft nach Übersee durch die Kolonialmächte statt. Der Anteil der kolonial unterjochten Bevölkerung

Abbildung 1: Entwicklungsgefälle auf der Welt. Die Entstehung des Entwicklungsgefälles gemessen an der Wertschöpfung 1750 bis 1980 (Bruttosozialprodukt pro Kopf, in US-Dollar und Preisen von 1960)

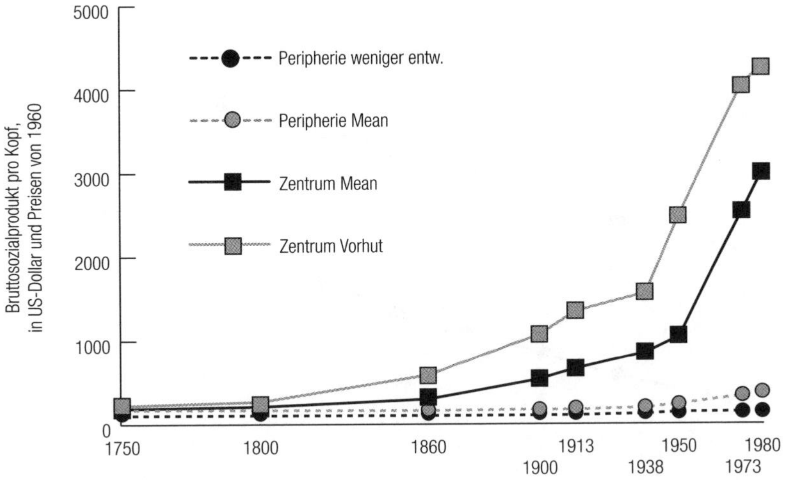

Quelle: Grafische Darstellung nach Zahlen in Bornschier 2002: 330. Nach detaillierten Forschungen von Paul Bairoch 1986.

Legende: Durchschnittliches Einkommen pro Kopf der Zentrumsländer und der mehr entwickelten Zentrumsländer (Kürzel: Vorhut).
Durchschnittliches Einkommen pro Kopf der Peripheriegesellschaften (zumeist über die längste Zeit Kolonien) und der am wenigsten entwickelten Peripherien.

gemessen an der europäischen Bevölkerung war bis 1800 vergleichsweise gering (zwischen 11 und 58%) und stieg erst nach 1800 drastisch an (von 58% im Jahre 1800 auf 214% im Jahre 1913, unter Einbezug von Halbkolonien; Details in Bornschier 2002: Kap. 10).

Die *doppelte Peripherisierung* wachsender Teile der Weltbevölkerung – einerseits nach Industrialisierungsgrad und andererseits nach politischer Über- und Unterordnung durch koloniale Unterjochung – verlief seit dem 19. Jahrhundert nicht nur parallel. Vielmehr verunmöglichte die politische Kontrolle der Kolonialmächte in weiten Teilen der Welt – anders als in Europa und den USA – eine nachholende Entwicklung. Die Folge davon war eine Entindustrialisierung, die Paul Bairoch (1982) mit wirtschaftshistorischen Daten belegen konnte. Diese ungleiche industrielle Modernisierung im Verbund mit Imperialismus, die über das 19. Jahrhundert bis zum Zweiten Weltkrieg dauerte, war entscheidend für die Veränderung der Ungleichheitsstruktur.

Mit wachsendem Durchschnittswohlstand nahm die *ungleiche materielle Verteilung* auf der Welt enorm zu. Die Zahlen von Bourguignon und Morrison (2002) werden in Abbildung 2 dargestellt. Betrafen noch 1820

Abbildung 2: Komponenten der Welteinkommensungleichheit – zwischen Gesellschaften und innerhalb von Gesellschaften, 1820 bis 1992

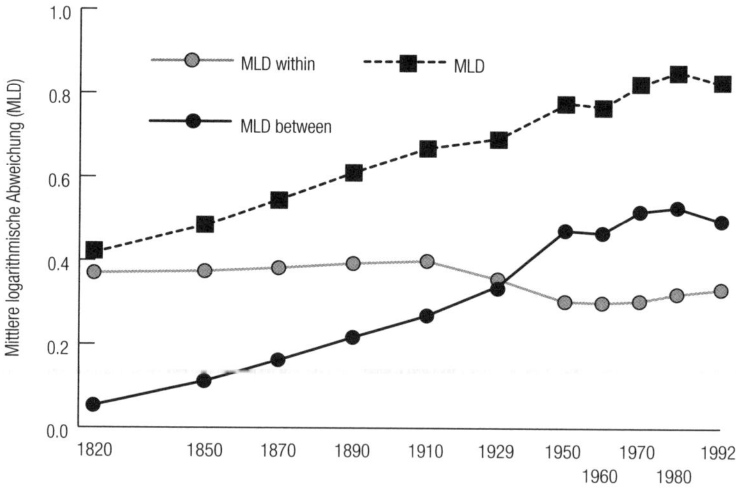

Quelle: Grafische Darstellung nach Bornschier 2005: 102. Die Zahlen für die mittlere logarithmische Abweichung (MLD: mean logarithmic deviation) basieren auf Bourguignon und Morrison 2002: 731 f., 734.

Anmerkung: Es handelt sich in der obigen Darstellung um die Veränderung der geschätzten Welteinkommensverteilungen, d.h. die Komponenten der Einkommensungleichheit sind entsprechend der Bevölkerung gewichtet. Auf den wichtigen Unterschied zwischen «Welteinkommensungleichheit» und «Einkommensungleichheit innerhalb und zwischen Gesellschaften auf der Welt» wird weiter unten eingegangen.

88% aller materiellen Unterschiede auf der Welt die Unterschiede *innerhalb* von Gesellschaften, so sank dieser Anteil bis nach dem Zweiten Weltkrieg auf 39%. Mit anderen Worten: Am Ende der klassischen imperialistischen Phase betrafen 61% aller materiellen Unterschiede auf der Welt die Unterschiede im durchschnittlichen Wohlstand *zwischen* Gesellschaften.

2.2 Die Entwicklung der Ungleichheit in den letzten Jahrzehnten

Eine Datensammlung der Weltbank (Deininger und Squire 1996) erlaubt uns, vergleichbare Informationen von hoher Datenqualität herauszufiltern, um Trends der Einkommensverteilung über die letzten Jahrzehnte hinweg zu eruieren. Die linke Hälfte von Abbildung 3 klassifiziert die Ergebnisse meiner Auswertung (Bornschier 2002; 2002a) von Daten für 51 Gesellschaften auf allen Entwicklungsniveaus. Diese Gesellschaften repräsentieren ungefähr 77% der Weltbevölkerung (die osteuropäischen Transformationsländer wurden nicht in den Vergleich eingeschlossen, wodurch die Fälle mit Zunahme der Ungleichheit unterschätzt werden).

In der Mehrzahl der als vergleichbar in die Betrachtung einbezogenen Länder (53%) beobachten wir einen Trend zu zunehmender Ungleichheit. Eine weitgehende Konstanz wird immerhin in einem Drittel der untersuchten Fälle von mir ermittelt; und selbst eine Abnahme der Ungleichheit ist zu beobachten, wenngleich nur für 14% der Fälle.

Abbildung 3: Die Entwicklung der Einkommensverteilung innerhalb von 51 Gesellschaften der Weltgesellschaft und innerhalb von 16 OECD-Ländern im letzten Vierteljahrhundert

Einkommensungleichheit	Weltsample		OECD-Sample	
	Fälle	%	Fälle	%
Zunahme	27	53%	9	56%
Konstanz	17	33%	5	31%
Abnahme	7	14%	2	13%
Insgesamt	51	100%	16	100%

Quellen und Anmerkungen: Weltsample: eigene Berechnungen nach Bornschier 2002 und 2002a. OECD-Länder: numerische Darstellung von Ergebnissen von Alderson und Beckfield 2004. Die Arbeit der beiden Autoren basiert auf der *Luxembourg Income Study*, «equivalent disposable income of households, calculated from micro-data using a standard equivalence scale», Einzelheiten in Bornschier 2005: 92.

In der Darstellung werden für die Ermittlung der Veränderung der Einkommensverteilung Beobachtungen der 1970er-, 1980er- und frühen 1990er-Jahre berücksichtigt.

Der zumeist früher nur für Gesellschaften der OECD-Welt aufgewiesene Trend zur Zunahme der Ungleichheit lässt sich für Gesellschaften mit sehr verschiedenen Entwicklungsniveaus generalisieren. Wie eng meine Schätzungen für 51 Gesellschaften und die allerneuesten Ergebnisse für 16 OECD-Länder, die vermutlich die bislang beste Datenqualität aufweisen, übereinstimmen, zeigt die rechte Hälfte von Abbildung 3, die für ein Sample von 16 OECD-Ländern auf Ergebnissen von Alderson und Beckfield (2004) aufbaut.

Damit können wir vorläufig zusammenfassen, dass ein weltweit vorherrschender Trend zu mehr Einkommensungleichheit innerhalb von Gesellschaften im letzten Vierteljahrhundert zu beobachten ist, wenn wir die Haushalteinkommensverteilung zugrunde legen. Die Zunahme ist allerdings recht unterschiedlich gross, und ein erheblicher Teil der Fälle (bis zu einem Drittel) ist eher durch Konstanz der Ungleichheit im letzten Vierteljahrhundert charakterisiert, in ungefähr jeder siebten Gesellschaft nahm hingegen die Ungleichheit in diesem Zeitraum ab. Was allerdings die durch steigende Ungleichheit betroffene Weltbevölkerung betrifft, so ist diese mit geschätzten 87% der Weltbevölkerung deutlich grösser als die Prozentzahl der durch steigende Ungleichheit betroffenen Länder (53%), dies weil sehr bevölkerungsreiche Länder wie die Volksrepublik (VR) China und Indien eine Zunahme der Ungleichheit im Beobachtungszeitraum erfuhren (Bornschier 2002: 278; 2002a: 108 f.).

Neben der Frage nach der Veränderung der Ungleichheit innerhalb von Gesellschaften ist auch die Frage nach der Konvergenz oder der Divergenz der Durchschnittseinkommen von Interesse. Nach Abbildung 4, bei der jede Gesellschaft als gleichrangige Beobachtungseinheit behandelt wird, ist selbst bei Korrektur nach Kaufkraftparitäten eine deutliche Divergenz der Durchschnittseinkommen festzustellen. Wenn wir allerdings die einzelnen Gesellschaften nach ihrer Bevölkerung gewichten, was notwendig ist, wenn wir eine Welteinkommensverteilung ermitteln wollen, dann ist eher eine Konvergenz festzustellen. Allerdings wird auch ersichtlich, dass dieser Befund einer leichten Konvergenz (wenn nach Bevölkerung gewichtet wird) einem einzelnen Fall zuzuschreiben ist, nämlich der VR China mit ihrem rasanten und sich seit 1980 noch akzentuierendem Wachstum des Durchschnittseinkommens. Ohne Berücksichtigung der VR China nahmen auch die gewichteten Unterschiede leicht zu, folglich lässt sich eine leichte Divergenz zwischen 1980 und 1997 beobachten. Würden wir noch Indien mit seinem ebenfalls rasanten Wachstum ausschliessen, dann wäre die Divergenz noch etwas grösser. Die VR China macht gut einen Fünftel der Weltbevölkerung aus, und zusammen kommen die VR China und Indien auf gut einen Drittel der Weltbevölkerung. Die Einzelfälle VR China und Indien schliessen neuerdings – entgegen dem allgemeinen Trend für Entwicklungsländer – auf. Die beiden Fälle sind auch insofern von allgemeinem Interesse, als damit auf die Bedeutung von Macht bei der Veränderung im weltweiten Schichtungssystem verwiesen wird.

Für eine Wohlfahrtsbetrachtung – wie viele Menschen sind betroffen? – macht die Gewichtung sicherlich Sinn. Die Schlussfolgerung ist dann, dass sich die Welteinkommensverteilung nach 1980 auf einem historisch allerdings sehr hohem Niveau stabilisiert hat. Aber die Welteinkommensverteilung, die durch eine solche Gewichtung erst ermittelt werden kann, ist eine amorphe und bloss statistische Einheit ohne Akteur. In der Welteinkommensverteilung können z. B. die reichsten 5% aus China etwa zusammen mit einem Grossteil der Bevölkerung Niedersachsens in die gleiche Gruppe der Einkommensbezieher klassifiziert werden. Wenn wir akzeptieren, dass auch in der globalisierten Welt der einzelne Staat eine wichtige Einheit bleibt, innerhalb derer politisiert werden kann und auch Politiken durchgesetzt werden, welche die Einkommensungleichheit zu modifizieren in der Lage sind, dann sollten wir die ungewichteten Ergebnisse beiziehen. Dann lautet die Schlussfolgerung, dass die Einkommensungleichheit in der Mehrzahl der Länder und auch die Unterschiede im Durchschnittseinkommen zugenommen haben. Die Schlussfolgerung aus meinen empirischen Analysen ist eindeutig: *Sowohl innerhalb der Mehrheit der Länder wie auch zwischen den meisten Ländern nimmt die Ungleichheit zu.*

Abbildung 4: Veränderung der Ungleichheit der Durchschnittseinkommen, 1980 bis 1997, in einem Sample von 103 Staaten

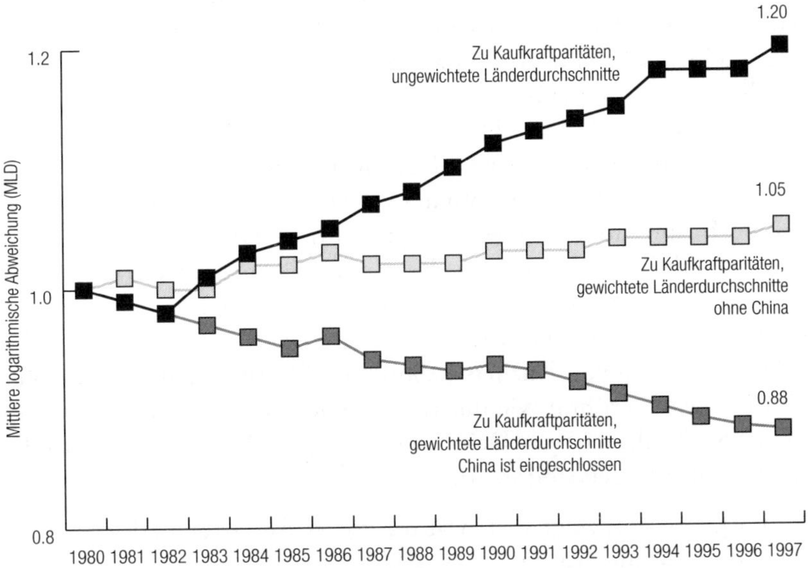

Die mittlere logarithmierte Abweichung ist das Ungleichheitsmass. Alle Messungen sind für 1980 auf 1 gesetzt. Die Kaufkraft der Währungen wurde berücksichtigt, gewichtet wurde nach der Bevölkerung der Länder.

Quelle: Bornschier 2002, 2002a und zusätzliche Berechnungen.

Anmerkungen: Die Durchschnittseinkommen sind korrigiert nach Kaufkraftparitäten. Die mittlere logarithmische Abweichung ist das Ungleichheitsmass. Ungleichheit im Jahre 1980 ist gleich 1 gesetzt.

3 Offene Fragen

Bevor wir uns mit den Determinanten der aktuellen Trends befassen (Kapitel 4), sind drei Komplexe offener Fragen anzusprechen. Der erste offene Fragenkomplex befasst sich in 3.1. mit der Erklärung des kurvilinearen Zusammenhangs zwischen Entwicklungsstand und Ungleichheit, der zweite (3.2.) mit dem Verhältnis von Demokratisierung und Ungleichheit. 3.3 beschäftigt sich abschliessend mit den Folgen und Kosten von Ungleichheit.

3.1 Doppelt-umgekehrte U-Förmigkeit im Entwicklungsprozess?

Bei diesem Komplex geht es um zwei alternative Richtungen der Erklärung eines kurvilinearen Zusammenhanges zwischen Entwicklungsstand und materieller Ungleichheit (sogenannte umgekehrte U-Förmigkeit) und die Erwartung einer neuen, doppelt-umgekehrten U-Förmigkeit, die zunächst besonders relevant für hoch entwickelte Gesellschaften sein wird. Im Querschnitt der Gesellschaften wächst die Ungleichheit zunächst mit dem Entwicklungsstand, um dann wieder zu sinken (vgl. Abbildung 5).

Für diesen empirisch gut belegten Zusammenhang zwischen dem Ausmass der Einkommensungleichheit und dem Entwicklungsstand existieren zwei Hauptargumente (vgl. Bornschier 1983). Beide Argumentationsfiguren begründen einen kurvilinearen Zusammenhang, der auch empirisch in der Weltgesellschaft seit den 1960er-Jahren beobachtet wurde: Die Ungleichheit nimmt zunächst mit der Entwicklung zu, um auf hohen Niveaus von Entwicklung wieder abzunehmen. Die eine Erklärung formulierte der Ökonom Simon Kuznets (1955; 1966; 1971), der mit der Verschiebung der Beschäftigten vom traditionellen zum modernen Sektor argumentiert. Die andere geht auf den Soziologen Gerhard Lenski zurück. Bei der Erklärung von Gerhard Lenski (1966, siehe auch Abschnitt 3.2) wird der evolutive Trend zu wachsender Ungleichheit durch Demokratisierung umgekehrt.

Die Erklärung von Kuznets (Abbildung 5) mit einem Zweisektorenmodell ist ebenso berühmt wie umstritten. Die bislang wohl umfassendste empirische Studie dazu ist von Deininger und Squire 1998 vorgelegt worden. Ihre Schlussfolgerungen sind deutlich:

› Im Querschnitt zeigt sich zwar die von Kuznets thematisierte umgekehrt-U-förmige Kurve.
› Mit Longitudinaldaten (zu deren Verbesserung mit Blick auf Vergleichbarkeit Deininger und Squire wesentlich beigetragen haben) kann sie aber nicht bestätigt werden. Das heisst mit anderen Worten, dass die *Veränderung* der Ungleichheit nicht dem Muster folgt, das

Kuznets als Erklärung vorschlug (Deininger und Squire 1998: 277 f.). Die effektiven Veränderungsdaten für die Einkommensungleichheit unterstützen nach Meinung der Autoren die These Kuznets' nicht, auch dann nicht, wenn einzelne Länder über die Zeit betrachtet werden. Auf der Ebene einzelner Länder wird nämlich für 40 von 49 Ländern kein Zusammenhang zwischen Entwicklung und Ungleichheit gefunden, für die restlichen neun Länder ergeben sich kurvilineare Zusammenhänge, allerdings nur zur Hälfte in Form eines umgekehrten U, wie nach der Kuznets-Hypothese erwartet wird.

Abbildung 5: Schematische Erklärung in der Tradition von Kuznets

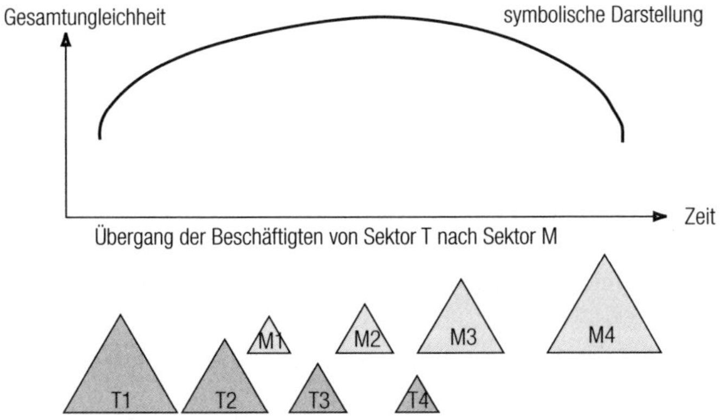

Kommentare zu Abbildung 5: Anhand von zerlegbaren Ungleichheitsmassen (z.B. Varianz der Logarithmen des Einkommens) kann gezeigt werden:

- dass die Gesamtungleichheit sich aus der Ungleichheit in beiden Sektoren und aus dem Unterschied im Durchschnittseinkommen zusammensetzt;
- dass die Gesamtungleichheit eine quadratische Funktion der Proportion der Beschäftigten in Sektor M (x) ist. Für Sektor T gilt dann: 1–x;
- dass bei gegebener Ungleichheit in beiden Sektoren und den Einkommensunterschieden zwischen ihnen die Gesamtungleichheit ihr Maximum erreicht, wenn sich die Beschäftigten ungefähr hälftig auf die Sektoren T und M verteilen.

Die Schlussfolgerungen von Deininger und Squire sind allerdings verfrüht, denn die These von Kuznets besagt nicht, dass sich die Ungleichheit in Abhängigkeit vom Wirtschaftswachstum verändere, sondern vom Übergang der Beschäftigten zwischen den beiden Sektoren beeinflusst werde.

Freilich ist das Kuznets-Modell selbst in folgender Hinsicht zu kritisieren: Es berücksichtigt nicht die Marginalisierung – eine verbreitete Erscheinung im Entwicklungsprozess (vgl. Abbildung 6). Beschäftigte wandern zwar aus dem

Abbildung 6: Konsequenzen einer verbreiteten Marginalisierung

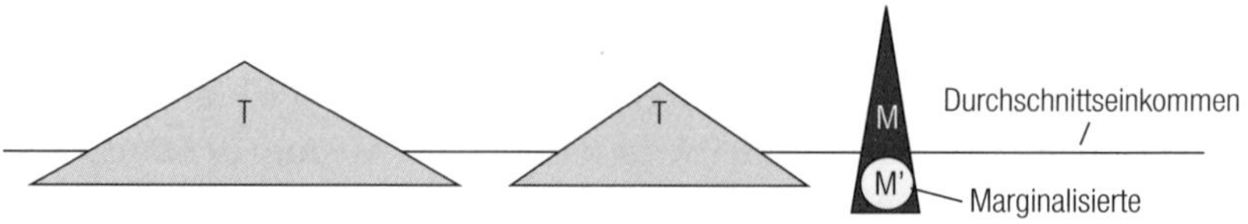

Ausgangssituation: alle Beschäftigten im traditionellen Sektor (T)

T gibt Beschäftigte an den modernenen Sektor (M) ab der nicht alle absorbieren kann. Ein marginalisierter Teilsektor von M entsteht (M').

Kommentar zu Abbildung 6: Die Ungleichheit wächst im Übergang auch dann, wenn der «moderne Sektor» kein höheres Durchschnittseinkommen, aber eine grössere Ungleichheit aufweist als der traditionelle Sektor. Das kann der Fall sein, wenn die Freisetzung der Arbeitskräfte im traditionellen Sektor nicht zu einer Beschäftigung im modernen Sektor führt, sondern zu einem marginalisierten informellen Sektor neben dem modernen Sektor.

traditionellen Sektor ab, werden aber nicht (vollumfänglich) vom modernen Sektor absorbiert, vielmehr bildet sich ein umfangreicher informeller Sektor um die urbanen Zentren. Die Weiterarbeit mit Sektorenmodellen, die an sich einen großen heuristischen Wert haben, sollte m.E. zukünftig in Form von Mehrsektorenmodellen geschehen. Die Überlegungen zur Rolle der Marginalisierung lassen folgende Schlussfolgerung zu: Die Einkommensungleichheit ist im Ländervergleich für die meisten unterentwickelten Gesellschaften ein

Abbildung 7: Die Kuznets-Kurven im Modell mit mehr als zwei Sektoren

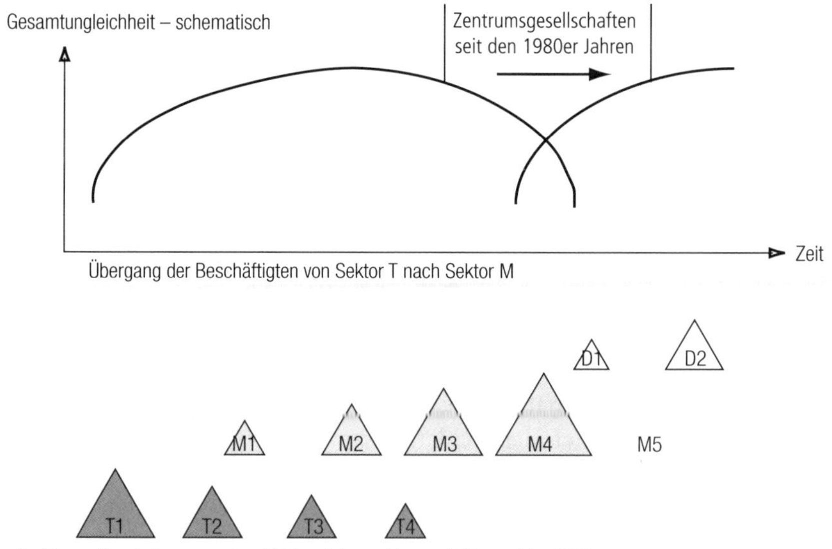

Quelle: Eigene Darstellung aus den 1990er-Jahren, hier nach Bornschier 2005.

ziemlich beständiges Merkmal. Für eine spätere Abnahme der Ungleichheit im Entwicklungsprozess gibt es keine nennenswerte empirische Evidenz.

Als heuristisches Ausgangsmodell bietet sich das Dualismusmodell *à la* Kuznets durchaus an, aber die Überlagerung durch andere Faktoren muss unbedingt berücksichtigt werden. Weiter – und wichtig für die doppelt-umgekehrte U-Förmigkeit – müssen mehr als nur zwei Sektoren unterschieden werden. Ein erster Schritt ist die Berücksichtigung des technologischen Stilwechsels. Infolgedessen muss eine neue Welle des Übergangs von der Industrie (M in Abbildung 7) zu den neuen Dienstleistungen (D) in der Wissensgesellschaft der Telematikära berücksichtigt werden. Das Modell sieht dann folgendermassen aus und ist in der Lage, die häufige Zunahme der Ungleichheit im Rahmen der hoch entwickelten Welt zu erklären, nämlich den sogenannten *Great U-Turn* (vgl. auch Alderson und Nielsen 2002 sowie Gustafsson und Johansson 1999).

3.2 Demokratisierung und zunehmende Einkommensungleichheit?

Der zweite offene Bereich von Forschungsfragen schliesst an bereits gemachte Ausführungen an. Ökonomen betonen bei ihrer Argumentation, dass die Modernisierung und das Wirtschaftswachstum unterentwickelte Gesellschaften ungleich erfassen. Soziologen argumentieren, dass verschiedene Gesellschaftsformationen durch unterschiedliche Produktivität, durch eine unterschiedliche Höhe des Überschusses und eine unterschiedliche Machtverteilung gekennzeichnet sind. Mit zunehmender Komplexität der Produktion muss die Macht mit Experten (Mittelschicht) und der Arbeiterschaft geteilt werden. Bei Gerhard Lenski (1966) wird also die Demokratisierung wichtig, die den Trend zunehmender Ungleichheit umkehrt. Spielen für die auf hohem Entwicklungsstand wieder geringere Ungleichheit nur innerwirtschaftliche Faktoren eine Rolle, wie Kuznets argumentierte, oder kommt es auf die Demokratie als Staatsform an, wie Lenski begründete?

Unsere Querschnittsergebnisse (vgl. Bornschier 2005: 235) bestätigen die Vermutung, dass es bei der Regulierung der Einkommensungleichheit auf die politische Form der Demokratie ankommt. Unter demokratischeren Bedingungen ist die Ungleichheit in einem Weltsample von Gesellschaften geringer, auch wenn nach dem Kuznets-Argument der kurvilineare Zusammenhang der Ungleichheit mit der Verschiebung der Beschäftigten von traditionellen zu modernen Sektoren kontrolliert wird. Demokratie ist nach diesen Ergebnissen der Angleichung der Lebensverhältnisse förderlich.

3.3 Folgen und Kosten der Ungleichheit?

Die herrschende Doktrin in der Wirtschaftswissenschaft betont seit dem 19. Jahrhundert, dass Ungleichheit wichtig für die Ersparnisbildung sei (nur die Reichen haben Geld übrig, die Armen können nicht sparen und konsumieren alles) und damit für die Kapitalbildung, eine der wichtigsten Bestimmungsgrössen des Wirtschaftswachstum. Der Keynesianismus, der über weite Teile des 20. Jahrhunderts prägend war, betont hingegen die Nachfragelücke bei grosser Einkommensungleichheit.

Frühere Ergebnisse für die Beziehung zwischen der Ungleichheit der Einkommensverteilung (um 1970) und dem Wirtschaftswachstum pro Kopf (1960 bis 1975) lieferten tendenziell eine negative Beeinflussung des Wachstums (Bornschier 1980: 69–82). In einem Weltsample mit 73 Fällen war – unter Berücksichtigung zahlreicher Kontrollvariablen – die negative Beeinflussung des Wachstums durch Einkommensungleichheit allerdings statistisch nicht signifikant. Sehr signifikante negative Effekte ergaben sich allerdings für grössere Entwicklungsländer (N=38), keine Effekte für kleinere Entwicklungsländer (N=20), während sich für reiche Länder eine positive Beeinflussung des Wachstums zeigte. Vermittelt wurde der erhebliche negative Effekt in der Mehrzahl der Entwicklungsländer u. a. über die ungünstige Beeinflussung der gesamten Investitionen sowie der ausländischen Direktinvestitionen. Konflikt und soziopolitische Instabilität war die vermutete, vermittelnde Variable.

Die negative Beeinflussung des Wachstums durch grosse Ungleichheit wurde allerdings erst in den 1990er-Jahren von einer breiteren Fachöffentlichkeit zur Kenntnis genommen, und zwar durch damals erscheinende Studien wie Alesina und Rodrik (1994), Persson und Tabellini (1994), Alesina und Perotti (1996), Bénabou (1996; 2000), Temple (1999) und Barro (2000). «Inequality is back on the Agenda» liess sich denn auch die Weltbank 1999 von ihren Experten sagen (Kanbur und Lustig 1999). Mithin war die Frage der wirtschaftlichen Ungleichheit nach einer längeren Pause wieder auf der wissenschaftlichen Agenda: Der Anteil der sich mit Ungleichheit beschäftigenden Titel in der Auswertung des *Journal of Economic Literature* stieg von 0,9% im Jahre 1990 auf 2,8% im Jahre 2001 (Bornschier et al. 2002; 2005).

Die empirische Befundlage hat sich allerdings seit den Untersuchungen der 1990er-Jahre (die sich mehrheitlich auf ältere Daten beriefen) verändert. Mit unseren kompilierten Einkommensverteilungsdaten, die auch die 1990er-Jahre voll abdecken, wird ein positiver Zusammenhang zwischen Einkommensungleichheit und Wachstum erkennbar, allerdings nur auf dem 10%-Niveau signifikant (Bornschier et al. 2002; 2005: 25 f.).

Einkommensungleichheit kann sowohl das Wirtschaftswachstum beeinflussen als auch als Begleiterscheinung von Wachstum durch den Strukturwandel beim Übergang zum neuen technologischen Stil modelliert werden. Das ist aus dem Dualismusmodell in der Tradition von Kuznets ableitbar (vgl. Abbildungen 5 und 7). Mit der Verschiebung der Beschäftigten vom weniger produktiven zum deutlich produktiveren Sektor erhöht sich die Einkommensungleichheit für lange Zeit (bis etwa 50% der Beschäftigten im produktiveren Sektor tätig sind), obwohl mit dieser Verschiebung gesamthaft Produktivitätsanstiege verbunden sind, die ein höheres Gesamtwachstum ermöglichen.

Dieser neue Dualismus ist eine Situation, die auf die entwickelten Gesellschaften angewendet werden kann und die zu einer doppelt umgekehrten U-Form führt (vgl. Abbildung 7). Aber auch ausserhalb der reichen Länder kann die Verschiebung, dort allerdings von den landwirtschaftlichen zu den städtischen Aktivitäten, die Ungleichheit ansteigen lassen. Ein imposantes Beispiel für einen Stadt-Land-Dualismus ist die VR China: Das Durchschnittseinkommen in der Stadt beträgt dort das Dreifache des durchschnittlichen Bauerneinkommens. Gleichzeitig hat China immer noch eine riesige Landbevölkerung von ca. 800 Millionen, die in relativer Armut lebt. Durch die Land-Stadt-Wanderung wird deshalb die Einkommensungleichheit noch für lange Zeit zunehmen, obwohl der städtische Sektor insgesamt ein enormes Wirtschaftswachstum aufweist.

In den soeben beschriebenen Situationen ist es schwierig, von Kosten der Ungleichheit zu sprechen, weil sie eine Begleiterscheinung des wirtschaftlichen Erfolgs im fortgeschrittenen Sektor sind, der immer mehr Menschen anzieht. Weiter macht das beschriebene Phänomen es schwierig, in der Einkommensungleichheit einen hinreichenden Grund für Konflikt auszumachen.

Konflikt und Gewalt als Folge von Ungleichheit zu sehen, hat eine lange Tradition in den Sozialwissenschaften. Ungleichheit als hinreichende Bedingung für Konflikt zu sehen, ist allerdings erheblichen Einwänden ausgesetzt. Zunächst einmal zur Fristigkeit. Das Argument stammt vor allem von Barrington Moore aus seinen historischen Forschungen zum Übergang in die Moderne. Er stellt die Frage, weshalb sehr grosse soziale Unterschiede über längere Zeit äusserst stabil bleiben können – ohne manifesten Konflikt und ohne Umsturzversuche, mit denen die Benachteiligten revoltieren. Seine Antwort: In Phasen vor (versuchten) Revolutionen verschiebt sich die normative Orientierung der Unterdrückten, und die herrschende Ordnung mit ihrer sozialen Ungleichheit wird dadurch delegitimiert, was dann zu gewaltsamen Versuchen der Transformation der sozialen Ordnung führen kann.

Die *Wahrnehmung von Ungleichheit* und die *Beurteilung der Ungleichheit als ungerecht* sind also zentrale Bedingungen. Sobald Ungleichheit zur erklärenden Variablen erhoben wird, stellt sich nämlich die in der Forschung zu den Konsequenzen vernachlässigte Frage: Wie wird Ungleichheit wahrgenommen und wie bewertet? Die Annahme, dass sich die Wahrnehmung 1:1 mit den in der Wissenschaft üblichen Massen für Ungleichheit deckt, ist verwegen und wird empirisch nicht gestützt (vgl. Bornschier et al. 2002; 2005; Bornschier 2007: 515–517).

In der Tat finden wir für 28 Gesellschaften, dass die objektive Einkommensungleichheit (gemessen am Gini-Koeffizienten) mit der subjektiven Einkommensungerechtigkeitsbeurteilung nur schwach, also nicht signifikant assoziiert ist. Die Gründe dafür mögen vielfältig sein. Sicherlich kann der «Tunneleffekt» von Albert Hirschman (1973) einen wichtigen Hinweis geben. Dieser lässt sich wie folgt illustrieren: Auf zwei Fahrbahnen in gleicher Richtung vor dem Tunnel kommt mal die eine Fahrzeugkolonne etwas voran, dann wieder die andere. Wie mögen die Fahrer darauf reagieren? Solange alle Fahrer vorankommen, gibt es wenig Grund zu protestieren (so Hirschmans Argument). Dem verwandt ist die Vertröstung auf die Zukunft: Morgen das haben, worüber die Referenzgruppen heute schon verfügen (Bornschier 1988).

Solange das Wachstum hoch ist und die angesprochene Vertröstung glaubwürdig erscheint, muss sich eine ungleiche Verteilung nicht in einer Bewertung der Ungleichheit als ungerecht niederschlagen. Ebenfalls reduziert die über das Leben zu erwartende Einkommensmobilität die Bedeutung der Einkommensungleichheit, die bei einer Momentaufnahme festzustellen ist. Mit anderen Worten: Wirtschaftswachstum und Einkommensmobilität können wirksame Puffer zwischen objektiver Ungleichheit und der Ungerechtigkeitsbeurteilung sein. Deswegen steht, dies sei noch einmal betont, nach unseren Befunden für 28 Gesellschaften die subjektive Einkommensungerechtigkeit nur schwach in Beziehung zur objektiven Einkommensungleichheit, wie sie z. B. anhand des Gini-Koeffizienten ermittelt wird. Die subjektive Konfliktwahrnehmung steht deutlicher in positivem Zusammenhang mit der subjektiven Beurteilung der Einkommensungerechtigkeit als mit der objektiven Einkommensungleichheit.

Die subjektive Konfliktwahrnehmung ist für sich allein genommen jedoch keine hinreichende Bedingung für objektive Konfliktartikulationen (politischer Massenprotest, politische Gewalt und Streiks), jedenfalls nicht kurzfristig. Dies ist wiederum verschiedenen Faktoren geschuldet. Zunächst einmal kann bei subjektiver Konfliktwahrnehmung mit interpersonaler Gewalt (Gewaltkriminalität) *oder* mit soziopolitischem Veränderungsinteresse reagiert werden.

Die positive Beziehung zwischen Ungleichheit und interpersonaler Gewalt (Mord und Totschlag inkl. Versuche) gehört zwar anscheinend zu den wenigen soliden Regelmässigkeiten des Gesellschaftsvergleichs (vgl. Bornschier 2007: 511–521). Die Ergebnisse von Messner (1989) und Wilkinson et al. (1998) weisen allerdings darauf hin, dass es eher die Diskriminierung sowie der Ausschluss und nicht die Ungleichheit als solche ist, welche letztlich kausal mit interpersonaler Gewalt in Zusammenhang gebracht werden kann.

Drückt sich die Konfliktwahrnehmung hingegen bei Gruppen eher in Form von soziopolitischem Veränderungsinteresse aus, so sind anforderungsreiche zusätzliche Bedingungen zu nennen, unter denen manifester politischer Konflikt überhaupt erst wahrscheinlich wird. Hier sind Prozesse der Mobilisierung mithin der Kollektivierung zu nennen, bei denen Deutungsmuster und Ideologien (so genanntes Framing) eine wichtige Rolle spielen. Sodann spielt die Gelegenheitsstruktur eine wichtige Rolle, worunter natürlich auch die Kosten von manifestem Konflikt etwa als Folge von harscher Repression zu zählen sind.

Immerhin finden wir (Bornschier et al. 2002; 2005; Bornschier 2007: 516 f.) *längerfristig* eine positive Beziehung zwischen Konfliktwahrnehmung und manifestem politischen Konflikt und Arbeitskonflikt, also dann, wenn den anforderungsreichen Bedingungen länger Gelegenheit geboten wird, sich zu entwickeln. Allerdings mag sich unter Bedingungen der Demokratisierung die Umsetzung von subjektiver Konfliktwahrnehmung in politische Aktion auch gewaltlos oder vergleichsweise gewaltarm gestalten. Die jüngsten Wahlerfolge der Linken in Lateinamerika sind Belege dafür.

4 Determinanten der Einkommensungleichheit

Die Einkommensverteilung ist das Resultat sehr verschiedener, verteilungsrelevanter Faktoren, wobei im Folgenden drei zentrale Gruppen von Determinanten im Hinblick auf das Ausmass und Anwachsen der Einkommensungleichheit innerhalb von und zwischen Ländern und weltweit seit den späten 1970er- und den 1980er-Jahren evaluiert werden.

4.1 Wirtschaftliche Globalisierung

Die empirische Befundlage ist eindeutig (Bornschier 2005: Kap. 4.4): Je ausgeprägter die Präsenz von transnationalen Konzernen in einem Gastland, desto ungleicher die Einkommensverteilung. Wenn die Bedeutung der transnationalen Konzerne seit 1980 zugenommen hat, wie die Zahlen belegen, dann hat die Verschiebung der Beschäftigten vom «nationalen» zum «transnationalen» Segment zugenommen. Nach dem Zweisektorenmodell in der Tradition von Kuznets nimmt dadurch die Ungleichheit zu, jedenfalls so lange, bis ein überwiegender Teil der Beschäftigten im transnationalen Segment Beschäftigung findet. Das ist, von Ausnahmen abgesehen, nicht zu erwarten.

Im Prinzip könnte der nationale staatliche Akteur dieser Dualisierung infolge der Präsenz von transnationalen Konzernen entgegenwirken. Da die Präsenz von transnationalen Konzernen die innergesellschaftliche Machtverteilung und damit die Prioritätenliste nationaler Politik verändert, wird eine staatliche Gegensteuerung jedoch enorm erschwert, wenn nicht verunmöglicht.

4.2 Der neue technologische Stil

Der neue technologische Stil (vgl. Perez 1983; 1985; 2002; Bornschier 1988; 2005: Kap. 6.1 und 6.2), der sich seit Ende der 1970er-Jahre durchzusetzen beginnt und deutlich stärker wissensbasiert ist als der frühere technologische Stil, begünstigt die hoch entwickelte Welt. Er erfasst aber nicht nur die Länder der Welt unterschiedlich, sondern führt auch zu einer Spaltung der jeweils nationalen Wirtschaften, dort wo der neue Stil bereits Fuss gefasst hat. Die Leadsektoren des neuen technologischen Stils wie Telematik (Informationstechnologien und Computertechnologie) und Biotechnologie sind hochproduktive Sektoren, die überdurchschnittliche Löhne und Gehälter bieten. Zudem verschiebt die Durchsetzung des neuen technologischen Stils die Nachfrage nach Arbeitskräften von wenig qualifizierten (und solchen mit Allerweltsqualifikationen) hin zu höher oder sehr hoch qualifizierten Arbeitskräften. Dadurch nimmt das Einkommensdifferenzial zwischen hoch und wenig Qualifizierten zu.

Es gibt zwei Gründe für einen Anstieg der Einkommensungleichheit infolge der ersten Phase der Diffusion des neuen technologischen Stils: Zunächst einmal die zunehmenden Prämien für Tertiärbildung, dann die sektoralen Unterschiede im Durchschnittseinkommen zwischen der alten und der neuen Ökonomie. Aber auch wenn wir den Bildungseffekt kontrollieren, ist zu erwarten, dass die gesamte Einkommensungleichheit durch den technologischen Dualismus zwischen der alten und der neuen Ökonomie noch eine Weile zunimmt, und zwar zunächst besonders in den reichen Ländern. Solche epochalen Umschichtungen, die mit dem Übergang von der agrarischen zur Industriegesellschaft verglichen werden müssen, lassen sich in ihren Konsequenzen für die Ungleichheit mit einfachen Mehrsektorenmodellen darstellen (vgl. Abbildung 7).

Im Prinzip handelt es sich bei der Ungleichheitszunahme durch den technologischen Stilwechsel um ein Übergangsphänomen, allerdings ein länger dauerndes. Wenn der neue technologische Stil einmal weit diffundiert ist, so dass mehr Menschen von den neuen Sektoren absorbiert werden und die alten Bereiche der Wirtschaft durch den neuen Stil umgestaltet und produktiver geworden sind, dann wird die Ungleichheit wieder abnehmen (vgl. Bornschier 2002).

4.3 Politische und zivilgesellschaftliche Gegensteuerung

Meine Untersuchungen zur Veränderung der politisch-institutionellen Arrangements in reichen Demokratien über den Zeitraum von 1960 bis 1995 dokumentieren, dass nach einer stabilen Phase ein deutliches Ausscheren der angelsächsischen Fälle seit ca. Mitte der 1970er-Jahre zu konstatieren war. Letztere haben ihre ursprünglich bereits vergleichsweise bescheidenen Niveaus an ausgehandeltem Kapitalismus deutlich abgebaut. Der «ausgehandelte Kapitalismus» (demokratischer Korporatismus) ist in einer reichhaltigen Literatur theoretisch und empirisch mit geringerer sozialer Ungleichheit in Zusammenhang gebracht worden.

4.4 Eine empirische Evaluation

Bei der Evaluation von Einflussfaktoren können wir uns an den Befunden von Alderson und Nielsen (2002) orientieren. Beide Autoren untersuchen 16 reiche Demokratien mit mehreren Beobachtungen für die Einkommensungleichheit zwischen 1967 und 1992 im Rahmen eines sogenannten Panel-Designs – einer Kombination von Längs- und Querschnitt (kein ausgewogenes Panel, da einige Fälle häufiger als andere über die Zeit beobachtet wurden; wird nach Angaben der Autoren korrigiert). Die abhängige, also zu erklärende Variable ist die Einkommensungleichheit (Gini-Koeffizient *mal 100*; nach Deininger und Squires «High Quality Data Set» von 1996, die auch Daten aus der *Luxembourg Income Study* berücksichtigen). Jede der drei Gruppen von theoretischen Prädiktoren ist mit drei Operationalisierungen vertreten.

In ihrer Schlusstabelle (Alderson und Nielsen 2002: 1286, Tabelle 6) wird der ermittelte maximale Einfluss einer Prädiktorvariable veranschaulicht, den diese auf die Ungleichheit hat, und zwar ausgedrückt in realen Gini-Punkten. Die drei Prädiktoren für den transnationalen Bereich, die Alderson und Nielsen in ihrer Studie berücksichtigen, ergeben zusammen eine maximale Beeinflussung von 8,2 Gini-Punkten. Die Dualismen haben den grössten Einfluss. Allein die Verschiebung von der Landwirtschaft zur Industrie und Dienstleistung etwa hat über den maximalen Wertebereich einen Einfluss auf die Einkommensungleichheit in Höhe von 14,7 Gini-Punkten; die unterschiedliche Partizipation der Frauen bei fortbestehender Lohndiskriminierung einen Einfluss in Höhe von 2,7 Gini-Punkten; die Bildungsdisparität einen Einfluss von 2,6 Gini-Punkten. Das macht zusammen 20 Gini-Punkte (zu erinnern ist, dass die Gini-Werte mit 100 multipliziert worden sind), *ohne* dass die m.E. ebenfalls erheblichen Einflüsse des neuen technologischen Stils oder die Einflüsse weiterer Dualismen in reichen Demokratien (Vermögenseinkünfte gegenüber Arbeitseinkünften, Allianzwechsel der Organisationseliten) berücksichtigt wären. Einen grossen Effekt haben auch die drei politisch-institutionellen Prädiktorvariablen (ausgehandelter Kapitalismus, Ausgleich durch grosszügige Sozialleistungen, gewerkschaftliche Gegenmacht) mit insgesamt –11 Gini-Punkten (bewirken also eine Einkommensäquilibrierung), wobei der Gewerkschaftsdichte mit 7 Gini-Punkten die grösste Bedeutung für eine geringere Ungleichheit zukommt.

Zusammenfassend ist es also kaum möglich, in den Zentrumsländern den Konsequenzen der wirtschaftlichen Globalisierung die Rolle der Hauptbeeinflussung der Einkommensungleichheit zwischen Gesellschaften und über die Zeit zuzuweisen. Der Einfluss der Politik und der zivilgesellschaftlichen Aktion ist nach den Befunden von Alderson und Nielsen bedeutender. Noch bedeutender für die Unterschiede in der Einkommensverteilung sind jedoch die Dualismen, die ihre Ursache nicht in der transnationalen Wirtschaft haben. Ihrem Einfluss auf die Einkommensverteilung kann zwar ebenfalls politisch entgegengesteuert werden; und der Staat könnte auf politischen Druck hin wirksame Massnahmen gegen die Lohndiskriminierung der Frauen ergreifen oder die wachsende Ungleichheit der Qualifikationen als Folge der Weiterbildung durch eine «neue Stunde Null» im Rahmen der Weiterbildung begrenzen.

5 Schlussfolgerungen

Den sektoralen Ungleichheiten durch epochale Verschiebungen im Rahmen von alten Dualismen (Landwirtschaft zu Industrie und Dienstleistungen) – und nicht berücksichtigt: im Rahmen von neuen Dualismen durch die Diffusion des neuen technologischen Stils – kommt die grösste Bedeutung zu. Der überragende Einfluss solcher Dualismen wird in Alderson und Nielsens Studie sogar noch unterschätzt, weil die Autoren kein Mass dafür einführen, wie weit der neue technologische Stil diffundiert ist. Vor diesem Hintergrund ist es kaum möglich, den Konsequenzen der wirtschaftlichen Globalisierung die Rolle der Hauptbeeinflussung der Einkommensungleichheit im Gesellschafts- und Zeitvergleich zuzuweisen. Diese Variablen haben einen sehr starken Effekt, was die früheren Befunde dazu bestätigt, aber sie dürften dennoch insgesamt deutlich kleiner sein als die sektoralen Dualismen im Entwicklungsprozess.

Die politische und gewerkschaftliche Gegensteuerung hat in den Bereichen transnationale Mobilität von Waren und Produktionsfaktoren sowie bei den Dualismen im Entwicklungsprozess eine grosse Bedeutung. Allerdings muss festgehalten werden, dass im Sample von Alderson und Nielsen nur Zentrumsländer eingeschlossen sind, wo staatliches Handeln demokratischer Kontrolle untersteht und in denen Koalitionsfreiheit gewährleistet ist. Das Handlungspotenzial des Staates – im Sinne des Ausgleichs und der Kompensation – ist jedoch in den Ländern der Peripherie und Semiperipherie nicht vorhanden.

Damit drängt sich die These auf, dass dem Politischen eine zentrale Rolle bei der Steuerung der Ungleichheit und der sozialen Schichtung in der Marktgesellschaft zukommt. So zeigt unsere Untersuchung, dass diese reichen Gesellschaften untereinander durch die Eingriffe des Staates deutlich unähnlicher mit Blick auf ihre Einkommensverteilungen werden, als sie es bei ausschliesslicher Berücksichtigung der durch Märkte erzeugten (primären) Einkommensverteilung sind (Bornschier 2005: 32 f., 86). Dieses Faktum stellt das populäre Argument in Frage, dass wirtschaftliche Kräfte gegenüber politischen in der sogenannten Ära der Globalisierung Vorrang bekommen hätten. Hinzu kommt, dass sich die Wirkungsmacht des Politischen mit Blick auf die Einkommensverteilung natürlich auch durch Unterlassung von politischer Aktion manifestieren kann, wenn nämlich auf mögliche Gegensteuerung verzichtet wird. Wir wählen aber selbstverständlich nicht nur im Bereich des Politischen, sondern auch im Rahmen der zivilgesellschaftlichen Aktion (z. B. gewerkschaftliche Gegenmacht). Da haben viele Menschen offensichtlich vergessen, die richtigen Wahlen für sich und ihre Interessen zu treffen. Allerdings haben sich auch die Präferenzen der Menschen in vielen reichen Ländern entwickelt – weg vom Materiellen und seiner Verteilung hin zu, wie das Beispiel der Street Parade in Zürich zeigt, mehr Selbstrealisierung und Lebensgenuss. Gerade dies kann aber auch zu Unterlassungen führen. Der gesellschaftliche Überschuss wird halt, wie Lenski treffend formulierte (vgl. Bornschier 2005: Kap. 1.2) zu allen Zeiten nach Massgabe der Machtkonstellation verteilt. Und dazu gehören selbstverständlich auch die Gegenmächte. Reinhard Kreckel hat also Recht, wenn er in der Neuausgabe von *Politische Soziologie der sozialen Ungleichheit* (2004) meint: «Wie der Gesellschaftsvergleich zeigt, bestehen [...] auch im Globalisierungszeitalter [...] Spielräume für politische Gestaltung.» Letztlich ist die materielle Verteilung also immer eine Frage der politischen Ökonomie, wobei der Zusatz «politisch» nicht von ungefähr zuvorderst steht.

6 Literatur

Alderson, Arthur S. und François Nielsen (1999): Income Inequality, Development, and Dependence. *American Sociological Review,* 64: 606–631.

Alderson, Arthur S. und François Nielsen (2002): Globalization and the Great U-Turn: Income Inequality Trends in 16 OECD Countries. *American Journal of Sociology,* 107 (5): 1244–1299.

Alderson, Arthur S. und Jason Beckfield (2004): Income Inequality Trends in Core Societies. Vortrag und Handout an der Konferenz «The Future of World Society» am Soziologischen Institut der Universität Zürich.

Alesina, Alberto und Roberto Perotti (1996): Income Distribution, Political Instability, and Investment. *European Economic Review,* 40: 1203–1228.

Alesina, Alberto und Dani Rodrik (1994): Distributive Politics and Economic Growth. *Quarterly Journal of Economics,* 109: 465–489.

Bairoch, Paul (1982): International Industrialization Levels from 1750 to 1980. *The Journal of European Economic History,* 11 (2): 269–333.

Bairoch, Paul (1986): Historical Roots of Economic Underdevelopment: Myths and Realities. In: Wolfgang J. Mommsen und Jürgen Osterhammel (Hrsg.), *Imperialism and After. Continuities and Discontinuities.* London: Allen & Unwin, 191–216.

Barro, Robert (2000): Inequality and Growth. *Journal of Economic Growth,* 5 (1): 5–32.

Bénabou, Roland (1996): Inequality and Growth. In: Ben Bernanke und Julio Rotemberg (Hrsg.), *NBER Macroeconomics Annual 1996.* Cambridge, MA: MIT Press, 11–76.

Bénabou, Roland (2000): Unequal Societies: Income Distribution and the Social Contract. *American Economic Review,* 90 (1): 96–129.

Bornschier, Volker (1980): *Multinationale Konzerne, Wirtschaftspolitik und nationale Entwicklung im Weltsystem.* Frankfurt am Main und New York: Campus.

Bornschier, Volker (1983): World Economy, Level of Development and Income Distribution: An Integration of Different Approaches to the Explanation of Income Inequality. *World Development,* 11 (1): 11–20.

Bornschier, Volker (1988): *Westliche Gesellschaft im Wandel.* Frankfurt am Main und New York: Campus. [Verschiedene erweiterte Neuausgaben: 1996 amerikanische, 1998 chinesische und deutsche Neuausgaben.]

Bornschier, Volker (2002): *Weltgesellschaft. Grundlegende soziale Wandlungen.* Zürich: Loreto.

Bornschier, Volker (2002a): «Changing Income Inequality in the Second Half of the 20th Century – Preliminary Findings and Propositions for Explanations». Paper presented at the 42nd International Studies Association Annual Meeting, Chicago, February 2001. Erstpublikation in *Journal of World-Systems Research* (electronic journal: http://jwsr.ucr.edu. ISSN 1076-156X). Special Issue on Global Inequality. Volume VIII (1), Winter 2002: 100–127. Neuausgaben, darunter die erweiterte, in: David Fasenfest (Hrsg.), *Global Inequality*, series *Critical Studies in Social Science*. Brill Academic Publishers, in Vorbereitung.

Bornschier, Volker (2005): *Institutionelle Ordnungen – Markt, Staat, Unternehmung, Schule – und soziale Ungleichheit*. 2. Aufl. 2006. Zürich: Loreto.

Bornschier, Volker (2007): *Konflikt, Gewalt, Kriminalität und abweichendes Verhalten. Ursachen, Zeit- und Gesellschaftsvergleiche*. Zürich: Loreto. [Deutsche Lizenzausgabe 2007 Berlin: LIT Verlag.]

Bornschier, Volker mit Hanno Scholtz und Thomas Volken (2002/2005): *Wahrgenommene vs. objektive Ungleichheit im Gesellschaftsvergleich*. Forschungsprojekt gefördert durch den Schweizerischen Nationalfonds zur Unterstützung der wissenschaftlichen Forschung (Nr. 1214-06663). (2002 Projektdesign, 2005 Schlussbericht zuhanden des SNF, noch nicht veröffentlicht.)

Bourguignon, François und Christian Morrison (2002): Inequality Among World Citizens: 1820–1992. *American Economic Review*, 92 (4): 727–744.

Deininger, Klaus und Lyn Squire (1996): A New Data Set Measuring Income Inequality. *The World Bank Economic Review*, 10 (1): 565–591.

Deininger, Klaus und Lyn Squire (1998): New Ways of Looking at old Issues: Inequality and Growth. *Journal of Development Economics*, 57: 259–287.

Gustafsson, Björn und Mats Johansson (1999): In Search of Smoking Guns: What makes Income Inequality Vary Over Time in Different Countries? *American Sociological Review*, 64: 585–605.

Hirschman, Albert O. (1973): The Changing Tolerance for Inequality in the Course of Economic Development. *The Quarterly Journal of Economics*, 87 (4): 544–566.

Kanbur, Ravi und Nora Lustig (1999): «Why is Inequality Back on the Agenda?» Paper prepared for the annual Bank Conference on Development Economics, World Bank, Washington, D.C., April 28–30, 1999.

Kreckel, Reinhard (2004): *Politische Soziologie der sozialen Ungleichheit*. 2. und erw. Auflage. Frankfurt am Main und New York: Campus.

Kuznets, Simon (1955): Economic Growth and Income Inequality. *American Economic Review*, 45 (1): 1–28.

Kuznets, Simon (1966): *Modern Economic Growth: Rate, Structure and Spread*. New Haven: Yale University Press.

Kuznets, Simon (1971): *Economic Growth of Nations*. Cambridge, MA: MIT Press.

Lenski, Gerhard E. (1966): *Power and Privilege. A Theory of Stratification*. New York: McGraw-Hill.

Messner, Stephen F. [Steven] (1989): Economic Discrimination and Societal Homicide Rates. Further Evidence on the Cost of Inequality. *American Sociological Review,* 54: 597–611.

Moore, Barrington (1966): *Social Origins of Dictatorship and Democracy: Lord and Peasant in the Making of the Modern World.* Boston.

Perez, Carlota (1983): Structural Change and Assimilation of New Technologies in the Economic and Social Systems. *Futures,* 15 (5): 357–375.

Perez, Carlota (1985): Microelectronics, Long Waves and World Structural Change: New Perspectives for Developing Countries. *World Development,* 13 (3): 441–463.

Perez, Carlota (2002): *Technological Revolutions and Financial Capital. The Dynaics of Bubbles and Golden Ages.* Cheltenham (UK): Edward Elgar.

Persson, Torsten und Guido Tabellini (1994): Is Inequality Harmful for Growth? Theory and Evidence. *American Economic Review,* 84 (3): 600–621.

Temple, Jonathan (1999): The New Growth Evidence. *Journal of Economic Literature,* XXXVII: 112–156.

Wilkinson, Richard G., Ichiro Kawachi und Bruce P. Kennedy (1998): Mortality, the Social Environment, Crime and Violence. *Sociology of Health and Illness,* 20 (5): 578–597.

Wohlfahrtsstaat und Ungleichheit. Zur Staatsbedürftigkeit des Sozialen heute

Berthold Vogel

Mithilfe der Formel der «Staatsbedürftigkeit der Gesellschaft» rechnete der Staats- und Verwaltungsrechtler Ernst Forsthoff in den frühen 1970er-Jahren das Verhältnis von Staat und Gesellschaft in der industriellen Moderne durch. Das Ergebnis von Forsthoffs Berechnungen war, dass die Industriegesellschaft zwar jede Idee des Staates verloren hat – der *Staat der Industriegesellschaft*, so der Titel der 1971 von Forsthoff veröffentlichten Summa seiner Staatstheorie, ist für ihn nur noch eine «Erinnerung an den Staat». Dennoch ist die moderne industrielle Gesellschaft in all ihren Stufen und Gliederungen, in all ihren Lagen und Milieus, in all ihrer Vitalität und Aktivität staatsbedürftig wie keine Gesellschaft zuvor. Gerade weil, so schreibt Forsthoff, der Staat zur Funktion der industriellen Gesellschaft geworden sei, ist das soziale und wirtschaftliche Geschehen ohne staatliche Daseinsvorsorge schlichtweg funktionsunfähig.

Nun mögen Sie mir entgegenhalten, dass diese ein wenig altfränkisch anmutende Formel der «Staatsbedürftigkeit der Gesellschaft» im Zeitalter ökonomischer Globalität, zivilgesellschaftlicher Emanzipation und der Transnationalität von Staatlichkeit nun wirklich Schnee von gestern ist. Vielleicht spricht manches für eine solch skeptische oder zurückweisende Haltung. Und vielleicht hat auch die bemerkenswerte Staatsvergessenheit der soziologischen Zeitdiagnostik im Allgemeinen und der soziologischen Ungleichheitsforschung im Besonderen (die nebenbei bemerkt dazu geführt hat, dass das Stichwort «Staat» aus den Handwörterbüchern der Soziologie weitgehend verschwunden ist) den einen oder anderen guten theoretischen Grund. Gute empirische Gründe hat diese Staatsvergessenheit meines Erachtens nicht.

Denn nur ein kurzer Blick auf die gegenwärtige Debatte um die prekäre Gegenwart und um die unsichere Zukunft des Wohlfahrtsstaates zeigt uns doch etwas anderes. Sie zeigt, dass der Staat als Denkkategorie und Ordnungsvorstellung des Sozialen in die gesellschaftspolitischen Auseinandersetzungen und in die gesellschaftswissenschaftlichen Kontroversen unserer Zeit zurückkehrt.

Warum ist das so? Wahrscheinlich deswegen, weil die wirtschaftlichen, fiskalischen, demografischen und kulturellen Voraussetzungen des «Staates der Industriegesellschaft», den Forsthoff noch vor Augen hatte, tatsächlich heute nicht mehr tragen. Aber damit verschwindet ja nicht zwangsläufig die

Staatsbedürftigkeit der Gesellschaft. Die Grundlagen der Staatsbedürftigkeit verändern sich – man könnte auch sagen: Die Bedürfnisstruktur der Gesellschaft verändert sich.

Möglicherweise lässt sich (aus alledem) ein soziologisches Gesetz formulieren, und zwar dahingehend, dass die Staatsbedürftigkeit der Gesellschaft immer in dem Moment besonders klar hervortritt, wenn das Verhältnis von Staat und Gesellschaft in neuer Weise problematisch wird – im konkreten Fall: wenn die Symbiose von expansiver, intervenierender, sorgender Staatlichkeit und korporativer, kollektivierter und verrechtlichter Arbeitsgesellschaft zerbricht. Dieser Bruchpunkt zwischen sorgender Staatlichkeit und korporativer Arbeitsgesellschaft scheint seit Längerem in allen europäischen Wohlfahrtsgesellschaften erreicht, allerdings wurde er im Falle der Bundesrepublik Deutschland noch einmal durch das staatsinterventionistische Hochamt der Wiedervereinigung zunächst überdeckt, um dann in seinen Folgen seit Ende der 1990er-Jahre in zugespitzter Form zutage zu treten. Aber alleine das Erreichen dieses Bruchpunkts reicht nach meinem Dafürhalten noch nicht aus, dass der Staat als Ordnungsprinzip, als Denkkategorie des Sozialen wieder Präsenz gewinnt und auf die Tagesordnung zurückkehrt – die entscheidende *soziologische Frage* ist vielmehr: *Für wen* in der Gesellschaft und *an welchen Orten der Gesellschaft* wird das Verhältnis von Staat und Gesellschaft aktuell problematisch?

Der Eindruck täuscht ja nicht: Solange sich die Folgen und die Probleme wohlfahrtsstaatlicher Reformen auf die sozialen Randlagen dauerhafter Arbeitslosigkeit, materieller Armut und kultureller Abweichung konzentrierten (und an dieser Baustelle wird schon seit den 1980er-Jahren gearbeitet), war die Welt für die Mehrheitsgesellschaft noch in Ordnung – d.h. die allgegenwärtige Hintergründigkeit, das mehr oder weniger geräuschlose Funktionieren des Wohlfahrtsstaates war unproblematisch, willkommen und eben «kein Thema». Nur kann von einem mehr oder weniger geräuschlosen Funktionieren des Wohlfahrtsstaates mittlerweile keine Rede mehr sein. Die strukturelle und vor allen Dingen auch die fiskalische Basis des in den Nachkriegsjahrzehnten etablierten Wohlfahrtsstaates ist nicht nur in die Jahre gekommen, sie steht grundsätzlich in Frage. Die Folge davon ist nicht etwa wohlfahrtsstaatlicher Rückzug, sondern eine anschwellende Flut von gesetzgeberischen Eingriffen in Leistungshöhen, Anspruchsvoraussetzungen und Berechnungsregeln in der Arbeitswelt, der Alterssicherung oder der Gesundheitsvorsorge. Diese Eingriffe beobachten wir aktuell je nach eigener Betroffenheit mehr oder weniger verständnisvoll. Das markant Besondere dieser politischen Ordnungsbemühungen besteht – insbesondere mit Blick auf die Frage nach sozialer Ungleichheit – eben darin, dass nicht mehr nur die Lebensbedingungen an den Rändern der Gesellschaft unter Druck gesetzt werden, nein, diese Ordnungsbemühungen greifen jetzt auch in die soziale Gegenwart und in die sozialen Zukunftsentwürfe der Mittelschicht ein.

Wer über die Staatsbedürftigkeit der Gesellschaft spricht, der spricht mithin über soziale Spannungen und Nervositäten in der «arbeitnehmerischen Mitte» der Gesellschaft. Die «arbeitnehmerische Mitte» – also die fachgeschulten Beschäftigten in den öffentlichen Diensten und in den technisch-sozialen Berufen, die industriellen Facharbeiter und die kaufmännischen Angestellten – registriert im Angesicht des politischen Reformeifers ihren Bedarf an staatlich garantierter Statussicherung und sorgender Verwaltung. Sie spürt, dass ihr sozialer Status, ihre berufliche Karriere und ihre materielle Sekurität eng mit Fragen der Stabilität und Instabilität von Staatlichkeit und Wohlfahrtspolitik verknüpft sind. Vieles spricht daher dafür, dass die Schärfe und die Vehemenz der Auseinandersetzung um die Neuordnung des Wohlfahrtsstaates sehr viel damit zu tun haben, dass die aktuellen Reformversuche in die Interessen etablierter, aufstiegs- und wachstumsorientierter sozialer Klassen und Milieus eingreifen. Ehemalige Aufsteiger drohen zu aktuellen Absteigern zu werden. Etablierte laufen Gefahr, Privilegien einzubüssen. Statuskämpfe um Anrechte auf Wohlstand und um Verpflichtungen zur Wohlstandssicherung treten in den Vordergrund gesellschaftlicher Konflikte. Die Frage nach der Staatsbedürftigkeit ist in der Mitte der Gesellschaft angekommen.

Doch der Reihe nach. Das auf neue Weise problematisch gewordene Verhältnis von Staat und Gesellschaft sowie die damit verknüpften Folgen für die Entwicklung sozialer Ungleichheit lassen sich anhand von drei Punkten ein wenig systematisieren. In einem ersten Schritt möchte ich die Aufmerksamkeit auf die Veränderungen in der Architektur des Wohlfahrtsstaates lenken. Die Unterscheidung zwischen sorgender und gewährleistender Wohlfahrtsstaatlichkeit steht in diesem Abschnitt im Vordergrund (I). In einem zweiten Schritt wird es um die Veränderungen des sozialen Strukturgefüges gehen. Als Stichworte rücken hier die soziale Verwundbarkeit und der prekäre Wohlstand in den Vordergrund (II). Abschliessend wird kurz auf die Frage einzugehen sein, worauf die Politik einer Neujustierung des Wohlfahrtsstaates ein besonders Augenmerk legen sollte; stets eingedenk der Tatsache, dass wir es im Falle des Wohlfahrtsstaates immer mit einem besonderen gesellschaftlichen Kampfplatz zu tun haben (III).

1 Modellwechsel des Wohlfahrtsstaates: vom sorgenden zum gewährleistenden Staat

Die wohlfahrtsstaatliche Politik – so die These – prägt Lebenschancen und strukturiert soziale Ungleichheit, indem sie Privilegien zuweist und entzieht, indem sie das Gefüge aus sozialen Rechten und Pflichten ordnet und justiert. Der Wohlfahrtsstaat konstruiert, wie Max Weber sagt, «soziale Vorzugslagen» (aber auf diese Weise auch immer «soziale Benachteiligungslagen»), und der Wohlfahrtsstaat ist immer wieder der Ort der sozialen Auseinandersetzungen um die Formulierung einer – in den Worten Robert Castels – «Handicapologie». Die Politik der Handicapologie fragt: Wer verdient für welchen Tatbestand welche finanzielle und normative Aufmerksamkeit, wessen Handicaps werden als berechtigt anerkannt und welche Handicaps erweisen sich als interventionstauglich, als ausgleichsbedürftig oder vielleicht auch als zumutbar?

Aus diesem Grund gibt es in wohlfahrtsstaatlich formierten Demokratien zu keinem Zeitpunkt dauerhaft sozialpolitisch Befriedigte und dauerhaft sozialpolitisch enttäuschte Gruppen, sondern die Enttäuschungs- und Befriedigungsintensität (Elmar Rieger) ist zwischen und innerhalb unterschiedlicher sozialer Klassen stets variabel. Aber was heisst nun sorgender Wohlfahrtsstaat? Was charakterisiert dieses staatliche Modell sozialer Ordnung, das die europäischen Nachkriegsgesellschaften in so grundlegender Weise prägte? Die staatliche Sorge und Vorsorge – als Ausdruck politischer Planung und rechtlicher Gestaltung – zielte auf mehrere Felder:

- auf die *Minimierung sozialer Risiken* und die *Dämpfung sozialer und materieller Ungleichheiten* durch staatliche Garantien der Statussicherung in den erwerbsbiografischen, gesundheitlichen und altersbezogenen Wechselfällen des Lebens;
- auf die Absicherung beruflicher Karrieren und auf die Öffnung sozialer Aufstiegsperspektiven durch *schulische, betriebliche und universitäre Bildung* – wir haben es hier mit einem euphorischen Bildungsbegriff zu tun, der auf individuelle Emanzipation zielt, und nicht auf die betriebswirtschaftliche Passgenauigkeit von Ausbildungsgängen;
- auf die klare Trennung von beruflichen und privaten Arbeitswelten und damit auf die klare Trennung von Geschlechterrollen;
- auf die Organisation und den Ausbau öffentlicher Dienste als Systeme der Daseinsvorsorge, aber auch als expansive Felder der Dienstleistungsbeschäftigung.

Der sorgende Staat war Unsicherheitsdämpfer und Ungleichheitsmoderator, aber auch Beschäftigungsmotor und Karriereleiter. Kein Wunder, dass die Geschichte vom sorgenden Staat in der Regel als Geschichte einer Aufsteigergesellschaft erzählt wird. Der soziale Leittypus dieser Aufsteigergesellschaft war der arbeits- und tarifrechtlich geschützte «Arbeitnehmer». Der Arbeitnehmer ist zugleich Repräsentant und soziale Schöpfung des «institutionalisierten Klassenkampfes». Und es waren ja gerade die bildungshungrigen und aufstiegsorientierten Arbeiter- und Angestelltenmilieus, die in zweifacher Hinsicht vom zügigen Ausbau des wohlfahrtsstaatlichen Hauses profitierten – zum einen vom hohen Mass sozialer Sicherheit und zum anderen von der Perspektive auf neue berufliche Opportunitäten.

Die rasche und kraftvolle Expansion des Bildungswesens, des Gesundheitssystems, der Pflegeeinrichtungen, der sozialen und technischen Infrastrukturen, der Wohlfahrtsverbände oder der Sozialversicherungen diente seit den 1950er-Jahren vielen als berufliche und soziale Aufstiegsleiter, deren Eltern noch als Arbeiter in der Fabrik oder als Kleinselbstständige im Krämerladen oder in der Landwirtschaft ihren Lebensunterhalt bestritten. Mit der Expansion dieses sorgenden Staates formierte sich eine neue breite Mittelschicht, deren Mentalitäten, Moralvorstellungen und Manieren noch heute das gesellschaftliche Klima prägen. Doch die wirtschaftlichen, demografischen und sozialmoralischen Existenzgrundlagen dieses spezifischen wohlfahrtsstaatlichen Arrangements schwinden. Die Erwerbsarbeit wird disparater, die Erwerbsbiografien verlieren an Stetigkeit, das soziale Leben löst sich vielerorts in Einzelkämpfertum auf, überdies fehlt der Nachwuchs, und nur die Altenpflege expandiert. Der bunte Strauss manifester oder drohender sozialer Krisen, der Woche für Woche in den Journalen und auf den Sachbuchbestenlisten gepflückt wird, ist bekannt. Eines ist jedenfalls klar: Eine Aufstiegsgeschichte wird hier nicht mehr erzählt.

Kann es also sein, dass der sorgende Staat in gewissem Sinn das Opfer seines eigenen Erfolgs geworden ist? Ist nicht im Zuge seiner Expansion eine unternehmerische, publizistische und akademische Mittelschicht entstanden, die ihrem politischen Schöpfer nun seine strukturellen und normativen Grundlagen entzieht? Die ihm die Steuern vorenthält? Die ihm den Nachwuchs verweigert? Die seine Beamten und Bediensteten schmäht und sich stets in antibürokratischer Attitüde gefällt? Wie auch immer man diese Fragen im Einzelnen beantworten möchte – mit dem Ende des Wohlfahrtsstaates oder mit dem Abschied vom Wohlfahrtsstaat als sozialem Ordnungsmodell und als politischem Gestaltungsprinzip hat das alles noch reichlich wenig zu tun.

Vielmehr lassen sich trotz aller landauf, landab beklagten reformpolitischen Unklarheiten die Konturen einer neuen Architektur wohlfahrtsstaatlichen Handelns bereits recht deutlich erkennen. Sichtbar wird das Modell eines Gewährleistungsstaates. Dieses Modell verzichtet auf universale Integrationsansprüche, es bietet keine soziale Statussicherung mehr, es betrachtet die umfangreiche Dämpfung sozialer Ungleichheit als kontraproduktiv, es kommt auch ohne einen euphorischen Bildungsbegriff aus, es bereitet den arbeitsrechtlichen Abschied von einer tarifvertraglich kollektivierten Arbeitswelt vor, und es repräsentiert ein Modell, dessen Aufstiegsleitern entweder recht kurz geraten oder weit mühsamer zu erklimmen sind.

Als Fürsorger tritt der gewährleistende Wohlfahrtsstaat nicht mehr auf. Es sind andere strukturelle und normative Prinzipien, die sein «Rollenmodell» prägen. Aber wie und wodurch bleibt er Wohlfahrtsstaat? Vielleicht im sportiven Rollenmodell des «Spieler-Trainers», wie Ralf Dahrendorf mutmasst? Des Spieler-Trainers, der zugleich Teil des Spiels ist, der verantwortlich ist für die Verteilung der Aufgaben auf dem Spielfeld und der darauf achten muss, dass eine gute Stimmung in der Mannschaft herrscht? Kein schlechter Vorschlag, aber vermutlich doch knapp am Ziel vorbei formuliert. Denn nüchtern betrachtet lassen sich die neuen Prinzipien staatlicher Gewährleistungsverantwortung doch eher auf die Stichworte *«Kostenrechnung»*, *«Projekt»* und *«Vertrag»* bringen. Das heisst mit Blick auf das Stichwort «Kostenrechnung», dass die *Gewährung von Wohlfahrtsleistungen* weit stärker als früher über Benchmarkingprozesse und Kostenrechnung stattfinden. Das bekommen die Empfänger staatlicher Leistungen zu spüren, aber auch die Verteiler und Zuteiler staatlicher Leistungen, die Mitarbeitenden in den öffentlichen Diensten oder in den Wohlfahrtsverbänden. Die Beschäftigung in den staatsnahen Sektoren des Wirtschaftslebens hat in den vergangenen Jahren erheblich an Attraktivität verloren. Der öffentliche Dienst ist in vielen europäischen Ländern zum Vorreiter des Einsatzes befristeter Arbeitsverträge oder der Durchsetzung längerer Arbeitszeiten bei gekürzten Bezügen geworden. Die Aufstiegschancen haben sich für die neue Generation der öffentlich Bediensteten grundlegend verschlechtert. Das Stichwort «Projekt» signalisiert, dass die *Organisation des Wohlfahrtsgeschehens* in wachsendem Masse projektförmig erfolgt. Damit verringern sich die staatlichen Aktivitäten nicht unbedingt, auch verlieren sie nicht zwangsläufig an Qualität, aber doch an Stetigkeit, Regelmässigkeit und Verlässlichkeit. Der Wohlfahrtsstaat wird zum Projekt, ob in der Altenpflege, in der Jugendfürsorge oder in der Stadtteilpolitik. Das Stichwort «Vertrag» schliesslich gibt Hinweise darauf, dass die *Steuerung der staatlichen Wohlfahrtspflege* zunehmend über vertragsgebundene Netzwerkstrukturen erfolgt. Was heisst das? Wir erkennen einerseits eine «Kontraktualisierung» (Vertraglichung) des behördlichen Alltags, etwa wenn im Job-Center die Berater (oder Case-Manager) Eingliederungsverträge mit Arbeitslosen abschliessen, andererseits auch eine «Kontraktualisierung» im Bereich der öffentlichen Infrastrukturen, wenn der gewährleistende Staat beispielsweise im Bereich des Verkehrs- oder des Bildungswesens durch Privatisierungen Aufgaben an Dritte (an private Unternehmen oder Stiftungen) abtritt, ohne als gewährleistender Staat jedoch auf hoheitliche Funktionen zu verzichten. Ein Beispiel hierfür ist die neu eingerichtete Bundesnetzagentur, die die privatisierte Stromversorgung oder den Wettbewerb im Bereich der Telekommunikation beaufsichtigt und reguliert. Diese Formen intensivierter politischer Steuerung über Kostenrechnung, Vertrag und Projekt als eine Einbahnstrasse zu immer weniger Staat oder als Ausdruck der prinzipiellen Unmöglichkeit staatlicher Intervention zu beschreiben, verfehlt allerdings gründlich den Charakter dieses Prozesses. Der Wandel der wohlfahrtsstaatlichen Architektur vom sorgenden zum gewährleistenden Staat hat eher im Sinne Helmut Schelskys den Charakter einer «Institutionenfortbildung». Diese «Institutionenfortbildung» hinterlässt allerdings ungleiche Wirkungen an unterschiedlichen Orten der Gesellschaft. Die sozialstrukturelle Frage, die Frage nach dem Strukturgefüge, nach der Ordnung sozialer Ungleichheit kommt ins Spiel.

2 Formveränderungen sozialer Ungleichheit: die Verwundbarkeit der sozialen Mitte und die Prekarität ihres Wohlstands

Der Umbau der wohlfahrtsstaatlichen Architektur entwickelt seine eigene Begleitmusik. Als *basso continuo* ist hierbei durch alle *forte*-Verstärkungen und *piano*-Dämpfungen der Debatte hindurch der disharmonische Dreiklang von Statuserhalt, Wohlstandssicherung und Deklassierungsvermeidung zu hören. Insbesondere die Abkehr vom staatlich garantierten Statussicherungsprinzip (und das ist aus meiner Sicht der Kernpunkt wohlfahrtsstaatlicher Reform) «öffnet» die Sozialstruktur – in der Regel nach unten, bisweilen auch nach oben, in jedem Fall aber kommt neue Bewegung ins soziale Ungleichheitsgefüge.

Doch ist die soziologische Zeitdiagnostik für diese Veränderungen begrifflich und konzeptionell gerüstet? Eine gewisse Skepsis scheint hier durchaus angebracht, zumindest wenn wir uns den prominentesten Vorschlag in den Debatten der Soziologie der letzten Jahre anschauen: den Begriff der Exklusion (bzw. der sozialen Ausschliessung). Keine Frage, dieser Begriff weist mit berechtigtem Nachdruck auf eine Verschärfung sozialer Ungleichheit hin, er bündelt die Aufmerksamkeit für neue Spaltungslinien im sozialen Raum, aber er öffnet nicht den Blick für die Grauzonen und die Übergangsphasen des sozialen Wandels, also für die Gefährdungen des Wohlstands, für die

Verwundbarkeit bzw. die Brüchigkeit beruflicher und sozialer Positionen. Mit der Exklusionsdebatte entsteht ein ebenso merk- wie fragwürdiges Gesellschaftsbild der sozialen Spaltung zwischen Innen und Aussen, zwischen Teilhabe und Ausgrenzung, zwischen Erfolg und Misserfolg, zwischen gelungenen Karrieren und misslungenen Laufbahnen, zwischen eindeutig definierbaren Gewinnern und Verlierern wohlfahrtsstaatlichen und arbeitsgesellschaftlichen Wandels. Die scharfe Unterscheidung der Exklusion lässt keine Unterschiede mehr erkennen. All jene, die «in Arbeit» sind, werden nun zu Bevorteilten, zu Privilegierten – ganz unabhängig von den rechtlichen Konditionen und sozialen Perspektiven, die mit unterschiedlichen Formen des Erwerbstätigseins verbunden sind. Die teils gravierenden Veränderungen in der Arbeitswelt bleiben unbeobachtet. Ist der Begriff der Exklusion nicht eigentlich ein Begriff aus der Zeit sorgender Staatlichkeit? Repräsentiert er nicht ein kategoriales Relikt aus Zeiten, als die sozialen Grenzen noch klarer gezogen werden konnten? Was also ist zu tun? Wir benötigen ein Vokabular, das den Blick für die sozialen Zwischenräume und die biografischen Übergangszonen schärft. Die Begriffe der «sozialen Verwundbarkeit» und des «prekären Wohlstands» können hier weiterhelfen. Was hat es mit diesen Begriffen auf sich?

Mit dem Begriff der *«Verwundbarkeit»* kommt die gefühlte soziale Ungleichheit und Unsicherheit ins Spiel. Menschen in brüchigen sozialen und beruflichen Positionen geraten in den Blick. Im Sozialgefüge wird eine Zone der Wahrscheinlichkeiten sichtbar, in der es um Abstiegs- und Deklassierungsdrohungen geht, auch um Aufstiegs- und Stabilitätshoffnungen, aber eben nicht um Exklusionsgewissheiten. Der Begriff des *«prekären Wohlstands»* macht auf eine expandierende Einkommenszone aufmerksam, die zwischen Armut und gesicherten Wohlstandspositionen angesiedelt ist. Das Auskommen mit dem Einkommen fällt hier schwer. Der erreichte Lebensstandard und Wohlstand sind in ihrer Stabilität bedroht: Soziale Unsicherheit und materielle Restriktionen drohen die mittelständische Lebenswelt zu untergraben. Beide Begriffe sind prozessorientiert, sie spielen auf Wahrscheinlichkeiten an und sie nehmen eine fragile Zone der gesellschaftlichen Wirklichkeit in den Blick, in der es nicht um Marginalisierung und soziale Ausgrenzung geht, aber in der der erreichte Lebensstandard und die errungenen beruflichen und sozialen Positionen dennoch nicht sicher sind. Entscheidend ist in diesem Zusammenhang freilich, dass die Rede von der Prekarität des Wohlstands vorhandenen Wohlstand voraussetzt, und nur Menschen, die Statussicherheit kennen, fürchten deren Verwundbarkeit. Kurzum, mit den Begriffen der sozialen Verwundbarkeit und des prekären Wohlstands treten die Minusvisionen der Mittelklasse in den Vordergrund. Soziale Abwärtsbewegungen werden sichtbar, die als materielle und symbolische Verluste, als sozialversicherungstechnische Unregelmässigkeiten, als verminderte arbeits- und tarifrechtliche Schutzrechte daherkommen. Typische soziale Konstellationen sozialer und beruflicher Gefährdung treten in den Vordergrund:

› Alleinverdienerhaushalte, die ihr familiäres Budget in prekärer Balance zu halten versuchen;
› Mehrfachbeschäftigte, die mittels «Job-Mix» ihr Auskommen bestreiten;
› qualifizierte Fachkräfte, die als Leiharbeiter den Anschluss an die Arbeitswelt halten wollen;
› Beschäftigte in Kleinbetrieben, die durch den Verzicht auf Lohn und Arbeitnehmerrechte den eigenen Arbeitsplatz zu stabilisieren versuchen;
› Existenzen prekärer Selbstständigkeit, die sich von Auftrag zu Auftrag hangeln,
› oder Angestellte im öffentlichen Dienst, deren berufliche Hoffnungen im New Public Management ihr Ende fanden.

Doch kein gesellschaftlicher Wandel, der nur Verlierer und Absteiger kennt. Die stärkere *Marktorientierung staatlichen Handelns*, der *Lobpreis der individuellen Autonomie* und des *knappen Kalküls*, die steigende Nachfrage nach *Beratung und Therapie* verändern soziale und berufliche Opportunitäten. Es entwickeln sich neue berufliche Gelegenheitsstrukturen, und es öffnen sich neue soziale Karrierefelder. Denn – und das ist ja auch eine beruhigende Nachricht – im Zuge seiner Neujustierung verliert der Wohlfahrtsstaat keineswegs seine gestaltende Kraft. Jetzt versuchen im gewährleistenden Staat neue Leitfiguren Karriere auf der gesellschaftlichen Bühne zu machen: der *Controller*, der *Projektentwickler*, der *Therapeut* oder der *Case-Manager*. Doch die fachgeschulten Arbeiter und Angestellten in Industrie, Handel und öffentlichem Dienst – einst Kerngruppe der Mittelschichtgesellschaft – fürchten mehr und mehr den Abstiegskampf oder führen ihn bereits.

In diesem Strukturwandel der Mittelschichten, indem nicht nur die Verlierer, sondern auch die Gewinner den Preis grösserer Beschäftigungsunsicherheit und geringeren arbeitsrechtlichen Schutzes bezahlen, in diesem Strukturwandel findet auch eine normative Neubewertung sozialer Ungleichheit und sozialer Sicherheit statt. Das heisst, die Strukturverschiebungen sozialer Ungleichheit durch Auf- und Abstiege werden begleitet und verstärkt von einer normativen und symbolischen Degradierung der ehemals sozial Gefestigten (der industriellen Facharbeiter oder der öffentlich Bediensteten) auf der einen Seite und von einer normativen und symbolischen Prämierung der notorisch Instabilen (der «Projektemacher» etwa) auf der anderen Seite. Im Zuge des wohlfahrtsstaatlichen Wandels verändern sich mithin nicht nur die beruflichen und sozialen Strukturen der «arbeitnehmerischen Mitte» der Gesellschaft, sondern auch die normative und symbolische Ordnung sozialer und beruflicher Wertigkeiten und Klassifikationen.

3 Die Neujustierung des Wohlfahrtsstaates in Zeiten neuer sozialer Ungleichheiten

Was können wir bis zu diesem Punkt festhalten? Wir können festhalten, dass weder ein Zerfall des Wohlfahrtsstaates noch eine Auflösung der Mittelschichten droht. Aber wir können auch festhalten, dass die Konflikte um die Gestaltung des Wohlfahrtsstaates an Schärfe gewinnen und dass die soziale Mitte vielgestaltiger wird. Die Sicherheit ihrer sozialen und beruflichen Positionen steht in Frage. Sie zersplittert. Im Zuge dieser Entwicklung steigt die politische Nervosität, und die Frivolität sozialer Ressentiments ist allerorten zu spüren. In diesen Ressentiments artikulieren sich sehr unterschiedliche gesellschaftliche Interessen am Fortbestand oder an der Veränderung des Wohlfahrtsstaates. Was sind nun mögliche Anknüpfungspunkte der Auseinandersetzung darüber, wie ein angemessenes Verständnis politischer und rechtlicher Steuerungsleistungen künftiger Wohlfahrtsstaatlichkeit aussehen könnte? Wie sollte mit Blick auf Fragen der Armutsprävention und mit Blick auf neue Sicherungsformen der Mittelschichten eine Neubestimmung des Verhältnisses von zumutbaren Risiken und notwendigen Privilegien, von auferlegten Verpflichtungen und gesicherten Ansprüchen, kurz: von universalen und partikularen Rechten aussehen?

Das Ziel kann weder die neuerliche Verstaatlichung des Sozialen sein, noch eine Politik, die der kruden Vorstellung folgt, dass Staatlichkeit grundsätzlich zur Deformation des Sozialen beiträgt. Gegen alle Formen der Steuerungsresignation und Staatsphobie geht es zunächst um die positive Akzeptanz der Staatsbedürftigkeit der Gesellschaft, und damit auch der politischen Gestaltungsfähigkeit der Gesellschaft. Die Akzeptanz des Denkmodells der Staatsbedürftigkeit belebt einen alten Gedanken wieder neu, der wie alle antiquarischen Gegenstände seinen ganz eigenen Reiz hat: Den Gedanken der Staats- und Verwaltungskunst, ein Gedanke, eine Vorstellung vom Politischen, die die strukturellen Anforderungen *der* Gesellschaftspolitik und die normativen Ansprüche *an* Gesellschaftspolitik zusammenbindet. Eine Vorstellung vom Politischen, die auf die Gestaltung des Öffentlichen verweist – auf die Gestaltung des öffentlichen Amtes, des öffentlichen Dienstes und des allgemeinen (sprich: öffentlichen) Wohls.

Als modernisierte Praxis einer politischen Gestaltung des Öffentlichen unter den Bedingungen gewährleistender Wohlfahrtsstaatlichkeit beruht die Staats- und Verwaltungskunst aus meiner Sicht auf zwei Voraussetzungen: Wohlfahrtsstaatliche Reformpolitik darf sich nicht in einer Rhetorik und Praxis erschöpfen, der aus fiskalischer Not und normativem Mangel nicht viel mehr einfällt als Bürokratieabbau, Privatisierung sozialer und beruflicher Risiken oder Entstaatlichung politischen Handelns. Vielmehr muss auf die Unsicherheitsfolgen der Flexibilisierung der Erwerbsgesellschaft durch eine grössere rechtliche und politische Flexibilität wohlfahrtsstaatlicher Regulation reagiert werden. Oder die normative Einforderung individueller Lebensentwürfe muss staatlicherseits durch die Anforderung, aber auch durch die Ermöglichung von Eigenverantwortung bearbeitet werden. Die Justierung, die politische und rechtliche Gestaltung der Arbeits- und Lebensverhältnisse wird auch künftig nicht gegen den Wohlfahrtsstaat stattfinden können, sondern nur mit und durch den Wohlfahrtsstaat. In diesem Zusammenhang ist sehr entschieden von «Justierung» die Rede, um dadurch die Rechtsförmigkeit des Sozialen, die Formung und Gestaltbarkeit der Gesellschaft durch das Recht, hervorzuheben – aber auch (und das ist noch wichtiger) um hervorzuheben, dass alleine das Recht, das «praktische Ordnungsprinzip des Rechts» (Helmut Schelsky), allgemein gültige und verbindliche Ansprüche auf wesentliche Bestandteile der Bürgerschaft gewährleistet, dies in deutlichem Unterschied zu paternalistischen Praktiken fürsorglicher Willkür und zur Entfesselung eines freien Marktes der gesellschaftlichen Möglichkeiten, auf dem alleine das Recht des Stärkeren regiert. Die aus meiner Sicht notwendige Neuordnung von Anrechten und Verpflichtungen, von Privilegien und Beschränkungen, von Freiheits-, Schutz- und Teilhaberechten, aber auch die politische und rechtliche Absicherung subsidiärer Strukturen der Gesellschaft (das «Recht der kleinen Kreise», von dem Oswald von Nell-Breuning spricht), sind auf eine robuste Wohlfahrtsstaatlichkeit angewiesen, die neue Flexibilitäten, neue Risiken, aber auch neue Bedürfnisse erst lebbar macht. Das wäre die erste Voraussetzung.

Die zweite Voraussetzung wäre, dass bei allem Lob des Rechts und bei allem Vertrauen auf dessen strukturprägende Kraft eine neue Staats- und Verwaltungskunst auch zur politischen Soziologie des Wohlfahrtsstaates werden muss. Sie benötigt einen sozialstrukturellen Kompass, der differenzierte staatliche Reaktionen auf neue Ungleichheiten und Unsicherheiten sowie auf die sehr unterschiedlichen Interessen an einer Neuordnung des Wohlfahrtsstaates erlaubt. Dabei darf sie freilich nicht übersehen, dass die sozialen Disparitäten und Interessenkonflikte selbst wiederum zu guten Teilen das Ergebnis wohlfahrtsstaatlicher Politik sind. Kurzum, es gilt, die Formel der

Staatsbedürftigkeit der Gesellschaft an den veränderten Bedürfnisstrukturen der Gesellschaft neu durchzurechnen, ohne dabei zu übersehen, dass an unterschiedlichen Orten der Gesellschaft sehr unterschiedliche Preise für eine veränderte Architektur des Wohlfahrtsstaates und für die Neugestaltung der Arbeitswelt bezahlt werden müssen.

In einem kleinen Text von Robert Havemann – auch aus den frühen 1970er-Jahren – findet sich der Satz: «Wir müssen auf das Mögliche wirken, bevor es zur Wirklichkeit geworden ist. Wir gestalten und verändern die Welt, indem wir die Möglichkeiten verändern.» Im Wissen darum, dass wir uns in einer gesellschaftlichen und staatlichen Zwischenzeit aufhalten, in der die Strukturen und die Mentalitäten der Vergangenheit die Gegenwart zwar noch prägen, aber die Zukunft nicht mehr werden gestalten können, in einer Zwischenzeit also, in der vieles möglich ist, im Wissen darum wünschte ich, dass die gesellschaftswissenschaftliche Debatte, die wir führen, auf das Mögliche (von dem Havemann spricht) wirkt und dabei einen Weg zur Festigung oder auch Wiederherstellung des Sozialen findet, der zwischen wohlfeiler Staatsverachtung und zitadellenhafter Wohlfahrtsverteidigung verläuft.

Wohlfahrtsstaaten und Ungleichheit: Institutionelle Designs und Umverteilungswirkungen[1]

Joakim Palme[2]

1 Einleitung

Gerhard Lenski (1966) war der Meinung, dass soziale Ungleichheiten in menschlichen Gesellschaften sowohl durch politische Konflikte als auch durch ökonomische Strukturen geformt werden. Diese Auffassung scheint ein Auslöser für vergleichende Studien zu Einkommensungleichheit gewesen zu sein. So hat die Erforschung der Determinanten von Ungleichheit seit den 1960er-Jahren nicht nur zugenommen, sondern auch heftige Debatten ausgelöst. Diese drehten sich unter anderem um die Frage, inwiefern internationale Unterschiede bezüglich Ungleichheit von wirtschaftlicher Entwicklung, wirtschaftlicher Abhängigkeit, Demokratie oder von Parteipolitik abhängen (Muller 1988). Innerhalb dieses Diskurses entwickelte sich eine Diskussion, die in diesem Zusammenhang nach der Rolle des Wohlfahrtsstaates fragte. Auch wenn die theoretische und empirische vergleichende Arbeit unser Wissen auf diesen Gebieten wesentlich vorangebracht haben, tragen einige schwerwiegende methodologische und konzeptuelle Probleme – die beide Diskurse gleichermassen betreffen – dazu bei, dass diese Streitpunkte bis heute grösstenteils ungelöst bleiben.

Problematisch waren unter anderem die Auswahl der Länder, die Definition von Analyseeinheiten und das Messen relevanter Variablen. Die *erste Generation* vergleichender Studien zu Einkommensungleichheit basierte, was die Einkommensverteilung in zahlreichen Industrie- und Entwicklungsländern angeht, auf grösstenteils unverlässlichen Daten (Cutright 1967, Paukert 1973). Die *zweite Generation* der Forschung verbesserte die Vergleichbarkeit dieser Daten, indem sie die Differenzen in Einkommens- und Haushalts-

---

1 Bei dem vorliegenden Beitrag handelt es sich um eine Übersetzung des 2006 in der Zeitschrift *Research in Social Stratification and Mobility* veröffentlichten Aufsatzes «*Welfare State and Inequality: Institutional Designs and Distributive Outcomes*». Die Übersetzung stammt von Remo Anderegg. Aufgrund von Korrekturen sind teilweise Abweichungen vom Original möglich (Anm. des Übersetzers).

2 Ich danke Olof Bäckman, Gunn Elisabeth Birkelund, Tommy Ferrarini und Walter Korpi für ihre wertvollen Kommentare und Sabina Nilsson für ihre Unterstützung in letzter Minute.

definitionen sowie in den Sampling-Verfahren bereinigte (Menard 1986, Hoover 1989). Einige Studien konzentrierten sich ausschliesslich auf weiterentwickelte Industrieländer (Sawyer 1976). Es gab allerdings ein generelleres Problem mit der Konzeptualisierung der vermuteten Prozesse, durch welche die unabhängigen Variablen mit Ungleichheit interagierten. Es wurden nur wenige Anläufe unternommen, die *Mechanismen* zu spezifizieren, mit welchen die unabhängigen Variablen auf Einkommensungleichheit einwirken. Wenn überhaupt spezifiziert, wurden solche «intervenierende» Variabeln empirisch nicht rigoros untersucht. Dies scheint in der komparativen Forschung im Allgemeinen ein Defizit des *variable approach* zu sein (Erikson 1990). Da die Rolle von Institutionen vernachlässigt wurde, ist heute nur sehr wenig darüber bekannt, inwiefern sie für Differenzen der Ungleichheit zwischen Ländern verantwortlich sind. Dies passt allerdings nicht sehr gut zum verstärkten Interesse der Sozialwissenschaft an Institutionen (z. B. Goodin 1996, Streeck und Thelen 2005).

All dies weist darauf hin, dass die komparative Ungleichheitsforschung folgende Punkte ernsthaft in Erwägung ziehen sollte: Länder sollten aufgrund ihrer Relevanz für das theoretische Anliegen in Stichproben einbezogen werden. Bezüglich der Operationalisierung von Variablen – abhängige wie unabhängige – muss die Vergleichbarkeit verbessert werden. Zudem ist es eine zentrale Aufgabe, gesellschaftliche Institutionen als Stratifikationsmechanismen zu untersuchen, das heisst als Verbindung zwischen dem Wohlfahrtsstaat und der Einkommensungleichheit. Die Expansion der Wohlfahrtstaatsinstitutionen innerhalb der entwickelten Industrieländer während der Nachkriegszeit stellte für vergleichende Studien in diesem Zusammenhang eine Herausforderung dar. Das massive Wachstum der öffentlichen Sozialausgaben (ILO 1992, OECD 2006) steigerte jedoch nicht das Interesse für die Rolle des Wohlfahrtsstaates einher, obschon dieses Wachstum eine zunehmende Relevanz für soziale Verteilungsungleichheiten von Nicht-Markt-Einkommen anzeigt. Wilenskys (1975) Pionierarbeit machte wohl auf die Bedeutung des Wohlfahrtsstaates für Ungleichheit aufmerksam, trug aber eher wenig zur empirischen Analyse der Mechanismen bei.

Die – wie wir sie nennen – *dritte Generation* der komparativen Sozialpolitikforschung verwendete Daten zu Wohlfahrtsstaatsvariationen, die für Verteilungseffekte von Bedeutung sind, und Daten zu Einkommensungleichheit, die Primäranalysen vergleichbarer Mikrodatensets zulassen (Korpi und Palme 1998). Die vorliegende Studie kann aufgrund ihres Fokus auf programmspezifische Informationen zu Wohlfahrtsstaat und Ungleichheit innerhalb verschiedener Bevölkerungsgruppen als Weiterführung dieses Ansatzes betrachtet werden, wobei sie eine *vierte Generation* komparativer

Studien zu internationalen Ungleichheitsvariationen begründet. Ihr Zweck ist es, über das laufende Forschungsprogramm *Changing institutions and outcomes: Welfare states in a comparative perspective* am Swedish Institute for Social Research zu berichten. Um die Verteilungsmechanismen präziser darzustellen, bezieht sich die Analyse auf Institutionen – hauptsächlich auf den Programmbereich – und deren Wirkungen für einzelne Bevölkerungsgruppen. Zur Illustration werden drei Fälle aufgeführt: (i) Familienpolitik und Kinderarmut, (ii) Arbeitslosenunterstützung und Armut im erwerbsfähigen Alter sowie (iii) Altersrenten und Altersarmut. Die ersten beiden Fälle basieren auf Untersuchungen meiner Kollegen Ferrarini (2006) und Bäckman (2005), der dritte auf meiner eigenen Arbeit zu Altersrenten (Palme 2006b). Bekanntlich sind Kindheit und höheres Alter – zumindest in historischer Betrachtung – mit Armut und sozialer Ungleichheit assoziiert (z. B. Rowntree 1901). Dass Arbeitslosigkeit auch in weiterentwickelten Industrieländern nach wie vor ein Risiko für Armut und soziale Exklusion darstellt, versteht sich von selbst.

Der vorliegende Beitrag ist wie folgt aufgebaut: Nach einem kurzen Überblick über Theorien, Hypothesen und Befunde im Hinblich auf wohlfahrtsstaatliche Institutionen und Verteilungswirkungen werden die Daten und methodologischen Überlegungen beschrieben. Anschliessend werden die Resultate aus den drei Fallbeispielen vorgestellt (Familienpolitik und Kinderarmut, Arbeitslosenunterstützung und Armut im erwerbsfähigen Alter, Altersrenten und Altersarmut) und im letzten Abschnitt folgt eine Diskussion der Ergebnisse.

2 Wohlfahrtsstaatliche Institutionen und Umverteilungswirkungen

Die Annahmen zur Verteilungswirkung von Wohlfahrtsstaaten gehen weit auseinander. Die Perspektive der «Industrialismuslogik» hielt die egalisierenden Effekte von expandierenden Wohlfahrtsstaaten mehr oder weniger für selbstverständlich (Cutright 1967, Paukert 1973, Wilensky 1975). Diese Annahme lässt sich als *Grösse-Hypothese* bezeichnen. Sie behauptet, dass höhere Sozialstaatsausgaben *per se* Ungleichheiten reduzieren würden. Neomarxisten identifizierten zwei sich widersprechende Mechanismen, über die Wohlfahrtsstaaten auf Ungleichheit einwirken könnten: Der fortschreitende Kapitalakkumulationsprozess verschärfe Ungleichheiten und führe gleichzeitig zu einer Ausweitung der Transferprogramme für Arme mit dem Ziel die Kapitalakkumulation zu legitimieren (O'Connor 1973). Daraus lassen sich zwei Hypothesen ableiten: Die *Ungleichheitshypothese* nimmt an, dass Ungleichheiten über die Zeit hinweg eher zunehmen, während die *Umverteilungshypothese* unterstellt, dass die Anstrengungen zur Verminderung der Ungleichheiten im Laufe der Zeit zunehmen würden. Diese Perspektive lässt also etwas Raum für einen egalisierenden Effekt des Wohlfahrtsstaates, der aber vermutlich nur teilweise ausreicht, um einen unterliegenden Trend zunehmender Ungleichheiten zu kompensieren. Als vergleichend vorgehende Forscher mit den politischen Determinanten der Wohlfahrtsstaatsentwicklung besser vertraut wurden, haben sie das Potenzial der Parteipolitik für eine zunehmende Rolle des Steuertransfersystems bei der Reduktion von Einkommensungleichheiten erkannt (Hewitt 1977). Dies lässt sich als *Politics-matter-Hypothese* bezeichnen. Später wurden diese optimistischen Annahmen in Frage gestellt, indem die Rolle der Mittelschicht und anderer Interessengruppen als Förderer und Nutzniesser von Wohlfahrtsstaatsprogrammen hervorgehoben wurden. Umverteilung würde nach dieser Ansicht, die wir die *skeptische Hypothese* nennen, darauf hinauslaufen, dass der Wohlfahrtsstaat in Tat und Wahrheit Ungleichheiten verschärft (z. B. Goodin und Le Grand 1987, Le Grand 1982, Pampel und Williamson 1989, Preston 1984, Tanzi und Schuknecht 2000, Tullock 1983). Infolge der weiter oben genannten methodologischen Probleme sind die Befunde in diesen Studien bislang nicht beweiskräftig oder sogar widersprüchlich.

Die Arbeitshypothese der vorliegenden Studie stützt sich auf Ergebnisse der oben aufgezeigten zweiten und dritten Generation komparativer Forschung: Einkommensungleichheit differiert ziemlich stark zwischen den Staaten, selbst unter den am stärksten industrialisierten Volkswirtschaften (Smeeding 2002). Institutionelle Unterschiede zwischen Wohlfahrtsstaaten mit potenzieller Relevanz für umverteilende Effekte wurden bereits dokumentiert (Carroll 1999, Esping-Andersen 1990, Ferrarini 2006, Korpi 1980, Palme 1990). Sozialtransfers scheinen für das Verständnis, wie nationale Unterschiede der Ungleichheit erzeugt werden, sehr wichtig zu sein (z. B. Smeeding, O'Higgins und Rainwater 1990, Moller, Bradley, Huber, Nielsen und Stephens 2003). Dies impliziert, dass – neben verschiedenen strukturellen Variablen – das Design von Wohlfahrtsstaatsinstitutionen als eine wichtige Quelle nationaler Unterschiede betrachtet werden kann (Kangas und Palme 2000, Korpi und Palme 1998). Wir nennen dies die *institutionelle Hypothese*. An dieser Stelle ist festzuhalten, dass sie erstens aus der Politics-matter-Hypothese abgeleitet ist und dass sie zweitens präzisere Definitionen der Programmcharakteristika wie auch der Zielgruppen erfordert.

Um die Wirkung von Wohlfahrtsstaaten auf Ungleichheit zu analysieren, ist es nicht nur hilfreich, sondern geradezu unabdingbar zu verstehen, dass in allen Sozialpolitiksystemen verschiedene Umverteilungsformen auftreten können: Die *horizontale Umverteilung* zielt darauf ab, das Einkommen über die gesamte Lebensspanne zu verteilen. In seinen klassischen Studien zur Armut in York zu Beginn des 20. Jahrhunderts erkannte Rowntree (1901) Phasen in den Lebenszyklen der Einwohner Yorks, die sich als aussergewöhnlich armutsanfällig zeigten. Die problematischen Phasen waren gekennzeichnet durch ein ungünstiges Verhältnis zwischen Arbeitsvermögen und Konsumbedürfnissen, was dazu führte, dass Familien mit Kleinkindern einem hohen Armutsrisiko ausgesetzt waren. Wenn die Kinder älter wurden und zum Haushaltseinkommen beizutragen begannen und später aus dem Elternhaus wegzogen, verringerte sich die Armut. Aber Armut war auch unter älteren Menschen weit verbreitet, nicht hauptsächlich als Resultat hoher Konsumbedürfnisse, sondern eher als Folge reduzierten Arbeitsvermögens. Bei der *vertikalen Umverteilung* handelt es sich um die Verringerung der Unterschiede zwischen Reich und Arm. Der kombinierte Effekt von Steuern und Transfers ist hier zu beachten. Die dritte Form der Umverteilung, die *Risikoumverteilung*, ist assoziiert mit Sozialversicherungen und verteilt zugunsten derjenigen um, die beispielsweise von Krankheit oder Arbeitslosigkeit betroffen sind. Da Arbeitslosigkeit und gesundheitliche Probleme in der armen Bevölkerung häufiger vorkommen, scheint es vertretbar zu sagen, dass Risikoumverteilung ebenfalls einen nicht zu vernachlässigenden Anteil an vertikaler Redistribution beinhaltet. *Perverse Umverteilung* schliesslich beinhaltet unbeabsichtigte Umverteilung von Arm zu Reich. Solche Umverteilung ist natürlich vor allem aus dem Blickwinkel der skeptischen Hypothese von Interesse.

In diesem Zusammenhang ist zu beachten, dass die verschiedenen Sozialpolitikmodelle auf unterschiedlichen Umverteilungsstrategien beruhen, die mit den eben erwähnten Redistributionsformen einhergehen (Korpi und Palme 1998). Das *zielgruppenorientierte Modell* knüpft an die gleichen bedarfsorientierten Prinzipien an, auf die sich bereits Robin Hood bezog, indem es lediglich von den Reichen nimmt und den Armen gibt, wobei diese Unterstützungszahlungen durch Steuern finanziert werden. Das *Grundsicherungsmodell* folgt einer simplen egalitären Strategie, indem es Pauschalleistungen auszahlt, d.h. Reichen und Armen die gleiche Unterstützung zukommen lässt. Das *staatlich-korporatistische Modell* in seiner klassischen Prägung verteilt Ressourcen hauptsächlich innerhalb verschiedener Körperschaften um. Das *umfassende Modell* gibt, auf der Grundlage universeller lohnabhängiger Sozialversicherungsleistungen, *de facto* denjenigen mehr, die bereits haben, und folgt somit eher der Matthäuspredigt als Robin Hood. In der Realität wenden die meisten Länder Kombinationen verschiedenartiger Programme an, und die Bedeutung der verschiedenen Prinzipien variiert je nach Problembereich.

Wie effizient sind denn nun diese Strategien, was die effektive Umverteilung betrifft? Die Kernfrage lautet, ob es zwischen der Erzeugung verschiedener Unterstützungsleistungen Trade-offs gibt. Tatsächlich und entgegen vieler Erwartungen scheint es so, dass sich die Situation vulnerabler Gruppen verbessert und soziale Ungleichheiten vermehrt durch Steuertransferprogramme verringert werden, je stärker die Mittelschicht in den Wohlfahrtsstaat einbezogen wird. Der Grund dafür könnte darin liegen, wie unterschiedliche Sozialpolitikmodelle unterschiedliche Interessen organisieren. An dieser Stelle muss eine wichtige Unterscheidung getroffen werden zwischen dem Umverteilungsprofil von Unterstützungsleistungen bzw. Steuern und der Höhe der umverteilten Beträge. Es scheint aber eine Verbindung zu geben zwischen den beiden zu geben: Je mehr Leistungen zielgruppenorientiert verteilt werden, desto kleiner werden die umverteilten Beträge. Dies führt zu einer stark positiven Korrelation zwischen der Betragshöhe und dem Umfang der Ungleichheitsreduktion. Daraus folgt paradoxerweise, dass die Ungleichheitsreduktion durch den Wohlfahrtsstaat umso kleiner ist, je stärker Leistungen auf die Verbesserung der Situation von Armen ausgerichtet sind (Korpi und Palme 1998). Es gilt also, sowohl die Steuerseite als auch die Transferseite zu berücksichtigen. Das Umverteilungsprofil der Unterstützungsleistungen und die Steuerprogression allein sagen noch nichts über die Höhe der umverteilten Beträge aus.

Es gibt weitere Anhaltspunkte, welche die Hypothese stützen, dass die Ärmsten darunter leiden, wenn Wohlfahrtsprogramme die Mittelschicht nicht mit einbeziehen. Wenn wir nicht nur die Situation der älteren Menschen, sondern auch diejenige der alleinerziehenden Mütter betrachten, lassen sich weitere Hinweise dafür gewinnen, ob dies stimmt. Entgegen weit verbreiteter Erwartungen sind die Armutsraten bei diesen «Zielgruppen» in jenen Ländern am tiefsten, die einen extensiven Wohlfahrtsstaat haben. Den ärmsten Teilen der Gesellschaft scheint also ausgerechnet in denjenigen Wohlfahrtsstaaten am besten geholfen zu werden, in denen die staatliche Unterstützung nicht ausschliesslich an diese Gruppen gerichtet ist (Korpi und Palme 2004), auch wenn dies mit den Kosten der Umverteilung hoher Geldsummen verbunden ist (Mitchell, Harding und Gruen 1994).[3]

---

3 Selbstverständlich sind Zielkonflikte beim Design und bei der Reform von Sozialsicherungssystemen nicht auszuschliessen: Das Ziel der Ungleichheitsreduktion könnte mit Effizienzerwägungen in Konflikt geraten. Aber Urteile darüber, wie diese zwei Ziele aufgewogen werden können, müssen auf Werten basieren. Das bedeutet, dass es immer alternative Lösungen gibt und – entsprechend der vorherrschenden Wertvorstellungen – zwischen mehr oder weniger Gleichheit gewählt werden kann. Eine wichtige Aufgabe der Sozialwissenschaft ist es Fakten

Im Folgenden soll deutlich gemacht werden, dass ausser den eher breit gefassten Modellkategorien auch andere Aspekte der Wohlfahrtsstaatsvariation beachtet werden müssen. Im Bereich der Familienpolitik werden daher die Designs von Familienpolitikmodellen näher erläutert. Im Fall der Arbeitslosigkeit werden neben den Kategorien zu Sozialpolitikmodellen spezifische Indikatoren mit Bezug auf die Arbeitslosenversicherung mit einbezogen. Der Fall der Altersrenten gewährleistet ebenfalls eine weitergehende Herausarbeitung von institutionellen Variablen.

Die Ziele der Sozialsicherungssysteme lassen sich nicht auf die Armutsbekämpfung reduzieren. Es kann jedoch in Anlehnung an die Prinzipien des Philosophen John Rawls (1971) behauptet werden, dass die Situation der am wenigsten Begünstigten einer Gesellschaft einen aussagekräftigen Indikator für den Erfolg des ganzen Sozialsicherungssystems darstellt. Wohlfahrtsstaatliche Programme sollten sich letztendlich für diejenigen als am Wichtigsten erweisen, denen es an Ressourcen mangelt, die von der Familie oder vom Markt herrühren. Dies hat einen entscheidenden Einfluss auf die Wahl der Einkommensvariabeln: Nicht die Umverteilung als solche, sondern eher das Resultat von umverteilenden Bemühungen im Steuertransfersystem soll untersucht werden. Indem darüber hinaus auch strukturelle Bedingungen wie das Bruttoinlandsprodukt (BIP), die Verbreitung von Alleinerziehenden, Arbeitslosigkeit und den Anteil der Älteren an der Bevölkerung beachtet werden, sollte es möglich sein, unterschiedliche Ausgangslagen zu kontrollieren. An diese Diskussion wird weiter unten im Zusammenhang mit den untersuchten Fällen angeknüpft.

Auf einen Nenner gebracht, gehen wir der folgenden Frage nach: Wie effizient sind verschiedene Sozialsicherungsmodelle bezüglich der Reduktion von (lebensphasenbezogener) Armut? Um etwas Licht in diese Angelegenheit zu bringen, sollen einige der oben formulierten Hypothesen überprüft werden.

3 Daten und Methoden

Das Fehlen verlässlicher und vergleichbarer Daten zu Einkommensungleichheit sowie zu sozialen Rechten und deren institutioneller Struktur schränkten die Möglichkeiten, ein adäquateres Verständnis über gegenwärtige Wohlfahrtsstaaten und ihre verteilenden Wirkungen zu erhalten, ein. Vergleichbare Angaben zur Einkommensverteilung in verschiedenen Ländern

bereitzustellen, die die Öffentlichkeit über die Natur von Entscheidungen und die damit verbundenen Trade-offs informieren. Dies allerdings würde den Rahmen der vorliegenden Studie sprengen.

waren ebenfalls nur in beschränktem Umfang verfügbar. Empirische Studien zum Wohlfahrtsstaat verliessen sich zur Identifizierung von Quellen der nationalen Gemeinsamkeiten und Unterschiede zumeist auf aggregierte Daten zu öffentlichen Sozialausgaben (z. B. Cutright 1967, Pampel und Williamson 1989, Wilensky 1975).

Die Studie von Pampel und Williamson (1989) ist ein hervorragendes Beispiel für die Bedeutung der Art und Weise wie gemessen wird. Als sie Daten der ersten Generation in einer systematischen empirischen Analyse verwendeten, entdeckten sie einen positiven Zusammenhang zwischen der Höhe der Sozialausgaben und dem Ausmass der Ungleichheit, womit in Anlehnung an die skeptische Hypothese suggeriert wird, dass wohlfahrtsstaatliche Programme Ungleichheiten verstärken. Als sie dann aber die Untersuchung fortsetzten und Daten der zweiten Generation verwendeten, kehrte sich der Zusammenhang ins Gegenteil um, was eher im Einklang mit der Grösse-Hypothese steht.

In dieser Studie stützen wir uns zum Vergleich von Wohlfahrtsstaaten auf Datensätze der dritten Generation wie das Social Citizenship Indicator Program (SCIP) und die Luxembourg Income Study (LIS). Diese Datensätze sind einzigartig im dem Sinn, dass sie vergleichbare und multidimensionale Informationen sowohl zu Wohlfahrtsstaatsinstitutionen als auch zu Einkommensverteilungen beinhalten. Auf dieser Grundlage konnten spezifische Sozialpolitikprogramme als Feature der SCIP-Daten untersucht und dank der LIS-Daten die Umverteilungswirkungen für unterschiedliche Zielgruppen analysiert werden. In der Erörterung der drei Fälle weiter unten wird zudem der Zeitreihen-Querschnittcharakter (TSCS) der beiden Datensätze deutlich.

3.1 Indikatoren zu Sozialpolitik und strukturellen Variablen

Die Art und Weise, wie wir die Informationen über Wohlfahrtsstaatsinstitutionen nutzen, divergiert geringfügig zwischen den drei Fallstudien, dies hauptsächlich (aber nicht nur) deshalb, weil sich die Untersuchung auf unterschiedliche Arten von Politikprogrammen sowie auf unterschiedliche Bevölkerungsgruppen bezieht. Allen drei Fällen ist gemeinsam, dass wir Variablen verwenden, die zur Erfassung unterschiedlicher Absichten in Sozialpolitikmodellen von Bedeutung sind und auch die Unterschiede in Bezug auf Niveau und Leistungsverteilung erfassen. Eine weitere Gemeinsamkeit besteht darin, dass Unterstützungsniveaus sich auf einen durchschnittlichen Produktionsarbeiterlohn (nach Abzug der Steuern) beziehen.

Zusammen mit den Variablen, die zu den Sozialpolitikinstitutionen gehören, werden unabhängige Variablen getestet, die für verschiedene Bevölkerungsgruppen relevante strukturelle Voraussetzungen erfassen. Für dieses Vorgehen sprechen zwei Gründe: Zunächst einmal sollen damit strukturelle Faktoren im Auge behalten werden, um so die Wirkung des Wohlfahrtsstaats besser herauszuschälen. Zweitens soll in Anlehnung an Lenski beurteilt werden, wie wichtig strukturelle Faktoren zusammen mit Faktoren bezüglich politischer Konflikte in der Erzeugung von Ungleichheiten sind. Der SCIP-Datensatz enthält Informationen zu Umfang und Beschaffenheit von Rentenansprüchen für zwei Haushaltstypen. Die Lohnersatzleistungen wurden abzüglich Steuern und Sozialsicherungsbeiträgen berechnet, wodurch die Vergleichbarkeit über die Zeit hinweg und zwischen den Ländern verbessert wird. Die Dauer und der Deckungsgrad von Unterstützungsleistungen werden ebenfalls berücksichtigt.

3.2 Einkommensungleichheit

Der zweite verwendete Datensatz ist die Luxembourg Income Study (LIS), die für zahlreiche Länder Daten zum Haushaltseinkommen auf Mikroebene zur Verfügung stellt, die bezüglich der Einkommenskonzepte vergleichbar gemacht wurden. Die Erarbeitung des LIS-Datensatzes war ein Durchbruch für die vergleichende Ungleichheitsforschung (vgl. Atkinson, Rainwater und Smeeding 1995, Smeeding 2002). Für Einkommenseinheiten, Einkommensvariablen und Variablen zur Haushaltszusammensetzung wurden standardisierte Definitionen verwendet. Die Daten erlauben es, verschiedene Haushaltstypen und unterschiedliche Einkommensdefinitionen unabhängig voneinander zu analysieren. Die Daten sind einzigartig in dem Sinn, als Primäranalysen mit grosser Flexibilität und mit weitaus grösserer Genauigkeit durchgeführt werden können, als es mit dem bisherigen Datenmaterial möglich war.[4] Bei der Erforschung von Einkommensungleichheit müssen Einkommenseinheiten und deren Gewichtung, Beobachtungseinheiten, Einkommenskonzepte und Äquivalenzskalen sowie die Untersuchungspopulation definiert werden (z. B. Kakwani 1986).

In der Forschung zur Einkommensverteilung wird üblicherweise der Haushalt als einkommensbeziehende Einheit herangezogen, da es wahrscheinlich ist, dass Individuen im gleichen Haushalt ihre ökonomischen Ressourcen bündeln. Falls aber die Einkommensverteilung als Grundlage für die Beurteilung der Verteilung von Wohlfahrt oder wirtschaftlichem Wohlergehen dienen soll, dann müssen wir Individuen als Beobachtungseinheiten verwenden (Danziger und Taussig 1979). Wenn Individuen in unterschiedlich grossen

4 Ein Indiz dafür ist, dass die Resultate der LIS-Studie die Ergebnisse Sawyers (1976) für eine kleinere Anzahl Länder bestätigt haben, wobei Sawyers Studie lange Zeit als die beste komparative Untersuchung zu diesem Thema galt.

Haushalten verglichen werden, dann ist es sinnvoll, das Familieneinkommen nach der Familiengrösse zu gewichten. Dabei scheint es ebenfalls zweckmässig, Skaleneffekte mit zu berücksichtigen, womit impliziert wird, dass wir das erste Familienmitglied stärker gewichten als nachfolgende Familienmitglieder. Da diese Studie die Auswirkungen unterschiedlicher Sozialpolitiksysteme auf das *wirtschaftliche Wohlergehen* von verschiedenen Zielgruppen untersuchen will, wird hier das verfügbare Einkommen als Einkommenskonzept verwendet.[5] Aus Gründen, die weiter oben aufgeführt wurden, ist das verfügbare Einkommen jeder Familie anhand einer Äquivalenzskala normiert worden; dieses angepasste verfügbare Einkommen wurde anschliessend so gewichtet, dass jedes Individuum gleichwertig zählt.[6]

Das Messen von Ungleichheit gab Anlass für viele Kontroversen. In Anlehnung an das obige Argument, dass Ungleichheit anhand der Situation der am wenigsten Begünstigten in einer Gesellschaft beurteilt werden soll, richten wir unsere Aufmerksamkeit auf diejenigen mit den tiefsten Einkommen. Dies wird üblicherweise als das Armutsproblem bezeichnet. Dabei ist unbestritten, dass der Definition einer einzigen «Armutsgrenze» etwas Willkürliches anhaftet.[7] Die Deutung der Armutsraten dient denn auch mehr als Indikator des wichtigsten Aspektes der Ungleichheit – die Lage der am wenigsten Begünstigten –, als dass wir den Armutsgrenzen als solche eine besondere Bedeutung beimessen würden.

3.3 Der Bezug zwischen Institutionen und ihren Wirkungen

Es soll versucht werden, institutionelle Informationen und Daten zur Einkommensverteilung miteinander in Bezug zu setzen, und zwar für eine grössere Anzahl Länder und über einen längeren Zeitraum hinweg als dies bisher geschehen ist. Es ist aber offensichtlich, dass die vergleichsweise kleine Zahl verfügbarer Fälle bzw. Länder, die überdies nicht nach dem Zufallsprin-

5 Der Grund, weshalb die Einkommen nicht nach Einkommensquellen aufgeschlüsselt werden, liegt darin, dass dies nicht in konsistenter Weise für alle Länder möglich ist. Zudem wurde es als wichtiger erachtet, alle Länder in die Untersuchung einzubeziehen.

6 Die in unseren Analysen verwendeten Äquivalenzskalen unterscheiden sich unterinander geringfügig und kommen der OECD-Skala oder auch anderen Alternativen sehr nahe. Für Auswirkungen der gewählten Äquivalenzskala auf die in vergleichender Perspektive gefasste Beurteilung des relativen wirtschaftlichen Wohlergehens verschiedener Bevölkerungsgruppen siehe Buhmann, Rainwater, Schmaus und Smeeding (1988).

7 Der Begriff Armut umfasst meistens mehr als nur ein geringes Einkommen. Im vorliegenden Beitrag wird Armut indessen in eben diesem engen Sinne verwendet.

zip ausgewählt wurden, keine rigorose statistische Hypothesenüberprüfung zulassen. Folglich werden die Regressionsanalysen in dieser Untersuchung primär als ein heuristisches Instrument verwendet.

Um den Daten so viele Informationen als möglich abzugewinnen, wurde eine gepoolte Zeitreihen-Querschnittsanalyse (TSCS) mit unbalancierten Paneldaten durchgeführt. Der gepoolte Ansatz kam in allen drei Fällen zum Tragen. Die drei Fälle weisen genügend Gemeinsamkeiten auf, um die gleichen Grundhypothesen bezüglich Struktur und Institutionen aufstellen zu können. Das Vorgehen war indessen nicht durchgehend einheitlich. Stattdessen wurden in den drei hier dargestellten Studien leicht abweichende Designs verwendet, da sie unterschiedliche Politikarten betreffen. Die Aussicht, erstmals unbalancierte Paneldaten auszuwerten, eröffnet ganz neue Möglichkeiten.

Die SCIP- und LIS-Datensätze sind jeweils für eine relativ grosse Anzahl Länder und für unterschiedliche Zeitpunkte, die in Palme (2006a) aufgeführt sind, erhältlich. Die SCIP-Daten beziehen sich auf die Situation aufeinander folgender Jahre (vgl. Palme 2006a). Bekanntlich kann in Regressionsanalysen auf der Basis von Paneldaten die Standardannahme, wonach Fehlerausdrücke quer durch die Beobachtungen hinweg unabhängig voneinander sind, kaum erfüllt werden. In der vorliegenden Untersuchung wurde versucht, dieses Problem mithilfe des robusten Schätzers von Standardfehlern von Huber und White zu lösen. Der robuste Varianzschätzer hat keinen Einfluss auf die Parameterschätzungen. Da das Panel der Länder unbalanciert ist – d.h. dass eine unterschiedliche Anzahl von Erhebungszeitpunkten vorliegt –, wurde ein Gewichtungsverfahren angewendet um jedem Land unabhängig von der Anzahl Beobachtungen, die es zur Analyse beisteuert, das gleiche Gewicht zu geben (Bäckman 2005).

4 Fall I: Familienpolitik und Kinderarmut

Niemand wird gefragt, ob er in eine arme Familie hineingeboren werden oder in armen Verhältnissen aufwachsen möchte. Das Wohlergehen der Kinder ist folglich ein wichtiges Anliegen des Wohlfahrtsstaates. Es ist die Aufgabe der Regierungen dafür zu sorgen, dass die Kinder in ihren Ländern das gleiche Recht auf Erziehung, Gesundheitsversorgung und anderes haben, als auch Zugang zu den notwenigen Ressourcen wie Ernährung und Obdach, um diese Rechte voll ausschöpfen zu können. Da die Kinder kein Verschulden an ihrer Armut trifft, ist die Ursache dafür nebensächlich. In jedem Fall – sei der Grund nun Arbeitslosigkeit, Krankheit, Scheidung oder einfach Indolenz und / oder Vernachlässigung seitens der Eltern – müssen alle Kinder die Möglichkeit haben, zu mündigen Bürgern heranzuwachsen. Für das Skizzieren von Massnahmen ist es hingegen hilfreich, sich der Ursachen von Kinderarmut im Klaren zu sein.

Die staatliche Unterstützung für Familien mit Kindern kam später als die anderen wohlfahrtsstaatlichen Kernprogramme wie Altersrente und Krankenversicherung. Alle hochentwickelten Industrienationen haben auf irgendeine Art und Weise eine wirtschaftliche Unterstützung für Familien mit Kindern entwickelt (Ferrarini 2006). In Anlehnung an Lewis (1992) sind verschiedene Modelle der Familienunterstützung erkennbar. Dabei wird unterschieden zwischen Massnahmen, die den Familientyp des männlichen Alleinernährers unterstützen, und solchen, die den Doppelverdiener-Familientyp unterstützen. Diese Argumentation wurde in das Rahmenwerk der Familienunterstützungsmodelle von Korpi (2000) und Ferrarini (2006) aufgenommen, das seinerseits als Ausgangspunkt für die vorliegende Untersuchung dient.

Die Untersuchung der Familienpolitik in den OECD-Ländern zeigt, dass sie erheblich zur Erklärung von nationalen Mustern der geschlechtsspezifischen Verteilungen von bezahlter und unbezahlter Arbeit, Schwangerschaft und sozioökonomischen Wirkungen wie Kinderarmut beitragen (Institute for Future Studies 2006). Eine wichtige Verbindung scheint die Art zu sein, wie Familienpolitikinstitutionen gleichzeitig weibliche Arbeitsmarktpartizipation unterstützen oder hemmen.

Das in den kontinentaleuropäischen Ländern vorherrschende Familienpolitikmodell unterstützt einen *männlichen Alleinernährer-Familientyp*, in welchem bezahlte und unbezahlte Arbeit stark voneinander getrennt sind: Väter tragen die Hauptverantwortung für eine bezahlte Anstellung auf dem Arbeitsmarkt, Mütter dagegen übernehmen den Hauptanteil der Reproduktionsarbeit zu Hause. Leistungen, die eine solche Arbeitsteilung unterstützen, umfassen beispielsweise Zahlungen für einen Erziehungsurlaub auf tiefem Pauschalniveau sowie unterschiedliche, hauptsächlich pauschale Geldleistungen und steuerliche Vergünstigungen zur Unterstützung der Kinder und des abhängigen Ehepartners (Frau). Lohnabhängige Unterstützungsleistungen für einen Erziehungsurlaub für beide Elternteile sind selten, und die Kinderbetreuung für die jüngsten Kinder ist nur schwach ausgeprägt. In Länder mit einem männlichen Alleinernährermodell sind die Partizipation der Frauen auf dem Arbeitsmarkt und die Geburtenraten generell vergleichsweise tief. Frankreich stellt diesbezüglich eine Ausnahme dar.

Der andere Haupttyp der Familienpolitik ist das *Doppelverdienermodell*, das in den skandinavischen Ländern vorherrscht. Dieses Familienpolitikmodell unterstützt die weibliche Arbeitsmarktpartizipation und zu einem grossen Teil auch die Beteiligung der Väter an der Kinderbetreuung.

Die Hauptcharakteristika dieses Modells sind ein punkto Dauer und Lohnersatz grosszügiger Erziehungsurlaub für beide Eltern und eine öffentlich subventionierte Kinderbetreuung nach Ende des Erziehungsurlaubs. Dieses Familienpolitikmodell ermöglicht diesen Ländern die Verknüpfung einer hohen Partizipation der Frauen auf dem Arbeitsmarkt mit einer relativ hohen Geburtenrate. Länder mit einem Doppelverdienermodell weisen ausserdem bezüglich der Betreuungsarbeit die geringsten geschlechtsspezifischen Unterschiede aus, was teilweise auf die politisch geförderte männliche Beteiligung an der Kinderbetreuung zurückzuführen ist.

Ein drittes, sogenannt *marktorientiertes Familienpolitikmodell* unterstützt weder die traditionelle Familie noch die Doppelverdienerfamilie; stattdessen müssen sich Eltern bei der Versorgung ihrer Kindern mit Grundgütern voll auf den Markt verlassen.

Zusätzlich zu diesen Politikvariablen gibt es einige strukturelle Faktoren wie weibliche Arbeitsmarktpartizipation, alleinerziehende Elternschaft und Arbeitslosigkeit, die die Armutsraten in den verschiedenen Ländern und über die Zeit hinweg beeinflussen dürften. Dabei ist zu betonen, dass diese Faktoren ebenfalls durch das Design der Familienpolitik und anderer Politikbereiche beeinflusst werden.

Die Kinderarmut im männlichen Alleinverdienermodell vermuten wir auf einem mittleren Niveau, weil die Unterstützung des männlichen Alleinernährers, offenbar grosszügig genug ist, um Mütter dazu zu bewegen, zuhause zu bleiben und für die Kinder zu sorgen. Somit werden die Arbeitsmarktpartizipation und das Einkommen von Frauen auf einem tieferen Niveau gehalten. In Ländern mit einem marktorientierten Familienpolitikmodell dürften die Armutsraten eher hoch sein. In Ländern mit dem Doppelverdienermodell werden Armutsraten bei Haushalten mit Kindern durch das Zusammenspiel von grosszügigen lohnabhängigen Unterstützungsleistungen, öffentlich subventionierten Dienstleistungen und der hohen weiblichen Arbeitsmarktpartizipation auf tiefem Niveau gehalten. Naheliegend scheint auch, dass sich mit zunehmender Häufigkeit (Prävalenz) von alleinerziehender Elternschaft und Arbeitslosigkeit die Armutsrate erhöht, wohingegen weibliche Arbeitsmarktpartizipation dem vermutlich entgegenwirkt.

Abbildung 1 beschreibt die Höhe der Familienunterstützung in den 16 Ländern, die in dieser Studie einbezogen wurden, als additiven Index von Doppelverdiener- und allgemeiner (männlicher Alleinverdiener) Unterstützung im Jahr 1995. Die Grosszügigkeit der Unterstützungsleistungen wurde für eine Doppelverdienerfamilie mit zwei Kindern berechnet und als Prozentsatz des Nettoverdienstes eines durchschnittlichen Arbeiters wiedergegeben. Die allgemeine Familienunterstützung beinhaltet pauschale Erziehungsurlaubsentschädigungen, einheitliche Mutterschaftsbeihilfen, Zuschüsse für Verheiratete und Kinderzulagen, die entweder bar ausgezahlt oder durch das Steuersystem gewährt werden. Die Doppelverdienerunterstützung besteht aus postnatalen Mutterschafts-, Elternschafts- und Vaterschaftsversicherungsleistungen. Die relative Bedeutung dieser verschiedenartigen Unterstützungen wird auch aus dem gestapelten Säulendiagramm deutlich, bei dem der schwarze Teil die Höhe der allgemeinen Unterstützung und der graue Teil die Doppelverdienerunterstützung darstellt. Die Länder wurden aufgrund der Höhe der gesamten Unterstützung in eine Rangfolge gebracht.

Abbildung 1: Allgemeine Familienunterstützung und Doppelverdienerunterstützung in 16 Ländern in Prozent eines durchschnittlichen Produktionsarbeiterlohns 1995

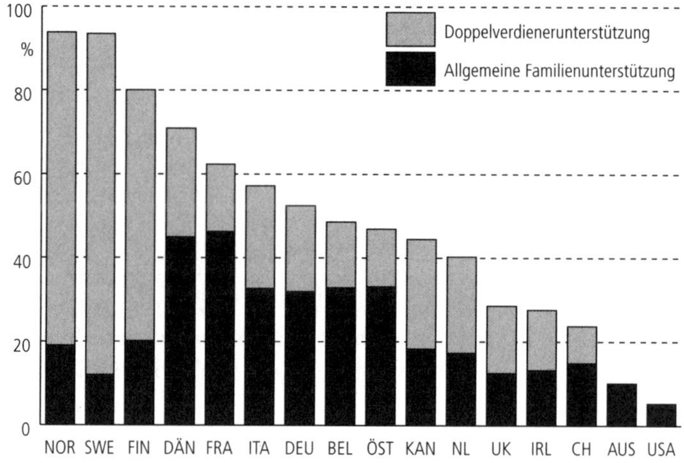

Quelle: SCIP.

Norwegen, Schweden und Finnland rangieren am höchsten und zeichnen sich aus durch eine starke Betonung der Doppelverdienerunterstützung. Dänemark und Frankreich verlassen sich mehr auf die allgemeine Familienunterstützung, obschon beide über Doppelverdienerbeihilfen verfügen. Danach folgen einige kontinentaleuropäische Länder, bei welchen die Bedeutung der allgemeinen Familienunterstützung zunimmt. Kanada, die Niederlande und das Vereinigte Königreich verbinden beide Unterstützungsarten, wohingegen Irland und die Schweiz eine weniger grosszügige Doppelverdienerunterstützung anbieten. Australien und die Vereinigten Staaten beschränken sich auf eine allgemeine und sehr bescheidene Familienunterstützung.

Um so viele Variationen als möglich zu erforschen, wurden die drei in der obigen Abbildung erkennbaren Variablen – gesamte, allgemeine und Doppelverdienerunterstützung – als kontinuierliche unabhängige Variablen verwendet. Tabelle 1 zeigt die Ergebnisse einer gepoolten TSCS-Regressionsanalyse (gepoolte unbalancierte Zeitreihen-Querschnittsanalyse mit robusten Standardfehlern) von Kinderarmut auf institutionelle und strukturelle Indikatoren. In Modell 1 sind der additive Index der beiden Unterstützungsarten von Abbildung 1 und eine Trendvariable die einzigen Prädiktoren, die gleichzeitig einen Trend zu mehr Armut bei Kindern und eine Abschwächung dieses Trends durch die Höhe der gesamten Familienunterstützung anzeigen. Wird in Modell 2 die Familienunterstützung in ihre Hauptkomponenten aufgeschlüsselt, zeigen beide – allgemeine und Doppelverdienerunterstützung – signifikante Effekte.

Tabelle 1: Armut in Haushalten mit jüngstem Kind zwischen 0–5 Jahren. Unstandardisierter Koeffizient einer unbalancierten gepoolten TSCS-Regression von Kinderarmutsraten in Haushalten mit Kleinkindern auf unabhängige Variablen (Standardfehler in Klammern) für 16 Länder, 1980–2000

Unabhängige Variablen	Modell 1	Modell 2	Modell 3	Modell 4
Total	–13.679*** (4.074)		–10.665*** (3.310)	
Allgemeine Unterstützung		–16.038* (9.134)		–6.002 (6.218)
Doppelverdiener-unterstützung		–13.311*** (3.799)		–11.494*** (3.372)
Alleinerziehende Elternschaft			0.541** (0.223)	0.596** (0.221)
Arbeitslosigkeit			14.346 (19.522)	10.105 (20.636)
Weibliche Arbeits-marktpartizipation			–12.249 (10.208)	–11.641 (10.152)
Zeit	0.828* (0.429)	0.870* (0.410)	0.639 (0.472)	0.527 (0.441)
Konstante	8.140* (4.487)	8.127* (4.602)	10.066 (6.585)	9.747 (6.445)
R^2	0.434	0.437	0.561	0.568

Quelle: Ferrarini (2006).

* $p < 0.10$

** $p < 0.05$

*** $p < 0.01$

Modell 3 führt neben der gesamten Familienunterstützung strukturelle Faktoren, wie Arbeitslosigkeit, Prävalenz von alleinerziehender Elternschaft und weibliche Arbeitsmarktpartizipation ein. Die Ergebnisse deuten nicht nur einen verbleibenden negativen Einfluss der Familienunterstützung an, sondern auch, dass die alleinerziehende Elternschaft einen strukturellen Faktor darstellt, der das Armutsrisiko erhöht. Das vierte Modell spaltet den Familienunterstützungsindex wieder in seine zwei Komponenten auf und zeigt an, dass die einzigen signifikanten Effekte von der Doppelverdienerunterstützung und der Verbreitung von alleinerziehender Elternschaft herrühren, obwohl die Effekte der anderen Variablen in die erwarteten Richtungen weisen.

Wie die Zeitvariable andeutet, gibt es einen unterliegenden Trend hin zu verstärkter Kinderarmut. Die Tendenz hin zu einer grosszügigeren Familienpolitik scheint überall Armut zu verringern. Eine hohe Arbeitsmarktpartizipation der Frauen korreliert mit einer tieferen Kinderarmutsrate. Die vergleichende Forschung hat Anhaltspunkte dafür gefunden, dass Kinderarmut immer häufiger mit einer Alleinverdienerfamilie einhergeht (Institute for Future Studies 2006). Das traditionelle Familienmodell scheint deshalb immer weniger imstande zu sein, für das Wohlergehen von Kindern zu sorgen. Dies ist für das Heranwachsen von zukünftigem Humankapital in mehrfacher Hinsicht bedeutsam: Insbesondere ist zu bezweifeln, dass die kognitive Entwicklung von Kindern, die unterhalb der Armutsgrenze leben, den Anforderungen des Wettbewerbs genügt (vgl. Esping-Andersen 2005).

Die Schlussfolgerung lautet, dass bei der Familienpolitik der Umfang der wohlfahrtsstaatlichen Bemühungen allein nicht genügt, um deren Wirkung auf Armut verstehen zu können. Eine nähere Betrachtung der Institutionen vermittelt neue Einblicke und ein präziseres Bild des Wohlfahrtsstaates. Im Bereich der Familienpolitik liessen sich die Institutionen und Zielgruppen noch expliziter erörtern. Ferrarini (2006) hat genau dies getan und damit die Vorzüge dieses Ansatzes hervorragend verdeutlicht. Seine Untersuchung der Institutionen des Erziehungsurlaubs und der Armut bei Familien mit Kleinkindern lieferte wertvolle Anhaltspunkte für die Auswahl der effektivsten Programme. Wie generell bei der Familienunterstützung, zeigt er im Fall des Erziehungsurlaubssystems für Familien mit Kleinkindern, dass Programme auf der Basis des Doppelverdienermodells in der Armutsreduktion auch bei dieser eingeschränkteren Zielgruppe effektiver sind.

5 Fall II: Arbeitslosenversicherung und Armut im erwerbsfähigen Alter

Das Ziel dieses Abschnitts ist die Untersuchung der internationalen Unterschiede der Armutsraten mit Blick auf die mit Arbeitslosigkeit und Arbeitslosenabsicherung in Zusammenhang stehenden strukturellen Faktoren und sozialpolitischen Variablen. Wie sich Armutsraten in modernen Wohlfahrtsstaaten über die Zeit hinweg entwickelt haben ist in Bäckmans Originalstudie (2005) sorgfältig untersucht worden; an dieser Stelle wird nur kurz auf die zeitliche Variation hingewiesen. Was die institutionellen Faktoren betrifft, versucht die Analyse vornehmlich den Effekt der Arbeitslosenversicherung auf Armutsraten zu evaluieren. Die Arbeitslosenversicherung ist wahrscheinlich wegen ihrer direkten Einflussnahme auf die Marktprozesse am heftigsten umstritten. Eine Überprüfung ihrer Wirksamkeit scheint insbesondere deshalb angebracht, weil die Beziehung zwischen Armutsraten und Arbeitslosenversicherungssystem bisher noch nicht in systematischer Weise analysiert worden ist. Ausserdem bietet sie ein interessantes Fallbeispiel für den Zweck der vorliegenden Studie, strukturelle und politikbezogene Faktoren zu untersuchen.

Für die Wirksamkeit von Sozialversicherungsprogrammen hinsichtlich der Armutsverringerung sind drei Faktoren von entscheidender Bedeutung: Deckungsgrad, Nettoersatzrate und Bezugsdauer. Auch wenn hier der Fokus auf die Arbeitslosenversicherung gelegt wurde, ist es dennoch wichtig, die Bedeutung anderer Unterstützungsprogramme zu berücksichtigen. Um die Vernachlässigung von Variablenverzerrungen zu verhindern, müssen die Effekte dieser Systeme in der Analyse auf irgendeine Weise konstant gehalten werden. Der hier verwendete Ansatz umfasst Indikatoren auf der Grundlage der von Korpi und Palme (1998) erstellten Kategorisierung der 16 in dieser Untersuchung betrachteten Länder. Da nur Australien in das *zielgruppenorientierte Cluster* fällt, werden das zielgruppenorientierte und das *Grundsicherungscluster* in den folgenden Analysen zusammengelegt und umfassen zusätzlich Kanada, Dänemark, Irland, die Niederlande, die Schweiz, das Vereinigte Königreich und die Vereinigten Staaten. zum *staatlich-korporatistischen Cluster* zählen Österreich, Belgien, Frankreich, Deutschland und Italien, während Finnland, Norwegen und Schweden als *umfassend* klassifiziert wurden.

Wohlfahrtsstaatliche und strukturelle Faktoren werden nebeneinander untersucht (vgl. Brady 2004). Zu den Letzteren zählen Arbeitslosigkeit, weibliche Arbeitsmarktpartizipation, Anteil der Familien mit Kindern und der Anteil der Alleinverdienerhaushalte in jedem Land. Da sich die Studie auf die Arbeitslosenversicherung konzentriert, wird nur die Armut der erwerbsfähigen Bevölkerung untersucht. Indem die Zeit als Kovariable in multivariate Modelle einbezogen wird, kann beurteilt werden, ob die Faktoren die zeitliche Variation bestimmen und ob sie einen Einfluss auf die internationalen Unterschiede der Armutsraten haben.

Im SCIP-Datensatz stehen mehrere Indikatoren bezüglich der Nettoersatzrate in der Arbeitslosenversicherung zur Verfügung. Der für die folgenden Untersuchungen verwendete Indikator besteht aus einem Index, der die durchschnittliche Nettoersatzrate für die ersten 26 Wochen der Arbeitslosigkeit in Prozent eines durchschnittlichen Produktionsarbeiterlohns angibt. Der Deckungsgrad wurde als Prozentsatz der Erwerbsbevölkerung gemessen, die durch die Versicherung abgedeckt wird. Die maximale Bezugsdauer wurde in Wochen gemessen. Wo die Zahlungsperiode unbeschränkt ist, wurde sie bewusst auf 104 Wochen (2 Jahre) festgelegt. Ferner wird angenommen, dass die Bezugsdauer endet, wenn die Unterstützung entweder bedarfs- oder einkommensabhängig wird oder wenn sie an weitere Bedingungen wie Arbeitsnachweis oder Teilnahme an aktiven Arbeitsmarktmassnahmen geknüpft wird (siehe Sjöberg 2000). Abbildung 2 zeigt die internationalen Unterschiede der Ersatzraten, wie sie anhand des Index gemessen wurden. Die Rangfolge mag angesichts der unterstellten Kategorisierung der Länder etwas erstaunen, denn die Schweiz sowie die Vereinigten Staaten rangieren höher als erwartet. Auch Kanada rangiert relativ hoch. Dänemark findet sich in der zweiten Hälfte, was auf die tiefe Plafonierung der Unterstützungsleistungen zurückzuführen ist. Das Ersatzniveau im Vereinigten Königreich ist bemerkenswert tief. Wie aber später noch deutlich wird, besteht zwischen Ersatzniveaus und den institutionellen Modellen eine Korrelation.

Die Variablen Arbeitslosigkeit und geschlechterspezifische Arbeitsmarktpartizipation sind die standardisierten Raten, wie sie von der OECD publiziert werden (Quelle: OECD). In den Analysen wurde lediglich die weibliche Arbeitsmarktpartizipation in die Regressionsmodelle mit einbezogen. Diese Variable wurde als Prozent der männlichen Arbeitsmarktpartizipation operationalisiert. Die Prozentanteile der Alleinverdienerhaushalte und der Familien mit Kindern an der Bevölkerung wurden anhand des LIS-Datensatzes berechnet.

Die Zahl der Datenpunkte wurde durch ihre Verfügbarkeit in LIS und SCIP begrenzt. Vom LIS-Datensatz wurden Daten von der ersten (1980 und umliegende Jahre) bis zur fünften (2000 und umliegende Jahre) Welle verwendet (siehe Palme 2006a: 402). Die 75 in den 16 Ländern beobachteten Ausprägungen liefern ein unbalanciertes Panel, bei welchem die verschiedenen Länder mit zwei bis acht Ausprägungen unterschiedlich häufig einfliessen.

Abbildung 2: Arbeitslosenversicherung, Nettoersatzraten 1995

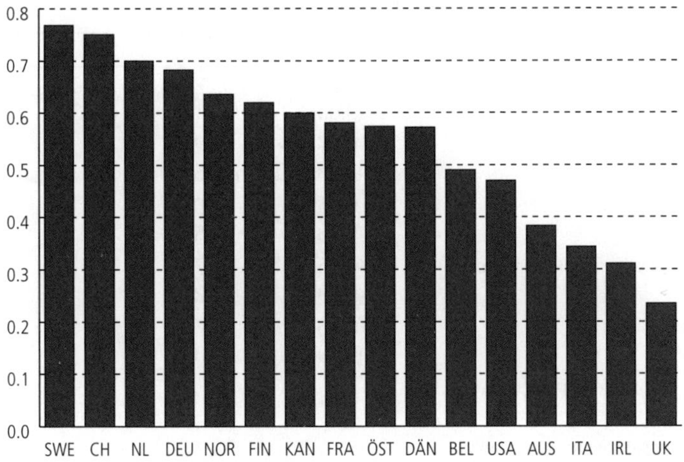

Quelle: SCIP.

Bäckmans (2005) Analyse des Zeittrends zeigt, dass die Armutsraten, obschon sie sich nicht angenähert haben oder sich in einem Prozess der Annäherung befinden, innerhalb des 20-jährigen Zeitraums um durchschnittlich zwei Prozent zugenommen haben. Tabelle 2 zeigt die Ergebnisse von Modellen, bei welchen die interessierenden Faktoren als Cluster zusammen mit den Wohlfahrtsstaatsmodellen von Korpi und Palme (1998) erfasst wurden. Die Variablen können allerdings nicht alle gleichzeitig berücksichtigt werden, weshalb «strukturelle» Faktoren und «institutionelle» Sozialpolitikfaktoren einzeln analysiert wurden.

In den Modellen 1 und 2 wurden die strukturellen Variablen zuerst einzeln und danach zusammen mit den Wohlfahrtsstaatsdummies einbezogen. Werden die strukturellen Variablen gleichzeitig aufgenommen, ist nur die weibliche Arbeitsmarktpartizipation signifikant. Da diese im Laufe der Zeit zugenommen hat, können wir folgern, dass die Armutsraten schneller zugenommen hätten, wenn die Beteiligung der Frauen auf dem Arbeitsmarkt auf dem Niveau von 1980 verharrt wäre. Das zweite Modell deutet an, dass der Effekt der weiblichen Arbeitsmarktpartizipation durch das Wohlfahrtsstaatsmodell geprägt wird; die weibliche Arbeitsmarktpartizipation ist in umfassenden Ländern höher als insbesondere in den staatlich-korporatistischen Ländern, aber auch höher als in den Ländern des Grundsicherungs- bzw. des zielgruppenorientierten Clusters.

Tabelle 2: Schätzungen einer OLS-Regression auf die relative Armutsrate in 16 Ländern mit robusten Standardfehlern

	1	2	3	4
Zeit	0.22 (0.008)	0.22 (0.012)	0.08 (0.208)	0.14 (0.034)
Arbeitslosigkeit (%)	0.09 (0.683)	0.02 (0.951)		
Alleinverdienende (%)	–0.06 (0.433)	–0.06 (0.384)		
Weibliche Arbeitsmarkt-partizipation (%)	–0.15 (0.099)	–0.07 (0.625)		
Familien mit Kindern (%)	0.15 (0.304)	0.18 (0.185)		
Umfassend (sozialdemokratisch)		0		0
Staatlich-korporatistisch (konservativ)		3.22 (0.173)		0.64 (0.567)
Grundsicherung / Zielgruppenorientiert		5.53 (0.044)		4.11 (<0.001)
Nettoersatzrate (%)			–0.10 (0.036)	–0.07 (0.060)
Deckungsgrad (%)			–0.02 (0.665)	–0.03 (0.189)
Bezugsdauer			–0.05 (0.083)	–0.06 (0.017)
Konstante	8.60 (0.542)	–2.54 (0.894)	17.70 (<0.001)	14.41 (<0.001)
R^2	0.23	0.46	0.48	0.68
N (Länder)	16	16	16	16
N (Beobachtungen)	75	75	75	75

p-Werte in Klammern.

Die Modelle 3 und 4 konzentrieren sich auf die Effekte der institutionellen Dimensionen der Arbeitslosenversicherung. Modell 3 zeigt, dass alle drei Indikatoren zur Arbeitslosenversicherung die erwarteten negativen Wirkungen haben, der Deckungsgrad jedoch nicht signifikant ist. Es zeigt ebenfalls, dass diese Faktoren zusammen mit der Zeitvariablen 48 Prozent der gesamten Varianz der Armutsrate erklären (währenddem die strukturellen Faktoren einschliesslich der Zeitvariablen nur 23 Prozent erklären). Der Einfluss der Indikatoren zur Arbeitslosenversicherung auf die Zeitvariable ist allerdings schwächer als die strukturellen Faktoren. Es scheint also, dass die strukturellen Faktoren vor allem für die zeitliche Variation der Armutsrate massgebend sind, wohingegen der Arbeitslosenversicherung eine grössere Bedeutung bei der Erklärung der Länderunterschiede zukommt.

In Modell 4 wurde die Überprüfung der Wohlfahrtsstaatsmodelle hinzugefügt. Der Unterschied zum dritten Modell ist lediglich, dass sich der Effekt der Nettoersatzraten leicht verringert hat. Dies kann darauf zurückgeführt werden, dass Nettoersatzraten in den institutionellen Typen voneinander abweichen. Ein Vergleich der Modelle 2 und 4 zeigt, dass der Effekt von Grundsicherung bzw. Zielgruppenorientiertheit in Letzterem leicht geringer ist als in Ersterem. Allerdings kann nur ein geringer Teil der Unterschiede zwischen Umfassend und Grundsicherung/Zielgruppenorientiert auf Unterschiede im Arbeitslosenunterstützungssystem zurückgeführt werden. Der Unterschied zwischen den Schätzungen im Zusammenhang mit dem staatlich-korporatistischen Dummy in den Modellen 2 und 4 gründet hingegen tiefer. Die Unterschiede zwischen staatlich-korporatischem und umfassendem Dummy sind in Modell 4 praktisch beseitigt, wohingegen eine relative starke Abweichung dieser Länder im Zusammenhang mit dem Grundsicherungs- bzw. dem zielgruppenorientierten Dummy vorherrscht.

Die Nettoersatzrate ist die wichtigste der institutionellen Faktoren und wirkt sich sowohl auf die zeitliche als auch auf die internationale Variation der Armutsrate aus. Sie erklärt für sich allein genommen einen grösseren Teil der gesamten Varianz als die strukturellen Faktoren zusammen. Die Bezugsdauer in der Arbeitslosenversicherung hat für die gesamte Varianz ebenfalls einen erklärenden Wert. Der historische Abschnitt auf den sich die Studie konzentriert, insbesondere dessen zweite Hälfte stand im Zeichen des Wohlfahrtsstaatsabbaus (Korpi und Palme 2003). Die Ergebnisse dieser Studie zeigen, dass dieser Abbau in Form von Kürzungen der Arbeitslosenentschädigungen negative Implikationen für das Armutsrisiko in gegenwärtigen Wohlfahrtsstaaten gehabt hat. Diese Kürzungen in den Ersatzratenniveaus erklären ebenfalls einen Teil der Variation im Zeitablauf. Dieser Faktor erklärt für sich genommen einen grösseren Teil der Varianz als die strukturellen Faktoren zusammen. Die allgemeine Schlussfolgerung, die auf der Grundlage der Analyse gezogen werden kann, ist: *Policy matters.* Politik ist nicht nur hinsichtlich der internationalen Unterschiede der Armutsraten von Bedeutung, sondern auch in Bezug auf deren Veränderung im zeitlichen Verlauf.

Einige Schlussbemerkungen, die oben im Zusammenhang mit Familienpolitik aufgeführt wurden, treffen auch in diesem Fallbeispiel zu. Was die Armut in der erwerbsfähigen Bevölkerung betrifft, ist es von entscheidender Bedeutung, den Akzent nicht nur auf Sozialversicherungsprogramme zu setzen, sondern auch auf die *ultima ratio*, sprich die Fürsorge. In Anlehnung an Nelson (2003) lassen sich einige interessante Schlussfolgerungen ziehen. Die erste betrifft die Beziehung zwischen Sozialversicherungsprogrammen und die Grosszügigkeit von zielgerichteten Programmen. Hier stellt sich heraus, dass der wichtigste Faktor zur Erklärung der Grosszügigkeit von Fürsorgeleistungen darin gesucht werden muss, inwiefern die Mittelschicht in die wichtigsten Sozialversicherungsprogramme einbezogen ist. Dies untermauert die These des «Umverteilungsparadoxons» (Korpi und Palme 1998). Die zweite Schlussfolgerung bezieht sich auf die armutsreduzierende Wirkung dieser Programme (Nelson 2004): Sozialversicherungsprogramme mit einem lohnabhängigen Design leisten einen wichtigen Beitrag zur Armutsreduktion. Grundsicherungsprogramme sind weniger effizient und reduzieren Armut oft nur dann, wenn sie durch bedarfsabhängige Zuschüsse ergänzt werden.

6 Fall III: Renten und Altersarmut

Da Ungleichheit bei älteren Menschen das Produkt eines komplexen Einkommensbildungsprozesses ist, müssen zunächst einige Faktoren erläutert werden, bevor dargelegt werden kann, wie Renteninstitutionen die Einkommensungleichheit bei dieser Bevölkerungsgruppe beeinflussen. Auch wenn in den Ländern in dieser Studie die öffentlichen Renten für ältere Menschen die Hauptquelle des Einkommens darstellen, kann das Verteilungsresultat nicht vorausgesagt werden, ohne andere Einkommensquellen wie private Renten oder Einkommen von Kapital und Löhnen zu berücksichtigen. Erwartet wird eine Interaktion einerseits zwischen der Höhe und Struktur des öffentlichen Renteneinkommens und andererseits der Höhe und Struktur des Einkommens aus anderen Quellen.

Die Beziehung zwischen Altersrenten und Einkommensungleichheit ist durch zwei Paradoxa geprägt (Kangas und Palme 1993; Korpi und Palme 1998): Erstens findet man die grösste Ungleichheit hinsichtlich der öffentlichen Renten in den umfassenden und staatlich-korporatistischen Ländern, derweil die Grundsicherungsländer die gleichmässigsten öffentlichen Renten aufweisen. Wenn wir aber die Verteilung des Bruttoeinkommens untersuchen (Berücksichtigung aller Einkommensquellen), kehrt sich die Rangfolge der Länder ins Gegenteil um. Dies rührt daher, dass in Ländern, die nur eine Grundsicherung gewährleisten, Einkommen aus privaten Renten und aus Kapital einen grösseren Stellenwert besitzt. Private Renten sind tendenziell ungleicher verteilt, was impliziert, dass die Ungleichheit abnimmt, je stärker private Renten durch lohnbezogene öffentliche Programme verdrängt werden. Ein gutes Beispiel dafür ist Finnland, das in seinem Rentensystem keine Einkommensplafonierung kennt, aber dennoch die gleichmässigste Einkommensverteilung bei älteren Menschen vorweist. Zweitens sind Länder mit Grundrenten, die auch die Reichen begünstigen, erfolgreicher in der Bekämpfung der Altersarmut als diejenigen, die ihre Grundrente ausschliesslich den Ärmsten zukommen lassen. Dazu tragen wahrscheinlich zwei verschiedene Faktoren bei: Der erste lautet, dass universelle Versorgungen besser akzeptiert werden, der zweite besagt, dass ein universelles Design fähig ist, breite Koalitionen zu schaffen, damit ein hohes Unterstützungsniveau beibehalten werden kann. Es stellt sich heraus, dass Länder, welche die Mittelschicht ausdrücklich in ihren Sozialsicherungssystemen mit einschliessen, in Bezug auf das Minimaleinkommen auch für die ältere Bevölkerung grosszügigere Sicherheitsnetze anbieten (Nelson 2003). Mit Blick auf die Armut ist für die vorliegende Studie hauptsächlich der letztgenannte Aspekt des Paradoxons von Bedeutung.

Auf der Grundlage früherer Arbeiten (z. B. Palme 1990) können wir zwischen den zwei folgenden Zielen von Altersrenten unterscheiden: Grundsicherheit und Einkommenssicherheit. Das Konzept der *Grundsicherheit* meint hier das Ausmass, in dem öffentliche Rentenansprüche für ein angemessenes Mindesteinkommen sorgen. Wie später dargelegt wird, ist die Art der gewählten Strategie zu dieser Zielerreichung mitbestimmend dafür, wie erfolgreich ein Land in diesem Bestreben ist. Die Dimension der *Einkommenssicherheit* bezeichnet das Ausmass, in dem Unterstützungsleistungen die Einkünfte während des Erwerbslebens ersetzen. Während der Nachkriegszeit haben viele fortgeschrittene Industrienationen versucht, ihr öffentliches Rentensystem so einzurichten, dass beide Ziele erreicht werden. Die relative Gewichtung von Grundsicherheit und Einkommenssicherheit sowie die Strategien und Mittel zur deren Erreichung unterschieden sich allerdings. Im Hinblick auf die Einkommensverteilung bedarf die Frage des institutionellen Designs des Wohlfahrtsstaates einer weitergehenden Erläuterung.

Frühere Studien (Esping-Andersen 1990, Kangas und Palme 1991, Pestieau 1992, Rein und Rainwater 1985, Shalev 1996) weisen auf folgende Wechselwirkung hin: Je besser die öffentlichen Renten bezüglich Abdeckung und Unterstützungsniveau sind, desto geringer sind die Anreize für private Ersparnisse. Relevant ist hier auch die Erkenntnis, dass private Renten im Grossen und Ganzen hinsichtlich Abdeckung oder Ausgaben niedrige öffentliche Renten nicht vollständig kompensieren.

Es können nun (in Anlehnung an die oben dargestellten *Grösse-Hypothese* und *skeptische Hypothese*) die folgenden Annahmen formuliert werden: Die erste, die wir die *Grundsicherheitshypothese* nennen, prognostiziert, dass relativ höhere Grundsicherheitsansprüche tendenziell zur Verringerung von Altersarmut beitragen (Kohl 1993). Es wird auch angenommen, dass Länder, die ihre allgemeine Unterstützung nach dem Bürgerprinzip gewähren, in der Armutsreduktion erfolgreicher sind (da die Akzeptanz und die Koalitionen für grosszügige Unterstützungsniveaus stärker sind, siehe oben sowie Palme 1990). Der institutionelle Ansatz richtet seine Aufmerksamkeit ausserdem auf die lohnabhängigen Unterstützungsleistungen, die mit der *Einkommenssicherheits-Hypothese* angesprochen werden. Diese besagt, dass ein relativ stärkeres Ausmass an Einkommenssicherheit die Ungleichheit unter der Älteren tendenziell verringert (Jäntti, Kangas und Ritakallio 1996).

Im Gegensatz zu anderen Hypothesen deutet der «institutionelle» Ansatz an, dass die umverteilende Wirkung des öffentlichen Rentensystems erheblich von seiner Struktur abhängt. Die Auswirkungen von institutionellen Differenzen werden jedoch dadurch bestimmt, wie Ungleichheit konzeptualisiert wird. In dieser Studie wird nur ein Aspekt der Ungleichheit untersucht. Um aber Unterschiede bezüglich der Ergebnisse auszumachen und den Leser in die Lage zu versetzen, sich ein eigenes Bild zu machen, sei hier auf eine andere Publikation (Palme 2006b) verwiesen, welche die Ergebnisse anderer Messungsarten darstellt.

Es versteht sich von selbst, dass Einkommensunterschiede bei der älteren Bevölkerung nicht bloss durch die verschiedenen Formen öffentlicher und privater Rentensysteme, sondern auch durch frühere Einkommensunterschiede, das Ausmass der Arbeitsmarktpartizipation, die Haushaltsform und durch demografische Unterschiede geformt werden. Indessen würde es den Rahmen dieser Untersuchung sprengen, diesen Prozessen analytisch vollständig Rechnung zu tragen. Zu erwähnen ist ferner, dass die Analyse auf Querschnittsdaten beruht und dass es nicht möglich war, die Finanzierung von Rentensystemen in die Analyse aufzunehmen.[8]

Um ein besseres Verständnis der institutionellen Effekte auf das Einkommensniveau und die Einkommensverteilung zu erhalten, sind nicht nur Informationen zu den quantitativen Unterschieden hinsichtlich der aggregierten Ausgaben vonnöten, sondern auch zu den Prinzipien, die der Unterstützung und der Verteilung von Wohlfahrtsansprüchen unterliegen. Die Daten zur institutionellen Struktur der Rentenansprüche wurden dem SCIP entnommen (Palme 1990).

Die Nettoersatzraten wurden für vier unterschiedliche Fälle berechnet. Die ersten drei Fällen beziehen sich auf das Ziel der Grundsicherheit und der vierte auf die Einkommenssicherheit: (i) *Bürgerrenten* werden ohne Be-

8 Die Frage der aktuellen Steuerinzidenz und Sozialsicherungsabgaben gibt Anlass zu vielen Kontroversen (Euzéby und Euzéby 1984). Im Fall der privaten Renten wird das Bild durch die Steuerabgaben für solche Politikmassnahmen noch komplexer. Diese Streitpunkte stellen für die künftige Forschung eine grosse Herausforderung dar.

darfsüberprüfung oder der Bedingung eines früheren Einkommens gewährt, (ii) die *Mindestrente* beinhaltet demgegenüber bedarfsabhängige Komponenten, (iii) die *Arbeitermindestrente* verlangt ein Minimum an Erwerbs- oder Beitragsjahren, (iv) die *Arbeiterrente* ist diejenige Leistung, die auf der Basis von 35 Erwerbs- bzw. Beitragsjahren mit einem durchschnittlichen Produktionsarbeiterlohn gewährt wird. Die Ersatzrate wurde für jeden Typ als Durchschnitt der Unterstützungsleistungen für eine alleinstehende Person und für ein verheiratetes Paar berechnet.

Abbildung 3 zeigt die Ersatzraten des Jahres 1995 für die in den Regressionsanalysen verwendeten Rententypen. Die Länder wurden gemäss der Höhe ihrer Gesamtrente geordnet. Dabei zeigt sich, dass die Länder, die wir als umfassend oder staatlich-korporatistisch bezeichnet haben, zu mehr Einkommenssicherheit neigen. Hier drängt sich der Hinweis auf, dass insbesondere Deutschland, aber auch Belgien höher rangieren würden, wenn eine längere Erwerbsperiode zugrunde gelegt worden wäre (in Palme 1990 als volle Arbeiterrente bezeichnet). Im Hinblick auf die Dimension der Grundsicherheit liefern die geschichteten Balken zusätzliche Informationen: Einige Länder kennen Bürgerrenten, aber die Grundsicherung wird zumeist bedarfsabhängig gewährt. Bürgerrenten gibt es in Kanada, Dänemark, Finnland, den Niederlanden, Norwegen und Schweden. Bedarfsabhängige Leistungen werden durch die dunkelgrau gefärbten Balken dargestellt. In Kanada werden solche Leistungen beispielsweise zur Bürgerrente hinzugefügt, wohingegen Australien nur bedarfsabhängige Renten kennt. Die hellgrau gefärbten Balken kennzeichnen die Leistungen aus beitragsabhängigen Arbeitermindestrenten, entweder als solche oder zusätzlich zu Grundrenten. Österreich und Deutschland gewährten 1995 lediglich Mindestrenten mit einer Art Beitragspflicht, die Arbeiterrenten sind hier durch die hell gefärbten Balken angezeigt.

Die *Rentenausgaben* fliessen ebenfalls in die Analyse ein. In diesem Zusammenhang ist die relative Grösse der *älteren Bevölkerung* insofern ein wichtiger Faktor, als sie beschränkte Ressourcen der Gemeinschaft belastet. Als Indikator der total verfügbaren Ressourcen wurde in der Untersuchung das *Pro-Kopf-BIP* verwendet: Je reicher ein Land, desto leichter dürfte es sein, Altersarmut zu bekämpfen. Da jedoch keine interpretierbaren Effekte des BIP erkennbar sind, werden diese Resultate hier nicht präsentiert.

Es zeigt sich, dass in manchen Ländern die Höhe der Mindestrente ziemlich nahe bei der potenziell verwendbaren Armutsgrenze liegt. Die Einkommensverteilung wird in der älteren Bevölkerung demzufolge einen Maximalwert ausweisen – mit anderen Worten, eine grosse Zahl von Individuen wird sich um dasjenige Einkommensniveau herum ansammeln, das durch die

Abbildung 3: *Altersrente-Ersatzraten 1995: Bürgerrente, Mindestrente, Arbeitermindestrente und Arbeiterrente*

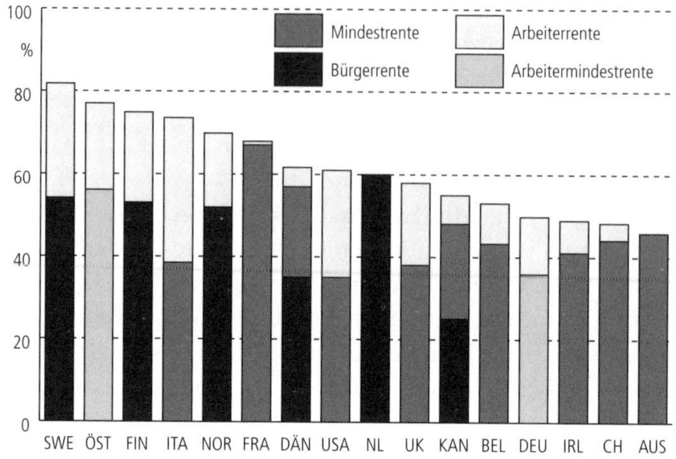

Quelle: SCIP.

Mindestrente zur Verfügung gestellt wird. Relativ geringfügige Änderungen in der Bestimmung der Armutsgrenzen können daher unverhältnismässige Auswirkungen auf die Anzahl Individuen haben, die als arm gelten. Aus diesem Grund wurden unterschiedliche Armutsgrenzen herangezogen, nämlich 40, 50 und 60 Prozent des Medianeinkommens der Gesamtbevölkerung sowie der Durchschnitt dieser drei Armutsgrenzen. Da die Resultate bei Verwendung des Indizes und der 50-Prozent-Marke im Grossen und Ganzen übereinstimmen, werden – um mit der Armutsanalyse der beiden vorhergehenden Fälle konsistent zu bleiben – die Ergebnisse der Analyse mit 50 Prozent des Medianeinkommens dargestellt.[9]

Die Überprüfung der Hypothesen basiert auf ähnlichen Regressionsanalysen wie bei den vorhergehenden Fällen. Tabelle 3 präsentiert die Ergebnisse eines Regressionsmodells mit dem Armutsindex als abhängige Variable und einigen strukturellen Indikatoren sowie verschiedenen Renten-Indikatoren als unabhängige Variablen. Modell 1 beinhaltet die Zeitvariable und den Anteil der Älteren an der Bevölkerung als Prädiktoren. Die Koeffizienten in

9 Die Abweichungen der Ergebnisse bei Verwendung der alternativen Werte von 40 und 60 Prozent sind einfach zu erklären: Wird die 40-Prozent-Marke verwendet, sind die Wirkungen der Bürger- und der Mindestrente leicht stärker, während bei der Anwendung der 60-Prozent-Marke die Arbeitermindest- und Arbeiterrente und die Rentenausgaben stärker wirken.

Tabelle 3: Schätzungen von OLS-Regressionen mit robusten Standardfehlern auf die relative Armut in 16 Ländern

	1	2	3	4	5	6
Zeit	–0.37 (0.009)	–0.36 (0.016)	–0.42 (0.004)	–0.37 (0.013)	–0.42 (0.004)	–0.46 (0.000)
Altenrate	–55.31 (0.456)	–19.00 (0.831)	29.84 (0.590)	–2.09 (0.980)	0.31 (0.997)	
Rentenausgaben		–0.45 (0.495)	–0.82 (0.148)	–0.74 (0.373)		
Bürgerrente			–10.74 (0.017)			–60.92 (0.082)
Mindestrente				–7.52 (0.337)		
Arbeitermindestrente					–22.28 (0.069)	
Arbeiterrente						–5.02 (0.514)
Konstante	757.16 (0.006)	735.02 (0.012)	847.88 (0.003)	760.41 (0.010)	866.22 (0.003)	921.65 (0.000)
R^2	0.18	0.19	0.33	0.22	0.30	0.28
N (Länder)	16	16	16	16	16	16
N (Beobachtungen)	66	66	66	66	66	66

p-Werte in Klammern.

diesem Modell zeigen, dass die Armutsraten im Laufe der Zeit abnahmen, was im Widerspruch zu den Befunden für die beiden anderen Fällen steht. Der negative, jedoch unsignifikante Effekt des Bevölkerungsanteils der Älteren besagt, dass die Überalterung der Gesellschaft immerhin nicht zur Verschärfung der Armut beiträgt. Modell 2 nimmt zusätzlich die gewichtete Ausgabenvariable auf, die in der Analyse einen negativen Wert annimmt, was mit der Grösse-Hypothese im Einklang steht. Dieser Effekt ist allerdings nicht signifikant. Modell 3 schliesst die Bürgerrente, die einen negativen Effekt hat, mit ein. Der alternative Indikator Mindestrente hat gemäss dem vierten Modell ebenfalls einen negativen, aber schwächeren Effekt. Das Gleiche gilt in Modell 5 für die Arbeitermindestrente (sowie für die hier nicht gezeigte Arbeiterrente). Modell 6 zeigt die Arbeiterrente als zusätzlichen Prädiktor zur Bürgerrente, dessen Effekt zwar in die erwartete Richtung weist, jedoch nicht signifikant ist.

Die internationalen Unterschiede sind im Hinblick auf Niveau und Struktur der Rentenansprüche sowie auf die Einkommensverteilung beträchtlich. In einigen Ländern sorgen Renten für eine Grundsicherung mit einem angemessenen Mindesteinkommen, was auszureichen scheint, um ältere Menschen vor Armut zu bewahren. Wenn man die Einkommensverteilung als Häufigkeitsverteilung betrachtet, wird dessen linke Bereich – sprich derjenige mit den tieferen Einkommen – am einfachsten ausgemerzt, wenn die Grundversorgung auf Bürgerrechten (im Sinne von ständigem Wohnsitz) beruht.

Die institutionelle Analyse von Renten und Ungleichheit kann weiterentwickelt werden, indem andere Aspekte der Ungleichheit als nur Armut erforscht werden (Palme 2006b). Es scheint, dass die Grundsicherheitsindikatoren auf das durchschnittliche Einkommensniveau der älteren Bevölkerung im Vergleich zu jenem der restlichen Bevölkerung nur einen geringen Einfluss haben. Sollen dagegen die internationalen Unterschiede in der gesamten Ungleichheit erklärt werden, ist die Untersuchung der Rolle der Einkommenssicherheit beim Design der öffentlichen Renteninstitutionen aufschlussreicher. Dies hängt mit der weiter oben diskutierten Crowding-out-Hypothese zusammen.

7 Diskussion

Es versteht sich von selbst, dass bei der Interpretation von Analysen der Verteilungswirkungen, die auf einer beschränkten Anzahl Länder beruhen, für welche zudem im Zeitablauf nur eine geringe Anzahl Datenpunkte zur Verfügung stehen, Vorsicht geboten ist. Dennoch können die oben dargestellten Ergebnisse für eine erste Überprüfung divergierender Hypothesen zu den Auswirkungen von wohlfahrtsstaatlichen Institutionen dienen. Die Ergebnisse deuten an, dass die skeptische Hypothese – wohlfahrtsstaatliche Programme verschärfen die Ungleichheit im Sinne von Armut – in den hier untersuchten Fällen verworfen werden sollte. Zudem weist das Beispiel der Renten darauf hin, dass die Grösse-Hypothese, wonach hohe Sozialausgaben Armut reduzieren, nur mässig gestützt wird. Stattdessen zeigen die drei oben dargestellten Untersuchungen, dass die internationale Variation der Institutionen und der Verteilung der Sozialrechte ein Schlüssel zum Verständnis der Unterschiede von Armut in verschiedenen Bevölkerungsgruppen ist. Die Resultate zeigen zudem, dass zwischen verschiedenen Aspekten von Sozialrechten unterschieden werden muss, um gesetzliche Programme angemessen beurteilen zu konnen.

Die Tatsache, dass zwischen Sozialpolitikinstitutionen und Ungleichheit eine Korrelation erkennbar ist, schliesst die Effekte struktureller Variablen nicht aus. Im Fall der Kinderarmut lautete die Schussfolgerung, dass die Häufigkeit von alleinerziehenden Eltern einen bleibenden signifikanten Effekt auf die

Kinderarmutsraten bewirkt und dass die weibliche Arbeitsmarktpartizipation einen gegensätzlichen Effekt haben könnte, obschon sie in dieser Analyse keine statistische Signifikanz erreicht. In Übereinstimmung mit der Ungleichheitshypothese gibt es bei Kindern und in der erwerbsfähigen Bevölkerung einen Trend hin zu mehr Armut. Für die ältere Bevölkerung scheint das Gegenteil der Fall zu sein. Die zunehmende Bedeutung der Umverteilung spielt hier offensichtlich eine wichtige Rolle. Diese Umverteilung nimmt die eingangs erwähnten Formen an, das heisst vertikal (von Reich zu Arm), horizontal (von Jung zu Alt) und risikobezogen (von Erwerbstätigen zu Arbeitslosen). Der analytische Rahmen, der dieser Studie zugrunde liegt, ist weder in der Lage diese Umverteilungsformen angemessen zu erfassen, noch vermag er unbeabsichtigte perverse Umverteilungen (von Arm zu Reich) zu identifizieren.

Auf die traditionellen Fragen zur Wirkung von Entwicklung, Demokratie und anderen sozialsystemischen Faktoren auf Ungleichheit wurde hier nicht explizit eingegangen. Die Tatsache, dass sozialpolitische Institutionen die Verteilung von wirtschaftlichem Wohlergehen in signifikanter Weise beeinflussen, zeigt indessen, dass es durchaus Raum gibt für die Politik im Sinne einer Gleichheitsstrategie (vgl. Tawney 1952). Auch wenn die Frage, in welchem Ausmass parlamentarische Politik für das Wachstum des Wohlfahrtsstaats von Bedeutung ist, nicht diskutiert wurde, scheint es, dass Parteipolitik zusammen mit institutionellen Vermächtnissen im Hinblick auf die Erzeugung von internationalen Unterschieden der Ansprüche in den meisten industriellen, kapitalistischen Demokratien von ausserordentlicher Bedeutung war (Carroll 1999, Ferrarini 2006, Huber und Stephens 1993, Myles 1984, Palme 1990). Somit kann ausgehend von der Parteipolitik eine Verbindung einerseits zu internationalen Unterschieden der Einkommensungleichheit und andererseits zu institutionellen Differenzen wie beispielsweise Sozialrechten hergestellt werden.

In allen westlichen Ländern werden enorme Geldsummen durch wohlfahrtsstaatliche Institutionen geschleust. Der Untersuchung dieser Ressourcenflüsse sollte seitens der Soziologie mehr Gewicht beigemessen werden. Die komparative Methode ist für die Untersuchung der Ursachen und Folgen von unterschiedlichen Wohlfahrtsstaatsinstitutionen unverzichtbar. Dazu sind aber vergleichbare Daten erforderlich, und diese sind leider aufgrund der aufwändigen Erhebung rar. Die komparative Stratifikationsforschung hat aber ein grosses Potenzial, und der Wohlfahrtsstaat würde in diesem Zusammenhang als direktes und indirektes Stratifizierungssystem sicherlich mehr Aufmerksamkeit verdienen. Die Ergebnisse dieser Studie liefern Argumente für die viel diskutierte Frage, wie der Wohlfahrtsstaat Ungleichheit beeinflusst. Der Fokus auf institutionelle Strukturen öffnet die Blackbox des Wohlfahrtsstaates. Dies ist für die allgemeine Frage der Determinanten internationaler Unterschiede der Ungleichheit bedeutsam und wirft Licht auf die bislang unbekannte Verbindung zwischen der Politik und ihren unterschiedlichen Auswirkungen. Die Berücksichtigung struktureller und institutioneller Variablen ist ein an Lenski anlehnender Ansatz und ermöglicht eine empirische Überprüfung, wie gesellschaftliche Strukturen und Politik die Ungleichheit in unseren Gesellschaften formen.

Für ein besseres Verständnis des Einflusses der öffentlichen Politik auf Ungleichheit scheint es zweckmässig, einen Zusammenschluss der Forschung zu Steuertransfersystemen mit derjenigen zu Bildung und Erziehung (Beller und Hout 2006, Sørensen 2006), zur Arbeitsmarktpolitik (Pontusson 2006), zur Gesundheitsversorgung sowie zu anderen sozialen Dienstleistungen zu fordern (vgl. Kenworthy 2004). Auch die Interaktion zwischen unterschiedlichen Auswirkungen und der Organisation wohlfahrtsstaatlicher Institutionen bleibt für die Forschung zur sozialen Mobilität wichtig (Birkelund 2006). Überdies sollte die künftige Forschung die Bedeutung der Migrationspolitik nicht unterschätzen. Diese stellt nämlich für die komparative soziologische Forschung eine besondere Herausforderung dar, wobei strukturelle und politikbezogene Faktoren zwingend einbezogen werden müssen. Und nicht zuletzt stellt sich auch die zentrale Frage, wie soziale Solidarität in einer Gesellschaft entsteht und aufrechterhalten wird (Ultee 2006).

8 Literatur

Atkinson, Anthony, Lee Rainwater und Timothy M. Smeeding (1995): *Income Distribution in OECD Countries*. OECD Social Policy Studies No. 18. Paris: OECD.

Bäckman, Olof (2005): *Welfare States, Social Structure and the Dynamics of Poverty Rates: A Comparative Study of 16 Countries, 1980–2000*. Working Paper Series No. 7. Institute for Futures Studies.

Beller, Emily und Michael Hout (2006): Welfare States and Social Mobility: How Educational and Social Policy May Affect Cross-National Differences in the Association between Occupational Origins and Destinations. *Research in Social Stratification and Mobility*, 24 (4): 353–365.

Birkelund, Gunn Elisabeth (2006): Welfare States and Social Inequality: Key Issues in Contemporary Cross-National Research on Social Stratification and Mobility. *Research in Social Stratification and Mobility*, 24 (4): 333–351.

Brady, David (2004): *The Welfare State and Relative Poverty in Rich Western Democracies, 1967–1997*. LIS Working Paper Series, No. 390. Syracuse, NY: Syracuse University.

Buhmann, Brigitte, Lee Rainwater, Günther Schmaus und Timothy M. Smeeding (1988): Equivalence Scales, Well-being, Inequality and Poverty: Sensitivity Estimates across Ten Countries using the Luxembourg Income Study (LIS) Database. *The Review of Income and Wealth*, 34: 115–142.

Carroll, Eero (1999): *Emergence and Structuring of Social Insurance Institutions: Comparative Studies on Social Policy and Unemployment Insurance*. Stockholm: Institute for Social Research, Stockholm University, Dissertation Series No. 38.

Cutright, Philips (1967): Inequality: A Cross-national Analysis. *American Sociological Review*, 32: 562–577.

Danziger, Sheldon und Michael K. Taussig (1979): The Income Unit and the Anatomy of Income Distribution. *The Review of Income and Wealth*, 25: 365–375.

Erikson, Robert (1990): Politics and Class Mobility: Does Politics Influence Rates of Social Mobility?, in: Inga Persson (Hrsg.), *Generating Inequality in the Welfare State: The Swedish Experience*. Oslo: Norwegian University Press, 247–265.

Esping-Andersen, Gøsta (1990): *The Three Worlds of Welfare Capitalism*. Cambridge, UK: Polity Press.

Esping-Andersen, Gøsta (2005): Education and Equal Life Chances, in: Olli Kangas und Joakim Palme (Hrsg.), *Social Policy and Economic Development in the Nordic Countries*. Basingstoke: Palgrave, 147–163.

Euzéby, Alain und Chantal Euzéby (1984): The Incidence of Employers' Social Security Contributions: The Factors at Stake. *International Social Security Review*, 37: 139–149.

Ferrarini, Tommy (2006): *Families, States and Labour Markets – Institutions, Causes and Consequences of Family Policy in Post-War Welfare States*. Cheltenham: Edward Elgar Publishing.

Goodin, Robert E. (Hrsg.) (1996): *The Theory of Institutional Design*. Cambridge: Cambridge University Press.

Goodin, Robert E. und Julian Le Grand (Hrsg.) (1987): *Not Only the Poor: The Middle Classes and the Welfare State*. London: Allen & Unwin.

Hewitt, Christopher (1977): The Effect of Political Democracy and Social Democracy on Equality in Industrial Societies: A Cross-National Comparison. *American Sociological Review*, 42: 450–464.

Hoover, Greg A. (1989): Intranational Inequality: A Cross-National Dataset. *Social Forces*, 67: 1008–1026.

Huber, Evelyne und John D. Stephens (1993): Political Parties and Public Pensions: A Quantitative Analysis. *Acta Sociologica*, 36: 309–326.

ILO (International Labour Office) (1992): *The Cost of Social Security 1984–1986*. Geneva: ILO.

Institute for Future Studies (2006): *Sustainable Policies for an Ageing Europe*. Stockholm: Institute for Future Studies.

Jäntti, Markus, Olli Kangas und Veli-Matti Ritakallio (1996): From Marginalism to Institutionalism. The Transformation of the Finnish Pension Regime. *Journal of Income and Wealth*, 42: 473–491.

Kakwani, Nanak (1986): *Analyzing Redistribution Politics*. Oxford: Oxford University Press.

Kangas, Olli und Joakim Palme (2000): Does Social Policy Matter? Poverty Cycles in the OECD Countries. *International Journal of Health Services*, 30: 335–352.

Kangas, Olli und Joakim Palme (1991): The Public-Private Mix in Pension Policy. *International Journal of Sociology*, 20: 78–116.

Kangas, Olli und Joakim Palme (1993): Eroding Statism? Labour Market Benefits and the Challenges to the Scandinavian Welfare States, in: Erik J. Hansen, Stein Ringen, Hannu Uusitalo und Robert Erikson (Hrsg.), *Scandinavian Welfare Trends*. New York: M. E. Sharpe, 3–24.

Kenworthy, Lane (2004): *Egalitarian Capitalism*. New York: Russel Sage Foundation.

Kohl, Jürgen (1993): Minimum Standards of Old Age Security and the Problem of Poverty in Old Age, in: Anthony B. Atkinson und Martin Rein (Hrsg.), *Age, Work and Social Security*. New York: St. Martins Press, 224–254.

Korpi, Walter (1980): Social Policy and Distributional Conflict in the Capitalist Democracies: A Preliminary Comparative Framework. *European Politics*, 3 (3): 296–316.

Korpi, Walter (2000): Faces of Inequality: Gender, Class, and Patterns of Inequalities in Different Types of Welfare States. *Social Politics*, 7: 127–191.

Korpi, Walter und Joakim Palme (1998): The Paradox of Redistribution and Strategies of Equality: Welfare State Institutions, Inequality and Poverty in the Western Countries. *American Sociological Review*, 63: 661–687.

Korpi, Walter und Joakim Palme (2003): New Politics and Class Politics in the Context of Austerity and Globalization: Welfare State Regress in 18 Countries 1975–1995. *American Political Science Review*, 97: 426–446.

Korpi, Walter und Joakim Palme (2004): Robin Hood, St. Matthew, or Simple Egalitarianism? Strategies of Equality in Welfare States, in: Patricia Kennet (Hrsg.), *A Handbook of Comparative Social Policy*. Cheltenham: Edward Elgar Publishing, 153–179.

Le Grand, Julian (1982): *The Strategy of Equality: Redistribution and the Social Services*. London: George Allen & Unwin Ltd.

Lenski, Gerhard E. (1966): *Power and Privilege*. New York: McGraw-Hill.

Lewis, Jane (1992): Gender and the Development of Welfare Regimes. *Journal of European Social Policy*, 2: 159–173.

Menard, Scott (1986): A Research Note on International Comparisons of Income Inequality. *Social Forces*, 64: 778–793.

Mitchell, Deborah, Ann Harding und Fred Gruen (1994): Targeting Welfare. *The Economic Record*, 70: 315–340.

Moller, Stephanie, David Bradley, Evelyne Huber, François Nielsen und John D. Stephens (2003): Determinants of Relative Poverty Rates in Capitalist Democracies. *American Sociological Review*, 68: 22–51.

Muller, Edward N. (1988): Democracy, Economic Development, and Income Inequality. *American Sociological Review*, 53: 50–68.

Myles, John (1984): *Old Age in the Welfare State: The Political Economy of Public Pensions*. Boston: Little Brown.

Nelson, Kenneth (2003): Fighting Poverty: Comparative Studies on Social Insurance, Means-Tested Benefits and Income Redistribution. Doctoral Dissertation Series, No. 60. Stockholm: Swedish Institute for Social Research, Stockholm University.

Nelson, Kenneth (2004): Mechanisms of Poverty Alleviation: Anti-Poverty Effects of Non-Means Tested and Means Tested Benefits in Five Welfare States. *Journal of European Social Policy*, 14: 371–390.

OECD (Organisation for Economic Co-operation and Development) (2006): *Social Expenditure Database*. Paris: OECD.

O'Connor, James (1973): *The Fiscal Crisis of the State*. NewYork: St. Martins Press.

Palme, Joakim (1990): Pension Rights in Welfare Capitalism. *The Development of Old-Age Pensions in 18 OECD Countries 1930–1985*. Stockholm: Swedish Institute for Social Research.

Palme, Joakim (2006a): Welfare States and Inequality: Institutional Designs and Distributive Outcome, *Research in Social Stratification and Mobility*, 24 (4): 387–403.

Palme, Joakim (2006b): *Welfare States and Inequality: The Case of Pensions*. Institute for Future Studies Working Paper Series: Stockholm.

Pampel, Fred C. und John B. Williamson (1989): *Age, Class, Politics, and the Welfare State*. New York: Cambridge University Press.

Paukert, Felix (1973): Income Distribution at Different Levels of Development: A Survey of Evidence. *International Labour Review*, 108: 97–125.

Pestieau, Pierre (1992): The Distribution of Private Pension Benefits: How Fair Is It? *Private Pensions and Public Policy.* OECD Social Policy Studies No. 9. Paris: OECD, 31–52.

Pontusson, Jonas (2006): *Inequality and Prosperity, Social Europe vs. Liberal America*. Ithaca/London: Cornell University Press.

Preston, Samuel H. (1984): Children and The Elderly: Divergent Paths for America's Dependents. *Demography*, 21: 436–457.

Rawls, John (1971): *A Theory of Justice*. Cambridge, Mass.: Harvard University Press.

Rein, Martin und Lee Rainwater (1985): *Public/Private Interplay in Social Protection*. New York: M. E. Sharpe.

Rowntree, Seebohm (1901): *Poverty. The Study of Town Life*. London: Macmillan.

Sawyer, Malcolm (1976): Income Distribution in the OECD Countries. *OECD Economic Outlook*. Paris: OECD, 3–36.

SCIP-data. Database on the Development of Social Security in 18 OECD Countries 1930–1990 from the 'Social Citizenship Indicators Program' at the Swedish Institute for Social Research. Stockholm University.

Shalev, Michael (Hrsg.) (1996): *The Privatization of Social Policy*. London: MacMillan.

Sjöberg, Ola (2000): *Duties in the Welfare State. Working and Paying for Social Rights*. Doctoral Dissertation Series No. 42. Stockholm: Swedish Institute for Social Research, Stockholm University.

Smeeding, Timothy M. (2002): *Globalization, Inequality and the Rich Countries of the G-20. Evidence from the Luxembourg Income Study (LIS)*. LIS Working Paper Series No. 320. Syracuse, NY: Syracuse University.

Smeeding, Timothy M., Michael O'Higgins und Lee Rainwater (1990): *Poverty, Inequality and Income Distribution in Comparative perspective*. New York: Harvester Wheatsheaf.

Sørensen, Annemette (2006): Welfare States, Family Inequality, and Equality of Opportunity. *Research in Social Stratification and Mobility*, 23 (4): 367–375.

Streeck, Wolfgang und Kathleen Thelen (Hrsg.) (2005): *Beyond Continuity: Institutional Change in Advanced Political Economies*. Oxford: Oxford University Press.

Tanzi, Vito und Ludger Schuknecht (2000): *Public Spending in the 20th Century: A Global Perspective*. Cambridge: Cambridge University Press.

Tawney, Richard H. (1952): *Equality*. London: George Allen & Unwin Ltd.

Tullock, Gordon (1983): *Economics of Income Redistribution*. Boston: Kluwer-Nijhoff.

Ultee, Wout (2006): Problem Shifts in the Study of Welfare States and Societal Inequalities. *Research in Social Stratification and Mobility*, 24 (4): 377–386.

Wilensky, Harold L. (1975): *The Welfare State and Equality: Structural and Ideological Roots of Public Expenditures*. Berkeley/Los Angeles: University of California Press.

Redistributionsleistungen des Schweizer Sozialstaats

Christian Suter

1 Ausgangslage und Fragestellung

Einkommenssicherung, Armutsbekämpfung und Verteilungsgerechtigkeit gehören zu den Grundwerten moderner Gesellschaften. Mit der Festlegung sozialer Grundrechte und der Ergreifung sozialpolitischer Massnahmen will der Sozialstaat diese Ziele verwirklichen. Die in den letzten Jahren heftig geführte sozialpolitische Debatte um den Leistungs- und Finanzierungsbedarf der sozialen Sicherung wurde in der Schweiz wesentlich durch das Thema der demografischen Alterung und der Implikationen des (welt)wirtschaftlichen Strukturwandels bestimmt. Die Frage nach den Wirkungen sozialstaatlicher Programme und Institutionen blieb hingegen weitgehend ausgeklammert.

Der vorliegende Beitrag[1] versucht diese Lücke zu schliessen. Er befasst sich mit der Wirksamkeit und den Umverteilungseffekten staatlicher Sozialleistungen in der Schweiz. Es geht dabei um die Frage, welchen Beitrag die einzelnen Zweige der Sozialen Sicherheit zur Einkommenssicherung, zur Armutsbekämpfung und zur Umverteilung zwischen Einkommensklassen leisten. Von hohen Redistributionsleistungen des Schweizer Sozialstaates kann dann gesprochen werden, wenn ein Ressourcentransfer von den leistungsstärkeren zu den leistungsschwächeren gesellschaftlichen Gruppen stattfindet (d.h. von Reich zu Arm, von Gesunden zu Kranken und Behinderten etc.). Im Einzelnen sollen die folgenden drei Fragen behandelt werden:

1) Was ist die Bedeutung der staatlichen Sozialleistungen für das Einkommen der Schweizer Haushalte? Was tragen staatliche Sozialleistungen zur Einkommenssicherung bei, insbesondere bei den unteren Einkommen?
2) Wie wirksam sind die sozialstaatlichen Leistungen, insbesondere die sogenannten bedarfsabhängigen Sozialleistungen für die Armutsbekämpfung? In welchem Umfang lindern staatliche Sozialtransfers materielle Notlagen?

---

1 Dieser Artikel basiert im Wesentlichen auf der detaillierteren Studie von Suter und Mathey (2000, 2002) und übernimmt Teile aus deren Zusammenfassung.

3) Welches sind die Verteilungswirkungen und die Umverteilungseffekte der Sozialen Sicherung? Welche sozialen Gruppen (Einkommensklassen) bezahlen und welche profitieren von den einzelnen Sozialleistungstypen?

Die nachfolgenden Analysen basieren auf einer Reanalyse des Datensatzes der nationalen Armutsstudie von 1992 – bis heute die einzige repräsentative Grosserhebung, die detaillierte Angaben zu den Sozialversicherungsleistungen und den bedarfsabhängigen Transfers enthält (vgl. Leu et al. 1997). Befragt wurden 6775 Personen (Haushalte), deren Angaben durch sekundärstatistische Erhebungen bei den zuständigen Ämtern von Bund, Kantonen und Gemeinden ergänzt wurden.[2]

2 Ungleichheitsperspektiven und Solidaritätsmodelle

Die Art und Weise, wie soziale Ungleichheit und Verteilungsgerechtigkeit beurteilt werden, hängt wesentlich von den zugrunde liegenden Ungleichheitsperspektiven und Solidaritätsprinzipien ab (vgl. dazu auch Levy et al. 1997; Levy und Suter 2002; Stamm et al. 2003). So betonen die funktionalistische Theorietradition und die darauf basierenden Statuserwerbsmodelle (Parsons 1940; Davis und Moore 1945; Blau und Duncan 1967) das Prinzip der Chancengleichheit, d.h. gleiche Ausgangs- und Zugangsbedingungen, insbesondere zu Bildungs- und Berufsabschlüssen. Im Sinne der Marktlogik wird dabei die Notwendigkeit von Anreiz- und Selektionsinstrumenten hervorgehoben, die eine optimale Ressourcenverwendung bzw. Besetzung gesellschaftlicher und wirtschaftlicher Positionen garantieren. Diese anreiz- und leistungsorientierte Perspektive nimmt Ungleichheiten in Kauf – oder genauer: erachtet sie als unerlässlich. In diesem Zusammenhang wird auch von der «meritokratischen Triade» gesprochen, d.h. der engen Verkoppelung zwischen Ausbildung, beruflicher Stellung und Einkommen: Ein hoher Bildungsabschluss öffnet den Zugang zu gehobenen Stellungen im Berufsleben, die ein hohes Mass an Fähigkeiten, Verantwortung und Leistung erfordern und entsprechend mit hohen Einkommen belohnt werden.

Für die konflikt- und klassentheoretische Perspektive dagegen (Dahrendorf 1957; Lenski 1966; Bourdieu 1966, 1979; Wright 1985) sind Ungleichheitsstrukturen das Ergebnis von Machtunterschieden. Es wird verwiesen auf die Bedeutung von Absprachen und Einflussnahmen von Interessengruppen,

2 Vgl. Leu et al. (1997) sowie Suter und Mathey (2002: 10 ff.) für genauere Angaben zum Datensatz und zum methodischen Vorgehen. Eine neuere, von Künzi und Schärrer (2004) vorgelegte Studie arbeitet mit den Daten der Einkommens- und Verbrauchserhebung von 1998.

strukturellen Barrieren sowie Prozessen der Vererbung sozialer Positionen und der Reproduktion von Ungleichheitsstrukturen. Dabei wird sowohl auf die Verzerrung von Marktstrukturen durch Machtprozesse hingewiesen als auch auf die Akzentuierung und Verschärfung von Ungleichheiten durch (globale) Marktprozesse (so etwa die Prekarisierungs- oder Vulnerabilisierungsthese bei Castel 1995 oder Paugam 2000). Aus dieser Perspektive ist nicht nur Gleichheit in den Ausgangsbedingungen erstrebenswert (d.h. Chancengleichheit), sondern auch Gleichheit im Ergebnis. Entsprechend werden Eingriffe in die Verteilungsprozesse gefordert, um die Ungleichheitsstrukturen zu korrigieren – etwa seitens des Staates über das Steuersystem oder über sozialpolitische Programme.

Die Notwendigkeit des Ausgleichs von marktinduzierten Ungleichheiten und des Abbaus von Klassengegensätzen ist auch eine der Haupterklärungen für Entstehung und Ausbau des modernen Wohlfahrtsstaates im Verlaufe des 20. Jahrhunderts (vgl. etwa Marshall 1950). Die im Anschluss an die Pionierstudien von Richard Titmuss (1958, 1974) entstandene vergleichende Sozialstaatsforschung zeigt jedoch, dass nicht alle Wohlfahrtsstaaten bzw. sozialpolitischen Programme dem Gleichheitsziel verpflichtet sind (und wenn, dann nicht in gleichem Masse). Vor diesem Hintergrund entwickelten u. a. Baldwin (1990), Esping-Andersen (1990) sowie Korpi und Palme (1998) eigene Wohlfahrtsstaatstypologien, die letztlich auf unterschiedlichen gesellschaftlichen Solidaritätsmodellen basieren.

Esping-Andersen (1990) etwa unterscheidet auf der Grundlage des unterschiedlichen Grades an «Dekommodifizierung», d.h. der Befreiung der Beschäftigten vom Arbeitsmarktzwang (gemessen anhand der Einkommensersatzquoten der sozialen Sicherung) drei Solidaritätsmodelle, die er als «universalistisch», «begrenzt» und «partikularistisch» bezeichnet. Das «universalistische» Solidaritätsmodell strebt – im Sinne der oben skizzierten konflikttheoretischen Perspektive – Gleichheit in den Ausgangsbedingungen *und* im Ergebnis an. Dieses Solidaritätsmodell liegt gemäss Esping-Andersen dem sozialdemokratischen Wohlfahrtsstaat zugrunde (z. B. in Schweden oder Norwegen).

Die «begrenzte» Solidarität, die im Wesentlichen der funktionalistischen, marktorientierten Perspektive mit ihrem Akzent auf dem Chancengleichheitskonzept entspricht, betont die private Selbstverantwortung jedes Einzelnen und, falls eine Unterstützung dennoch erforderlich ist, bedarfsorientierte Programme, die sich jedoch auf minimale Leistungen beschränken sollen. Dieses Solidaritätsmodell ist charakteristisch für den liberalen Wohlfahrtsstaat, wie er gemäss Esping-Andersen in den USA, in Kanada oder Australien zu finden ist.

Die «partikularistische» Solidarität strebt die Erhaltung von Statusdifferenzen an, die sich im Arbeitsmarkt herausgebildet haben. Wie im bismarckschen Pensionskassenmodell besteht eine solidarische Verpflichtung *innerhalb,* aber nicht *zwischen* Berufsgruppen (bzw. beruflichen Positionen). Bevölkerungsgruppen, die nicht in den Arbeitsmarkt integriert sind (bzw. waren), haben keine Zugang zu diesen Versicherungsleistungen. Dieses «partikularistische» (oder «statusdifferenzielle») Solidaritätsmodell liegt dem konservativen, kontinentaleuropäischen Wohlfahrtsstaat zugrunde (wie z. B. in Deutschland oder Frankreich).

Bedeutsam an dieser Typologisierung ist, dass die verschiedenen Solidaritätsmodelle sehr unterschiedliche Umverteilungsziele beinhalten (vgl. dazu auch Goodin und Le Grand 1987). So strebt weder das «begrenzte» noch das «partikularistische» Solidaritätsmodell einen Abbau von Ungleichheitsstrukturen an. Vielmehr sollen Marktprozesse (bzw. die damit verbundenen Anreiz- und Selektionsinstrumente und faktischen Ungleichheiten) gestärkt werden (so beim «begrenzten» Solidaritätsmodell) oder bestehende Privilegien und Statusdifferenzen aufrecht erhalten und reproduziert werden (beim «partikularistischen» Modell). Im Gegensatz dazu bildet die Umverteilung von oberen zu unteren Einkommensgruppen ein tragendes Element der «universalistischen» Solidarität.

Ähnlich wie Esping-Andersen sprechen Korpi und Palme (1998) von einem «korporatistischen» Modell (das im Wesentlichen der partikularistischen Solidarität in Esping-Andersens konservativen Wohlfahrtsstaat entspricht), einem «umfassenden» (entspricht Esping-Andersens sozialdemokratischem Wohlfahrtsstaat), einem «bedarfsorientierten» und einem «Grundversicherungs-Modell» (im Sinne des ursprünglichen Beveridgemodells). Der Ansatz von Korpi und Palme (1998) unterscheidet sich jedoch in einer wichtigen Hinsicht von Esping-Andersens Vorgehensweise: Während letzterer eine Klassifizierung auf der Ebene von Wohlfahrtsstaaten anstrebt, stehen bei Korpi und Palme spezifische Sozialpolitikbereiche (z. B. Alterssicherung) bzw. Sozialpolitikinstrumente im Vordergrund.

Trotz verschiedener Schwachstellen – besonders kritisiert wurde etwa die Vernachlässigung des südeuropäischen Sozialpolitikmodells, der mangelhafte Einbezug der Geschlechter- und Generationenverhältnisse, die Ausblendung hybrider Formen und Entwicklungen (wie z. B. der Fall des schweizerischen Sozialpolitikmodells) sowie die fehlende Berücksichtigung von Sozialpolitikformen in der Peripherie (insbesondere Lateinamerika, Asien, Osteuropa) – hat sich die Verwendung solcher Typologien in der Sozialpolitikforschung als äusserst fruchtbar erwiesen. Im Folgenden soll deshalb die Frage der Redistributionsleistungen des Schweizer Sozialstaats vor dem Hintergrund der von Esping-Andersen unterschiedenen Solidaritätsmodelle untersucht werden. Die Vorgehensweise entspricht dabei jener von Korpi und Palme (1998), wobei Wirksamkeit und Umverteilungseffekte auf der Ebene der einzelnen sozialpolitischen Instrumente analysiert werden.

3 Instrumente und Leistungszweige der sozialen Sicherung und ihr Solidaritätsmodell

Die staatlichen Transferleistungen des Schweizer Sozialstaats setzen sich aus sogenannten *Sozialversicherungen* und *bedarfsabhängigen Transfers* zusammen. Die Sozialversicherungen schützen die Bevölkerung vor bestimmten Risiken (v.a. Invalidität, Krankheit, Unfall, Erwerbslosigkeit, Erwerbsausfall im Alter). Sozialversicherungen basieren auf dem Versicherungs- bzw. dem Kausalprinzip: Entscheidend für die Leistungsberechtigung ist die Ursache der Notlage und nicht die Notlage an sich. Der Leistungsumfang orientiert sich bei Sozialversicherungen zudem häufig am Äquivalenzprinzip (d.h. höhere Leistungen setzen höhere Prämienzahlungen voraus).

Im Unterschied zu Sozialversicherungsleistungen werden bedarfsabhängige Transfers nur im Bedarfsfall, d.h. bei Vorliegen einer Notsituation ausgerichtet; dieser Grundsatz wird auch als Bedarf- oder Finalprinzip bezeichnet. Die Leistungsgewährung erfolgt somit ungeachtet davon, wie die Notlage verursacht worden ist. Ausserdem richtet sich die Höhe der Leistung nach dem Bedarf und ist unabhängig von der Höhe der Beiträge (bzw. der Prämien). Bedarfsabhängige Sozialleistungen werden allerdings erst gewährt, wenn der Bedarf nicht durch andere Quellen (z. B. Versicherungs- oder Sozialversicherungsleistungen) gedeckt werden kann.

Die nachfolgende empirische Analyse unterscheidet die folgenden Sozialversicherungsleistungen und bedarfsabhängigen Transfers des Schweizer Sozialstaats:

Sozialversicherungsleistungen:

- Alters- und Hinterlassenenversicherung (AHV)
- Invalidenversicherung (IV)
- berufliche Vorsorge (BV)
- obligatorische Kranken- und Unfallversicherung (KV, UV)
- Arbeitslosenversicherung (ALV)
- Erwerbsersatzordnung (EO)
- Familienzulagen (FZ)

Bedarfsabhängige Sozialtransfers:

- Ergänzungsleistungen zur AHV und IV
- Sozialhilfeleistungen
- Prämienverbilligung zur Krankenversicherung
- Stipendien
- Arbeitslosenhilfe
- Mietzinszuschüsse

Können die oben aufgeführten Leistungen einem bestimmten Solidaritätsmodell zugeordnet werden? Zunächst liesse sich argumentieren, dass sich bedarfsabhängige Transfers naturgemäss eher am «begrenzten» Solidaritätsmodell orientieren. In der Schweiz gilt dies insbesondere für Stipendien, Sozialhilfeleistungen und Mietzinszuschüsse, da all diese Unterstützungsleistungen erst auf Antrag der Betroffenen und nach detaillierten Bedarfsabklärungen gewährt werden. Hinzu kommt, dass es sich um zeitlich befristete und (bezüglich des Umfangs) um minimale Leistungen handelt.

Weniger klar ist die Zuordnung bei den Ergänzungsleistungen. Zwar ist auch hier eine Bedarfsabklärung erforderlich, doch ist das Instrument der Ergänzungsleistung stärker standardisiert, die Leistungen sind umfangreicher und der Zugang für die Betroffenen erheblich einfacher (im Vergleich etwa zu Sozialhilfeleistungen), worauf u. a. die deutlich geringere Nichtbezugsquote hinweist (Farago et al. 2005). Das Instrument der Ergänzungsleistungen orientiert sich deshalb eher an einem «universalistischen» bzw. einem Grundversicherungsmodell. Noch deutlicher ist dies bei den Prämienverbilligungen zur Krankenversicherung der Fall. Diese lassen sich dem «universalistischen» Solidaritätsmodell, zuordnen, da diese Leistung für die gesamte Wohnbevölkerung offensteht, das Verfahren einfach gestaltet ist und die Betroffenen direkt von den zuständigen Behörden kontaktiert werden. Zum «universalistischen» Modell zählen in der Schweiz ebenso die Kranken- und Unfallversicherung (aufgrund ihres Obligatoriums) sowie die Alters- und Hinterlassenenversicherung.

Als «partikularistisch» lassen sich jene Transferleistung bezeichnen, deren Zugang von der Integration in den Arbeitsmarkt abhängig ist bzw. die an ein Mindesteinkommen gebunden sind. Dies trifft insbesondere auf die berufliche Vorsorge zu. Für eine solche Zuordnung spricht nicht nur der Sachverhalt, dass bestimmten Gruppen (Selbständigerwerbende, Niedriglohnempfänger, Teilzeitbeschäftigte mit geringem Beschäftigungsumfang bzw. mehreren Anstellungen) der Zugang zu diesen Leistungen verwehrt ist, sondern auch die erheblichen Unterschiede im Leistungsumfang zwischen verschiedenen Berufsgruppen bzw. Berufspositionen. Schliesslich kann auch die Arbeitslosenversicherung dem «partikularistischen» Modell zugeordnet werden.

Vor dem Hintergrund dieser Überlegungen lassen sich die weiter oben formulierten drei Forschungsfragen mit Hilfe der folgenden Hypothesen präzisieren:

1) Zur Frage der Bedeutung der staatlichen Sozialleistungen für das Einkommen der Schweizer Haushalte wird erwartet, dass diese Transferleistungen eine wichtige einkommenssichernde Funktion ausüben, insbesondere für die armutsgefährdeten Haushalte. Bei Leistungen, die sich am «universalistischen» Solidaritätsmodell orientieren (AHV, KV, UV, EL, Prämienverbilligung zur KV), sollte dieser einkommenssichernde Beitrag am deutlichsten sichtbar sein.
2) Bezüglich der Wirksamkeit der sozialstaatlichen Leistungen wird eine hohe Wirksamkeit der bedarfsabhängigen Transfers bei der Reduktion von Armut erwartet, wobei die Effekte bei den «universalistisch» ausgerichteten Leistungstypen (Ergänzungsleistungen, Prämienverbilligung zur Krankenversicherung) am grössten sein sollten.
3) Zur Frage der Verteilungswirkungen der Sozialen Sicherung wird erwartet, dass die Umverteilungseffekte in Abhängigkeit vom Solidaritätsmodell und vom Umfang der Transfers variieren. Die grössten Umverteilungseffekte werden bei denjenigen Transferleistungen erwartet, die auf einem «universalistischen» Modell basieren. Die geringsten Umverteilungswirkungen gehen von «partikularistisch» orientierten Transfers aus.

4 Der Beitrag staatlicher Transfers zur Einkommenssicherung

Die Bedeutung staatlicher und privater Transfers wird empirisch anhand von zwei Masszahlen bewertet: 1) der Anteil der Haushalte, die im Verlaufe des Kalenderjahres staatliche und/oder private Transfers beziehen, und 2) der Anteil dieser Transfers am gesamten Haushaltseinkommen. Die Berechnungen werden nach Einkommensklassen, Altersgruppen und Haushaltsformen vorgenommen.

1) Im untersten Einkommensdezil beziehen 24% der Bevölkerung im erwerbsfähigen Alter und 38% der Rentnerinnen und Rentner bedarfsabhängige Sozialleistungen – also z. B. Sozialhilfe, Prämienverbilligungen zur Krankenversicherung oder Ergänzungsleistungen zur AHV/IV. Auch bestimmte Haushaltstypen sind in hohem Mass auf Sozialleistungen angewiesen: Zwei

Drittel der Alleinerziehenden müssen staatliche und private Transferleistungen in Anspruch nehmen. Die Sozialversicherungsleistungen – also AHV/IV, berufliche Vorsorge, Arbeitslosenversicherung – variieren demgegenüber kaum zwischen den Einkommensklassen. Praktisch alle Rentnerhaushalte beziehen Sozialversicherungsleistungen, hauptsächlich Altersrenten. Hinsichtlich der Bevölkerung im erwerbsfähigen Alter zeigt sich eine leicht erhöhte Inanspruchnahme von Sozialversicherungsleistungen in den unteren drei Einkommensklassen. Neben den staatlichen Leistungen tragen auch die privaten Transfers zur Einkommenssicherung in den untersten Einkommensklassen bei. So beziehen innerhalb der Bevölkerung im erwerbsfähigen Alter knapp 13% der Haushalte im untersten Einkommensdezil solche Leistungen – in den höheren Einkommensklassen vermindert sich dieser Anteil jedoch kontinuierlich und sinkt ab dem siebten Einkommensdezil unter 4%.

2) Die Bedeutung staatlicher und privater Transferleistungen als wichtige Quelle der Einkommenssicherung zeigt sich auch in Bezug auf ihren Anteil am Gesamteinkommen. Zwar beträgt der Anteil des Transfereinkommens am gesamten Einkommen aller Haushalte lediglich 14%. Für die besonders armutsgefährdeten Haushalte im untersten Einkommensquintil deckt das Transfereinkommen mit 32% jedoch nahezu einen Drittel des gesamten Einkommens ab. Für diese grosse einkommenssichernde Funktion staatlicher Transfers ist besonders die AHV verantwortlich, deren Anteil im untersten Einkommensquintil 20% beträgt. Die bedarfsabhängigen Transfers (Ergänzungsleistungen, Sozialhilfe) leisten – teilweise in Kombination mit Sozialversicherungsleistungen – mit 3,2% im ersten Quintil nur einen geringen Beitrag.

Eine erstaunlich grosse Rolle spielen die privaten Unterstützungsleistungen (v.a. Alimente), die umfangmässig die bedarfsabhängigen staatlichen Transfers übertreffen. Wie die bedarfsabhängigen Transfers sind sie mit 3,9% im untersten Quintil besonders für die niedrigsten Einkommensgruppen von grösserer Bedeutung.

Die einkommenssichernde Funktion der staatlichen und privaten Transferleistungen gerade für die bedürftigsten Haushalte entspricht den Prinzipien des modernen Sozialstaats. Besonders hervorzuheben sind die AHV, die bedarfsabhängigen staatlichen Transfers sowie die privaten Unterstützungsleistungen. Die übrigen Sozialversicherungen, insbesondere die berufliche Vorsorge, weisen in dieser Hinsicht jedoch Defizite auf. Diese Systeme sichern in erster Linie die Einkommen der mittleren Einkommensgruppen ab.

5 Die Wirksamkeit bedarfsabhängiger Sozialleistungen für die Armutsbekämpfung

Um die Wirksamkeit von Sozialleistungen beziffern zu können, muss Armut quantifiziert werden. Mit Hilfe einer festgelegten Armutsgrenze können die von Armut betroffenen Haushalte und Personen identifiziert werden. Die Schweiz kennt zwar keine offiziell anerkannte Armutsgrenze. Dennoch haben sich in der sozialpolitischen Praxis bestimmte Standards herausgebildet, die als politische Armutsgrenzen bezeichnet werden können. Eine untere Armutsschwelle beruht auf den Richtsätzen für die Bemessung der Sozialhilfe, die obere Grenze auf der Bezugsberechtigung für Ergänzungsleistungen zur AHV und IV. Die untere Armutsschwelle betrug 1992 für einen Einpersonenhaushalt 1800 Franken pro Monat, die obere lag bei 2100 Franken. Für Haushalte mit mehreren Personen passt sich die Armutsgrenze entsprechend bestimmter Äquivalenzkoeffizienten nach oben an. Die Wirksamkeit staatlicher Sozialleistungen wird aufgrund dieser beiden Armutsgrenzen und dem gebräuchlichsten Armutsindikator, der Armutsquote, berechnet. Die Armutsquote misst den Anteil der von Armut betroffenen Bevölkerung an der Gesamtbevölkerung. Das Ausmass der Reduktion der Armutsquote vor und nach bedarfsabhängigen Transfers (d.h. des Vergleichs zwischen Vor- und Nachtransfer-Armut) ist ein Kennwert für die Wirksamkeit der betreffenden Sozialleistungen.

Die empirischen Ergebnisse zeigen, dass die Ergänzungsleistungen zur AHV eine hohe Wirksamkeit aufweisen. Die Armutsquote bei Rentnerhaushalten verringert sich durch diese staatlichen Transfers bezüglich der unteren Armutsgrenze um 60% (von 8,7 auf 3,6%), bezüglich der oberen Armutsschwelle um ca. 30% (von 13 auf 9,6%). Die in der nationalen Armutsstudie aufgezeigte unterdurchschnittliche Armutsbetroffenheit von Altersrentnern ist somit auf die hohe Wirksamkeit der sozialstaatlichen Massnahmen zurückzuführen – und zwar in erster Linie auf die Ergänzungsleistungen. Ohne diese Interventionen wiese die Gruppe der Rentnerinnen und Rentner eine überdurchschnittliche hohe Armutsquote auf. Allerdings gibt es auch unter den Rentnern nach wie vor Gruppen mit sehr hohen Armutsquoten – insbesondere bei Personen ausländischer Nationalität.

Innerhalb der Bevölkerung im erwerbsfähigen Alter können staatliche bedarfsabhängige Leistungen insgesamt nur geringe armutsmindernde Wirkungen entfalten. Die Armutsquote reduziert sich lediglich um ca. einen Prozentpunkt (bzw. um ca. 10%). Bei einzelnen Bevölkerungsgruppen lassen sich allerdings grössere Effekte nachweisen. Es handelt sich dabei vor allem um alleinerziehende Mütter, Erwerbslose und Geschiedene, also um die besonders armutsgefährdeten Bevölkerungsgruppen. Dank den staatlichen Sozialleistungen kann die überdurchschnittlich hohe Vortransfer-Armut dieser Gruppen deutlich verringert werden. Bezüglich der unteren Armutsgrenze vermindert sich die Armutsquote der Alleinerziehenden um fünf Prozentpunkte (von 16,1 auf 11,1%), bei den Erwerbslosen um sechs Prozentpunkte (von 18,4 auf 12,5%) und bei den Geschiedenen um etwas mehr als vier Prozentpunkte (von 13,1 auf 8,8%). Auch nach Berücksichtigung der Sozialtransfers zählen diese Gruppen jedoch zu den am stärksten von Armut Betroffenen.

6 Verteilungswirkungen und Umverteilungseffekte staatlicher Sozialleistungen

Verteilungswirkungen und Umverteilungseffekte staatlicher Transfers werden einerseits anhand eines spezifischen Umverteilungsmasses (auf der Ebene von Einkommensquintilen und einzelnen Sozialleistungstypen) und andererseits mittels des Effekts auf die generelle Einkommensverteilung untersucht. Zur Beurteilung der Verteilungswirkungen der einzelnen Sozialleistungstypen wird der Nettotransfer berechnet, mit anderen Worten die Differenz zwischen Beiträgen und Bezügen der verschiedenen Einkommensklassen, d.h. der Anteil der zwischen den Einkommensklassen umverteilten Beträge. Der Quotient zwischen der Summe der Beiträge und der Summe der Bezüge der verschiedenen Einkommensklassen gibt den *Deckungsgrad* an. Je geringer der Deckungsgrad einer Einkommensgruppe, desto grösser der finanzielle Beitrag, der von den anderen Einkommensgruppen geleistet wird. Schliesslich wird der Einfluss staatlicher Sozialtransfers auf die generelle Einkommensverteilung errechnet, indem gebräuchliche Konzentrationsmasse (Gini-Koeffizient und Atkinson-Index) vor und nach dem Transfer der Sozialleistungen miteinander verglichen werden.

Tabelle 1: Deckungsgrad bei den Sozialversicherungen nach Einkommensquintilen 1992 (AHV, IV, ALV, EO; n=6079)

Einkommensquintil	Beiträge (in CHF)	Bezüge (in CHF)	Differenz (in CHF)	Deckungsgrad (in %)
1. Quintil: bis 37 300	1 801 000	12 171 000	10 370 000	15%
2. Quintil: bis 53 500	4 495 000	11 307 000	6 812 000	40%
3. Quintil: bis 69 400	7 513 000	7 812 000	299 000	96%
4. Quintil: bis 92 200	10 293 000	6 929 000	–3 364 000	148%
5. Quintil: über 92 200	17 097 000	7 509 000	–9 588 000	228%

Quelle: Suter und Mathey (2002: 46 ff.).

Tabelle 2: Deckungsgrad bei den bedarfsabhängigen Sozialleistungen nach Einkommensquintilen 1992 (n=6079)

Einkommensquintil	Beiträge (in CHF)	Bezüge (in CHF)	Differenz (in CHF)	Deckungsgrad (in %)
1. Quintil: bis 37 300	273 000	1 546 000	1 274 000	18%
2. Quintil: bis 53 500	381 000	1 039 000	657 000	37%
3. Quintil: bis 69 400	609 000	639 000	30 000	95%
4. Quintil: bis 92 200	805 000	525 000	–280 000	153%
5. Quintil: über 92 200	2 088 000	408 000	–1 680 000	521%

Quelle: Suter und Mathey (2002: 55 ff.).

Aus den *Tabellen 1* und *2* geht zunächst hervor, dass sowohl bei den Sozialversicherungen wie bei den bedarfsabhängigen Transferleistungen eine Umverteilung von den oberen zwei zu den unteren zwei Einkommensquintilen vorliegt, während das mittlere Einkommenssegment eine ausgeglichene Bilanz aufweist. Dabei profitiert vor allem das unterste Einkommensquintil von den Beiträgen der anderen Einkommensgruppen, die sowohl bei den Sozialversicherungen wie bei den bedarfsabhängigen Transfers für über 80% der Bezüge der untersten Einkommensgruppe aufkommen. Vor allem im obersten Einkommensquintil übersteigt die Summe der Beiträge deutlich jene der Bezüge: Bei den Sozialversicherungen liegt der Deckungsgrad über 200% und bei den bedarfsabhängigen Sozialtransfers gar über 500%.

Abbildung 1: Deckungsgrad aller staatlichen Transferleistungen (Summe der Beiträge / Summe der Bezüge, nach Quintilen)

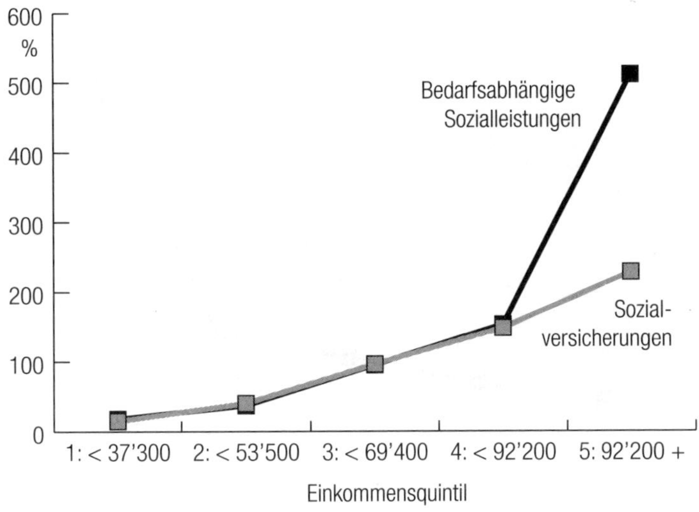

Wie *Abbildung 1* verdeutlicht, sind die Unterschiede im Deckungsgrad zwischen Sozialversicherungen und bedarfsabhängigen Transfers insgesamt erstaunlich gering. Sie beschränken sich auf den deutlich höheren (prozentualen) Beitrag des obersten Einkommenssegments im Falle der bedarfsabhängigen Leistungen, wohingegen der Deckungsgrad der untersten vier Einkommensquintile praktisch identisch ist.

Allerdings unterscheiden sich die einzelnen Sozialleistungstypen *innerhalb* der Sozialversicherungen und *innerhalb* der bedarfsabhängigen Transfers erheblich hinsichtlich ihrer Verteilungswirkungen und Umverteilungseffekte. So zeigt *Abbildung 2* deutliche Differenzen zwischen der Arbeitslosenversicherung und der AHV bezüglich des Verhältnisses von Bezügen und Beiträgen des dritt- und zweitobersten Einkommensquintils. Die zweitoberste Einkommensgruppe profitiert erheblich von der Arbeitslosenversicherung: Sie bezieht fast doppelt so viel wie sie einbezahlt. Demgegenüber ist dieses Einkommenssegment bei der AHV mit einem Deckungsgrad von 150% ein wichtiger Nettozahler. Bei der Arbeitslosenversicherung erstaunen auch die vergleichsweise geringen Unterschiede im Deckungsgrad zwischen dem ersten und dem vierten Einkommensquintil. So ist der Deckungsgrad in der untersten Einkommensklasse mit 20% nur unwesentlich tiefer als in den nachfolgenden Einkommensquintilen. Ein deutlicher Bruch lässt sich erst zwischen dem obersten und zweitobersten Einkommensquintil erkennen: In der obersten Einkommensgruppe wird rund doppelt so viel einbezahlt wie

Abbildung 2: Deckungsgrad Sozialversicherung (AHV, ALV) (Summe der Beiträge / Summe der Bezüge, nach Quintil)

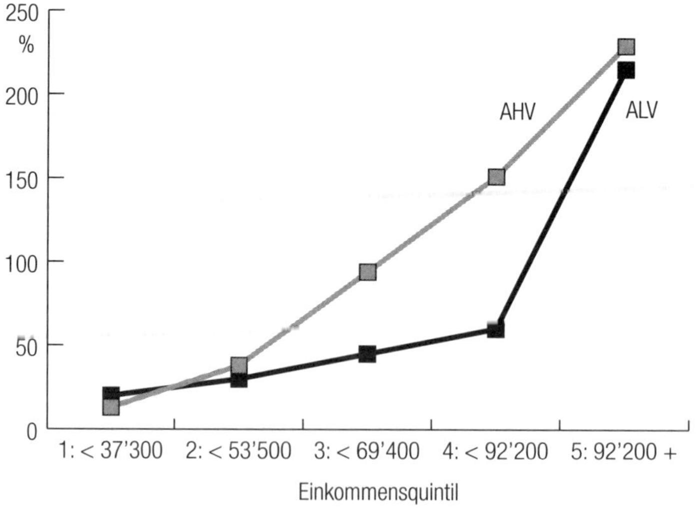

bezogen. Eine Umverteilung findet somit hauptsächlich von der obersten zu den mittleren und unteren Einkommensgruppen statt. Die häufig geäusserte These, wonach der Mittelstand die Hauptlasten des sozialen Sicherungssystems zu tragen habe, lässt sich somit in Bezug auf die Arbeitslosenversicherung in den 1990er-Jahren nicht belegen.

Die berufliche Vorsoge konnte für die Berechnungen von *Tabelle 1* und *Abbildung 2* nicht berücksichtigt werden, da sich aufgrund des uneinheitlichen Beitragssatzes das Verhältnis zwischen Pensionskassenbeiträgen und -bezügen pro Einkommensquintil nicht ermitteln lässt. Hingegen konnten die sozialstrukturellen Merkmale der nichtbeitragspflichtigen Haushalte untersucht werden. Dabei zeigt sich, dass Personen, die keine Pensionskassenbezugsberechtigung haben, überdurchschnittlich auf Ergänzungsleistungen und andere bedarfsabhängige Sozialleistungen angewiesen sind. Die heutigen Versicherungslücken können somit künftig zu erheblichen Kosten bei den bedarfsabhängigen Sozialleistungen führen. Bei der beruflichen Vorsorge können auch deshalb keine Umverteilungseffekte zu Gunsten unterer Einkommensgruppen erwartet werden, da die Konten ohne Solidaritätskomponente individuell von den Versicherten während ihres Erwerbslebens geäufnet und nach der Pensionierung bezogen werden.

Unterschiedliche Umverteilungswirkungen zeigen sich auch innerhalb der verschiedenen bedarfsabhängigen Leistungszweige (vgl. Abbildung 3). Ein starker Umverteilungseffekt zwischen den Einkommensklassen geht von den Ergänzungsleistungen und den Verbilligungen der Krankenkassenprämien aus. Bei diesen zwei Leistungszweigen finanzieren die Beiträge der obersten drei Einkommensquintile in erheblichem Masse die Bezüge der unteren beiden Einkommensgruppen mit. So beträgt der Deckungsgrad im untersten Einkommensquintil lediglich 12%, während er beim obersten Einkommensquintil bei über 1000% liegt. Bei der Sozialhilfe und insbesondere bei den Stipendien sind die Umverteilungswirkungen zugunsten ärmerer Haushalte deutlich geringer ausgeprägt. So verbleiben bei den Stipendien die Mittel im Wesentlichen in jenen Einkommensklassen, wo sie herkommen. Lediglich das oberste Einkommensquintil weist mit einem Deckungsgrad von 184% (der allerdings noch geringer ausfällt als bei der Arbeitslosenversicherung) einen positiven Nettotransfer auf.

Die oben untersuchten staatlichen Transferleistungen haben aufgrund ihrer Umverteilungseffekte auch Auswirkungen auf die gesamte Einkommensverteilung. Diese hängen einerseits von der Stärke des Umverteilungseffektes ab (d.h. vom Grad der von den oberen zu den unteren Einkommensklassen umverteilten Beiträge). Andererseits spielt auch die betragsmässige Bedeutung eines Sozialleistungszweiges eine wichtige Rolle. So ist denkbar, dass eine

Abbildung 3: Deckungsgrad bedarfsabhängige Transfers (Summe der Beiträge / Summe der Bezüge, nach Quintil)

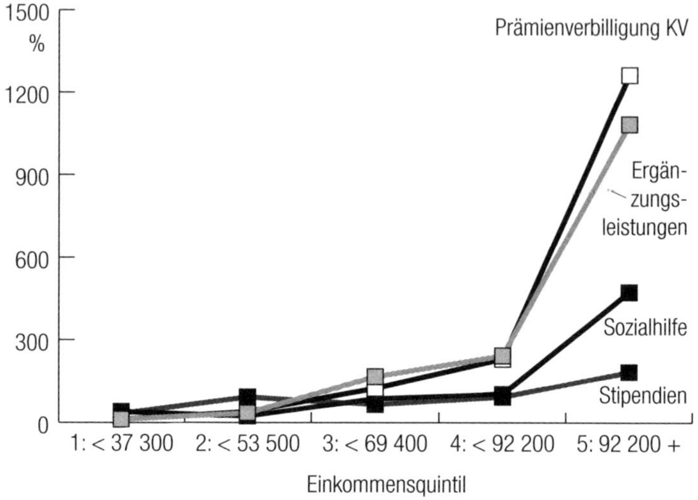

bestimmte Sozialleistung zwar beträchtliche Umverteilungseffekte zwischen Einkommensgruppen aufweist, aufgrund der geringen finanziellen Ausstattung die gesamte Einkommensverteilung aber nicht zu beeinflussen vermag. Wie bereits erwähnt, werden dazu der Gini-Koeffizient und der Atkinson-Index vor und nach Transfer staatlicher Sozialleistungen errechnet.

Die Ergebnisse zeigen, dass bedarfsabhängige Sozialtransfers u. a. aufgrund ihres relativ kleinen Volumens nur sehr geringe Auswirkungen auf das Ausmass der generellen Einkommensungleichheit zwischen den Haushalten haben. Die Ungleichheitsindizes sind vor und nach dem Transfer bedarfsabhängiger Sozialleistungen praktisch identisch, nämlich 0,278 bzw. 0,273 beim Gini-Koeffizienten und 0,070 bzw. 0,068 beim Atkinson-Index. Lediglich innerhalb spezifischer Bevölkerungsgruppen, v.a. bei Rentnerinnen und Rentnern sowie Alleinlebenden und Alleinerziehenden, gelingt es, die Einkommensungleichheit abzubauen.

Bei den verschiedenen Leistungszweigen der Sozialversicherungen zeigen sich unterschiedliche Effekte. Ähnlich schwache Umverteilungseffekte wie die oben erwähnten bedarfsabhängigen Transfers weist die Arbeitslosenversicherungen auf. Hingegen vermag die AHV eine beträchtliche Verminderung der Einkommensungleichheit zu bewirken. So würde der Gini-Koeffizient ohne AHV-Rente 0,316 betragen (nach Transfer 0,273) und der Atkinson-Index 0,094 (nach Transfer 0,068). Besonders deutlich ist der Einkommensgewinn dank der AHV-Leistungen im untersten Einkommensquintil. Das grosse

Umverteilungspotenzial der AHV kommt dadurch zustande, dass bei den Bezügen die Rentenhöhe nur vergleichsweise lose verbunden ist mit der Höhe des vorherigen Erwerbseinkommens, während die Beiträge aufgrund des für alle identischen Beitragssatzes linear ans Einkommen gebunden sind. Da sich die Alterssicherung gegenwärtig von der AHV auf die berufliche Vorsorge verlagert – auf der Einnahmeseite hat die berufliche Vorsorge die AHV bereits übertroffen –, dürften sich die Umverteilungseffekte bei der Renterpopulation zukünftig erheblich verringern.

7 Schlussbetrachtung

Die empirischen Ergebnisse zu den drei eingangs gestellten Fragen lassen sich folgendermassen beantworten:

Staatliche und private Transferleistungen tragen wesentlich zur finanziellen Absicherung von Haushalten mit niedrigen Einkommen bei. Die staatlichen Sozialleistungen haben demnach für die unteren Einkommensklassen eine wichtige einkommenssichernde Funktion. Die verschiedenen Zweige der sozialen Sicherheit tragen jedoch in sehr unterschiedlichem Ausmass zu dieser Einkommenssicherung bei. Wie erwartet schneiden die am «universalistischen» Solidaritätsmodell orientierten Leistungszweige (insbesondere die AHV) diesbezüglich am besten ab, während die dem «partikularistischen» Solidaritätsmodell zugeordneten Instrumente (insbesondere berufliche Vorsorge und Arbeitslosenversicherung) wenig zur Absicherung der untersten Einkommen beitragen.

Die Wirksamkeit der verschiedenen bedarfsabhängigen Sozialleistungen bei der Linderung von Armut variiert erheblich zwischen Bevölkerungsgruppen und Leistungstypen. Eine hohe Wirksamkeit weisen wie erwartet die auf die Rentnerhaushalte ausgerichteten und am «universalistischen» Solidaritätsmodell orientierten Ergänzungsleistungen auf. Demgegenüber können die weitgehend auf das «begrenzte» Solidaritätsmodell bezogenen bedarfsabhängigen Sozialleistungen (z. B. Sozialhilfe) für die Bevölkerung im erwerbsfähigen Alter nur eine geringe generelle Wirksamkeit entfalten.

Die verschiedenen Sozialleistungszweige haben unterschiedliche Verteilungswirkungen. Zwar gibt es nur geringfügige Unterschiede zwischen den gesamten Sozialversicherungen und den gesamten bedarfsabhängigen Sozialleistungen. Hingegen zeigen sich *innerhalb* der einzelnen Sozialversicherungen und *innerhalb* der einzelnen bedarfsabhängigen Transfers erhebliche Differenzen. Die Umverteilungseffekte zugunsten der unteren Einkommensgruppen sind am stärksten bei denjenigen Leistungszweigen, die sich an einem «universalistischen» Solidaritätsmodell orientieren (Krankenkassenprämienverbilligung, Ergänzungsleistungen, AHV). Die dem «begrenzten» Solidaritätsmodell zugeordneten Leistungszweige (Stipendien, Sozialhilfe, Mietzinszuschüsse) weisen allenfalls mittlere (Sozialhilfe), z.T. aber auch sehr geringe Umverteilungseffekte auf (Stipendien). Transfers, die auf einem «partikularistischen» Solidaritätsmodell basieren (berufliche Vorsorge, Arbeitslosenversicherung), weisen Umverteilungseffekte zugunsten der mittleren Einkommensgruppen auf. Von den staatlichen Transfers vermag lediglich die AHV die generelle Einkommensungleichheit merklich zu verringern.

8 Literatur

Baldwin, Peter (1990): *The Politics of Social Solidarity: Class Bases of the European Welfare State, 1875–1975.* Cambridge: Cambridge University Press.

Blau, Peter M. und Otis Dudley Duncan (1967): *The American Occupational Structure.* New York: Wiley.

Bourdieu, Pierre (1966): Condition de classe et position de classe. *Archives européennes de sociologie,* 2/7: 201–229.

Bourdieu, Pierre (1979): *La distinction.* Paris: Minuit.

Castel, Robert (1995): *Les métamorphoses de la question sociale.* Paris: Fayard.

Dahrendorf, Ralf (1957): *Soziale Klassen und Klassenkonflikt in der industriellen Gesellschaft.* Stuttgart: Enke.

Davis, Kingsley und Wilbert E. Moore (1945): Some Principles of Stratification. *American Sociological Review,* 10 (2): 242–249.

Esping-Andersen, Gøsta (1990): *The Three Worlds of Welfare Capitalism.* Cambridge: Polity Press.

Farago, Peter, Christian Suter, Petra Hutter Király und Beat Brunner (2005): *Prekäre Lebenslagen: Subjektive Bewertungen und Handlungsstrategien in Haushalten mit knappen finanziellen Ressourcen (=Beiträge zur Sozialen Sicherheit 2/05).* Bern: Bundesamt für Sozialversicherung.

Goodin, Robert und Julien Le Grand (1987): *Not Only for the Poor. The Middle Classes and the Welfare State.* London: Allen and Unwin.

Korpi, Walter und Joakim Palme (1998): The Paradox of Redistribution and Strategies of Equality: Welfare State Institutions, Inequality and Poverty in the Western Countries. *American Sociological Review,* 63: 661–687.

Künzi, Kilian und Markus Schärrer (2004): *Wer zahlt für die Soziale Sicherheit und wer profitiert davon?* Zürich/Chur: Rüegger.

Lenski, Gerhard (1966): *Power and Privilege: A Theory of Social Stratification.* New York: McGraw-Hill.

Leu Robert, Stefan Burri und Tom Priester (1997): *Lebensqualität und Armut in der Schweiz.* Bern: Haupt.

Levy, René, Dominique Joye, Olivier Guye und Vincent Kaufmann (1997): *Tous égaux? De la stratification aux représentations.* Zürich: Seismo.

Levy, René und Christian Suter (2002): Stratification Research in Switzerland: Where Are We at? *Schweizerische Zeitschrift für Soziologie,* 28 (2): 181–192.

Marshall, Thomas (1950): *Citizenship and Social Class.* Cambridge: Cambridge University Press.

Parsons, Talcott (1940): An Analytical Approach to the Theory of Social Stratification. *American Journal of Sociology,* 45: 841–862.

Paugam, Serge (2000): *Le salariat de la précarité.* Paris: PUF

Stamm, Hanspeter, Markus Lamprecht und Rolf Nef (2003): *Soziale Ungleichheit in der Schweiz. Strukturen und Wahrnehmungen.* Zürich: Seismo.

Suter, Christian und Marie-Claire Mathey (2000): *Efficacité et effets de redistribution des prestations sociales publiques.* info:social no. 3. Neuchâtel: Office fédéral de la statistique.

Suter, Christian und Marie-Claire Mathey (2002): *Wirksamkeit und Umverteilungseffekte staatlicher Sozialleistungen. Zusatzauswertungen zur nationalen Armutsstudie.* Neuchâtel: Bundesamt für Statistik.

Titmuss, Richard M. (1958): *Essays on the Welfare State.* London: Allen and Unwin.

Titmuss, Richard M. (1974): *Social Policy.* London: Allen and Unwin.

Wright, Erik Olin (1985): *Classes.* London: Verso.

Generationengerechtigkeit: Ungleichheitsanalytische Lücken der Generationenkonflikt-These

Monica Budowski und Michael Nollert

1 Einleitung

Über das Thema Generationengerechtigkeit und soziale Ungleichheit wird zurzeit auch in der Schweiz heftig debattiert: Es geht um Fragen gesellschaftlicher Solidarität und um Aspekte der sozialen Sicherung als Ausdruck dieser Solidarität. Die Schweiz steht wie alle anderen Gesellschaften vor grossen demografischen Herausforderungen.[1] Wanders et al. (2002) haben mittlere Fertilitäts-, Sterblichkeits- und Wanderungsannahmen zu einem «Trend»-Szenario kombiniert, demzufolge die Bevölkerung der Schweiz in den nächsten 30 Jahren um 3 Prozent zunehmen würde. Bis 2060 würde sie jedoch wieder sinken und rund 2 Prozent unter dem Ausgangsniveau des Jahres 2000 liegen. Auch der Anteil der älteren Bevölkerung würde von 15,4 Prozent im Jahr 2000 bis 2006 auf 23,8 Prozent zunehmen. Damit würde sich der Altersquotient der Bevölkerung von 25 Älteren pro 100 Personen im erwerbsfähigen Alter (20- bis 64-Jährige) im Jahr 2000 auf über 43 Ältere pro 100 Personen erhöhen.

Diese Entwicklung wird sich auf eine Reihe von Institutionen auswirken, von den Sozialversicherungen bis hin zum Arbeitsmarkt. Viele Massenmedien thematisieren seit Jahren die sozialpolitischen Implikationen dieser demografischen Veränderungen. Entsprechend liest man Schlagzeilen wie etwa «Stirbt die Schweiz aus?» oder «Für die Wenigen wird alles besser». Zudem wird gewarnt, dass die Altersvorsorge nicht mehr finanziert werden könne, oder es wird eine gerechtere Verteilung der Kosten der Sozialversicherungswerke zwischen den Generationen gefordert. Weiter gehören Schlagzeilen zum Armutsrisiko zu diesem Thema. Franz-Xaver Kaufmann (2005) meint

1 Die Bevölkerungsstruktur wandelt sich indes nicht erst heute, sondern tat dies in der Vergangenheit permanent. Die Bevölkerung in der Schweiz hat sich seit 1860 verdreifacht. Seit Ende des Zweiten Weltkriegs ist der Bevölkerungssaldo, also das Wachstum der Bevölkerung, stärker von der Einwanderung als von den Geburten geprägt. Seit Ende der 1960er-Jahre ist eine Beschleunigung der Alterung zu beobachten (Wanders et al. 2002).

gar, dass sich die Gesellschaft im 21. Jahrhundert vorab mit der Frage beschäftigen muss, wie wir den schwelenden Generationenkonflikt bewältigen können. So schreibt er:

> «War in der Entstehungsphase des Sozialstaats und bis weit ins 20. Jahrhundert hinein die Eingrenzung des Klassenkonflikts das Hintergrundthema aller sozialpolitischen Auseinandersetzungen, so scheint dies im 21. Jahrhundert die Eingrenzung des Generationenkonflikts zu sein.» (Kaufmann 2005: 161)

Diese Ansicht postuliert einen intergenerationellen Konflikt über die Verteilung von Ressourcen, wobei zwischen der Sphäre des Erwerbslebens und der Sphäre der sozialen Sicherung (Wohlfahrtsbezug, z. B. Bezug von Renten) unterschieden wird. Auf diesen Konflikt wies Turner (1989) bereits Ende der 1980er-Jahre hin, betonte er doch, dass die gesellschaftliche Alterung nicht nur der Wirtschaft Probleme bereiten wird, sondern in Zeiten ökonomischer Rezession zusätzlich Potential für Konflikt zwischen den Generationen berge.

Die Abhängigkeit der beiden Sphären – ausgedrückt durch den Indikator *dependency ratio* respektive *aged dependency ratio* – stellt den Ausgangspunkt dieser Perspektive dar. So konstituiere der institutionalisierte Übertritt in den Ruhestand gleichzeitig den Übergang in die Abhängigkeit vom Sozialstaat und somit von anderen Generationen (Turner 1989). Dieser Konflikt um Ressourcen wird durch die Änderung der demografischen Bevölkerungsstruktur und durch den – in unterschiedlichem Ausmass – diskutierten und durchgeführten Abbau sozialstaatlicher Leistungen noch akzentuiert. Dies umso mehr, als die jüngeren Bevölkerungsgruppen kaum erwarten dürften, das Niveau des Wohlstands der heutigen älteren Bevölkerungsgruppen zu erreichen (Kohli 2002).

Dieses Konfliktszenario ist umstritten: Erstens kommen Studien zum Schluss, dass die Ansprüche an Ressourcen nicht alleine auf die Konfliktlinien von Alter und Generation zurückzuführen sind, sondern ebenfalls auf Konfliktlinien im Zusammenhang mit der geschlechtsspezifischen Arbeitsteilung zwischen Männern und Frauen und der Verteilung der Ressourcen über den individuellen Lebenszyklus hinweg (Irwin 1998, 1996). Zweitens lässt sich auf der Basis von Umfragedaten argumentieren, dass die beitragszahlenden Erwerbstätigen die Unterstützung der älteren Bevölkerungssegmente nach wie vor nicht in Frage stellen (Kohli 1999; Szydlik 2000). Drittens stellt sich die Frage, ob Generationen analog zu Klassen kollektive Akteure mit gemeinsamen Interessen sind. Zwar haben sich Pensionierte in einigen Ländern zu einer politischen Kraft vereinigt (Kohli 1999); Kohli (2005b) und Armingeon (2006) indes weisen darauf hin, dass dieses Organisationspotential komplex ist. Für das Argument des Generationenkonflikts sprechen allenfalls Meinungsumfragen, welche nachweisen, dass verschiedene Bevölkerungsgruppen altersspezifische Eigeninteressen verfolgen (z. B. dass ältere Bevölkerungsgruppen Alterssicherungs- und Gesundheitsausgaben als wichtiger erachten als Arbeitslosigkeits- und Ausbildungsausgaben) (Bonoli und Häusermann 2009). Viertens lässt sich einwenden, dass sich das demografische Problem relativ einfach mittels einer auf die Altersstruktur ausgerichteten Migrationspolitik lösen liesse (Barlösius und Schiek 2007). Fünftens entlastet eine sinkende Geburtenziffer all jene Bereiche, die sich mit den Kindern und Jugendlichen befassen (Kinderspitäler, Schulen usw.). Sechstens ist es nicht so, dass mit einer anteilsmässigen Zunahme an Seniorinnen und Senioren die jüngeren Generationen quasi automatisch an sozialstaatlicher Unterstützung einbüssen. So dokumentiert unter anderem die Studie von Blome et al. (2008), dass in Deutschland, Italien und Frankreich trotz demografischer Alterung die jüngeren Kohorten einen Zuwachs an Unterstützung erfahren haben. Siebtens weisen zwar Untersuchungen darauf hin, dass die Ressourcenallokation zugunsten der älteren Bevölkerung ausfällt (so wird z. B. ein Zusammenhang zwischen der Reduktion der Ausbildungsausgaben pro schulpflichtiges Kind und einer proportionalen Zunahme der älteren US-Bevölkerung über den Zeitraum 1960–1997 nachgewiesen, siehe Poterba 1997). Wie Lynch (2006) jedoch ausführt, sind solche Resultate nicht zwangsläufig ein Indiz für Generationenkonflikte, sondern unerwartete Effekte früherer sozialpolitischer Entscheidungen. Achtens lässt sich monieren, dass die pessimistischen Szenarien in der Regel auf sogenannten Generationenbilanzen beruhen. Diese Bilanzen berücksichtigen ausschliesslich Prognosen, die auf sozialstaatlichen Sozialtransferleistungen und Fiskaldaten beruhen. Somit würde eine Vielzahl intrafamilialer Transfers zwischen Grosseltern, Eltern und Kindern vernachlässigt. Neuntens wird den Protagonisten der Generationenkonflikt-These vorgeworfen, sie würden damit ungleich wichtigere soziale Verwerfungen und Konfliktpotentiale verschleiern (Walker 1996). Am deutlichsten wird diese Position von Christoph Butterwegge artikuliert:

> «Ein neues Gespenst geht um in Europa: das Gespenst des Kindermangels, der ‹Vergreisung› und des ‹Generationenkriegs›. [...] Wer die ‹Vergreisung› als Hauptproblem der Bundesrepublik betrachtet, wird wohl eher die Armut an Kindern als die Armut von Kindern bekämpfen. [...] Das verkrampfte Bemühen um mehr Generationengerechtigkeit, der noch nie so viel Beachtung zuteil wurde wie heute, überdeckt die in der ganzen Gesellschaft und in sämtlichen Altersgruppen dramatisch wachsende soziale Ungleichheit.» (Butterwegge 2004: 424)

Butterwegge negiert damit zwar nicht die demographische Frage; er betont aber, dass die Fokussierung des generationspolitischen Diskurses auf die «Armut an Kindern» die Problematik der «Armut von Kindern» ausblende. In diesem Sinne warnt auch Martin Kohli in seinem Beitrag über Generationengerechtigkeit im *Handbook of Age and Ageing*, dass der Diskurs über Ungerechtigkeiten im Verhältnis zwischen Generationen nicht missbraucht werden dürfe, um Ungerechtigkeiten innerhalb von Generationen auszublenden:

> "But problems of equity arise in the intragenerational dimension as well. The relation of the 'old' issues of inequitable distribution (or poverty, or exclusion) along class lines and of the 'new' ones such as those based on generations remains a thorny one. The discourse on intergenerational equity may function as an ideology: as a way to divert attention away from the still existing problems of poverty and exclusion within generations, e. g., based on class or gender." (Kohli 2005a: 521)

Im vorliegenden Beitrag konzentrieren wir uns auf den achten und neunten Vorwurf an die Adresse der Generationenkonflikt-Hypothese, zumal dabei vor allem Aspekte der sozialen Ungleichheit tangiert werden. Nach einigen begrifflichen Klärungen in Abschnitt 2 befassen wir uns in Abschnitt 3 mit der Frage, ob die intergenerationellen Ungleichheiten in der Tat grösser sind als die intragenerationellen. Dabei zeigen wir, dass zumindest in der Schweiz hinsichtlich des Einkommens und des Vermögens die intragenerationellen Ungleichheiten deutlich grösser sind als die intergenerationellen (Wanner und Gabadinho 2008; Ecoplan 2004).

Im vierten Abschnitt wenden wir uns der Frage zu, ob und inwiefern die im Sinne des Subsidiaritätsprinzips erfolgenden Hilfeleistungen zwischen Grosseltern, Eltern und Kindern – sei dies in Form von Erziehungsarbeit, emotionaler Unterstützung, Pflegeleistungen oder materiellen Transfers (Geschenke, Erbschaften) – die intergenerationellen Ungleichheiten verringern.

Dabei sprechen Abschnitt 5 zufolge zahlreiche soziologische Argumente und Befunde dafür, dass all diese Transfers zur Vergrösserung der intragenerationellen Ungleichheiten beitragen (z. B. Szydlik 2000; vgl. auch Laslett 1992). So untergraben diese «gut gemeinten» familialen Solidaritätsakte letztlich die Bestrebungen des Staates, seinen Bürgerinnen und Bürgern im Sinne der meritokratischen Forderung nach Chancengleichheit zumindest ähnliche Ausgangsbedingungen zu gewährleisten (Bowles, Gintis und Osborne-Groves 2005). In Abschnitt 6 präsentieren wir schliesslich unsere Überlegungen zu den Auswirkungen der demografischen Veränderungen sowie von gegenwärtig diskutierten politischen Massnahmen auf die Ungleichheitsstrukturen.

2 Generationen und Gerechtigkeit: Begriffliche Klärungen

«Generationengerechtigkeit» setzt sich aus den beiden Begriffen «Generation» und «Gerechtigkeit» zusammen, die für sich allein alles andere als eindeutig sind. So wird der Begriff «Generation» beispielsweise zur Bezeichnung einer bestimmten Altersgruppe verwendet, die zu einer charakteristischen Generation einer bestimmten «Epoche» gehört: die deutsche Nachkriegsgeneration, die 68er-Generation, die Babyboomer, die «Markenkids». Manchmal meint man damit auch einfach den Rollenwechsel von Altersgruppen. So werden die heutigen 0- bis 16-Jährigen und 40- bis 65-Jährigen in 20 bis 30 Jahren die Rollen der Erwerbstätigen beziehungsweise Rentnerinnen und Rentner einnehmen. Deshalb lohnt es sich festzustellen, was darunter verstanden wird.

«Generation» bezeichnet allerdings auch die Gliederung der Abstammungslinie in Enkel, Kinder, Eltern, Grosseltern usw. (Johnson et al. 2005) sowie deren Beziehungen untereinander, das heisst den Austausch materieller und immaterieller Güter.

Schliesslich wird in makrosoziologisch orientierten Studien und statistischen Datenquellen die Generation als Altersklasse oder Kohorte verstanden, als eine Gruppe von Personen also, die alle im gleichen Zeitraum, in der Regel innerhalb von fünf bis zehn Jahren, geboren worden sind. Dieses Verständnis wird verwendet, wenn es um Generationenbeziehungen *(generational relations)* geht, sprich bei der Erörterung der Frage, ob die Lasten und Pflichten fair zwischen den Alterskohorten von Kindern, Eltern und Grosseltern verteilt sind.

Von Interesse für die Frage der Gerechtigkeit und der sozialen Ungleichheit ist aus makrosoziologischer Sicht aber auch, ob das Verständnis von «Generation» das Bewusstsein eines «Kollektivsubjekts» unterstellt, beziehungsweise ob generell eine Generation ein «Kollektivsubjekt» mit ähnlichen Lebenslagen und Interessen darstellt.

«Generation» kann sich im Begriff der «Generationengerechtigkeit» somit beziehen (1) auf den Austausch und die gegenseitige Unterstützung innerhalb von Familienbindungen oder (2) auf die Verteilung von Ansprüchen, Belastungen und Lebenschancen zwischen verschiedenen Generationen (verstanden als Altersgruppen).

Der Begriff «Gerechtigkeit» ist ebenfalls vieldeutig (Budowski und Nollert 2008). Im Wesentlichen kann «Gerechtigkeit» als normativer Begriff verstanden werden, der in der Gesellschaft das Legitimationsprinzip für den Zugang zu und die Verteilung von gesellschaftlich wertgeschätzten Gütern bildet. In diesem Zusammenhang sind das Prinzip des *Verdienstes* (das meritokratische Prinzip) sowie das Prinzip der *Gleichheit* wichtig. Beispiele dafür sind die von der UNO deklarierten universellen Kataloge von bürgerlichen, politischen und sozialen Rechten (Miller 1999).[2] Je nach politischem, ökonomischem, sozialem oder kulturellem Kontext sowie Diskurs hat das eine oder das andere Gerechtigkeitsprinzip Vorrang.

Das Prinzip des *Verdienstes* sieht vor, dass jene Menschen mehr Privilegien (z. B. Einkommen) verdienen, die bessere Leistungen, Kompetenzen, Engagement und Einsatz zeigen. Ungleichheiten, die auf vollkommenen Märkten erzeugt werden, sind demnach nicht ungerecht (Hinsch 2002). Einkommen, das auf Missbrauch von Marktmacht, Gewaltanwendung oder Geschenken beruht, ist hingegen unverdient und damit illegitim.

Das Prinzip der *Gleichheit* ist komplexer; zum einen bezieht es sich auf die Idee der gleichen Chancen im Hinblick auf *Ausgangspositionen;* zum anderen besteht auch die Vorstellung von *ähnlichen Endresultaten*, also ähnlichen Verteilungen. Eine weitere Vorstellung des Prinzips der Gleichheit lässt sich auf den Lebenslauf anwenden: In diesem Sinne gelten Ungleichheiten nicht als ungerecht, wenn alle im Verlauf ihres Lebens Zugang zu den Ressourcen erhalten und am Wohlstand teilhaben.

Soziale Ungleichheiten sind «gesellschaftliche verankerte Formen der Begünstigung und Bevorrechtigung einiger, der Benachteiligung und Diskriminierung anderer» (Kreckel 2004: 15). Im engeren Sinne ist soziale Ungleichheit in der vertikalen Dimension zu verstehen (Verteilungsungleichheiten).

Der Begriff «Generationengerechtigkeit» ist daher unscharf und vielfältig, und zwar sowohl im Hinblick auf den Begriff «Gerechtigkeit» als auch auf jenen der «Generation». Zum einen fokussiert Generationengerechtigkeit auf die Interaktion zwischen Gliedern der Abstammungslinie, wobei unter «Gerechtigkeit» vornehmlich eine faire Verteilung von Rechten, Pflichten und Gütern zwischen den verschiedenen Generationen der Familie verstanden wird. Zum anderen fokussiert Generationengerechtigkeit auf Kohorten, das

---

2 Miller erörtert zudem das Prinzip des *Bedürfnisses*. Dieses orientiert sich an der Vorstellung, dass alle Menschen über bestimmte Grundbedürfnisse verfügen, die unabhängig von der wirtschaftlichen Leistungsfähigkeit gesellschaftlicher Institutionen zu befriedigen sind. Es geht von der Würde und den menschlichen Bedürfnissen auf unterschiedlichen Niveaus aus, vom Essen und Trinken über die Zugehörigkeit zu einer Gruppe und die soziale Teilnahme bis hin zur Möglichkeit, sich sein Leben so zu gestalten, wie es für die jeweilige Person Sinn macht (Nussbaum 2003; Sen 1992, 1997).

heisst auf die Bedingungen, die ungleichen Chancen und/oder ungleichen Ergebnisse, die eine Kohorte im Vergleich zu einer anderen im Moment hat oder in Zukunft antreffen wird, sei dies aufgrund politischer Entscheide oder des sozialen Wandels.

In der politischen Debatte wurde der Begriff «Generationengerechtigkeit» verstärkt nach der Konferenz von Rio de Janeiro 1992 über nachhaltige Entwicklung aufgegriffen (Tremmel 2005). Dabei wird zwischen inter- und intragenerationeller Gerechtigkeit unterschieden. Das Prinzip der *intergenerationellen Gerechtigkeit* fragt, inwieweit nichterneuerbare Ressourcen verbraucht und Naturräume genutzt werden dürfen, ohne die Bedürfnisse der zukünftigen Generationen einzuschränken, und inwiefern für die Gesellschaft zur Zeit der Nutzung die Pflicht besteht, einen Kapitalstock (und Technologien) aufzubauen, der späteren «Generationen» hilft, Ressourcen zu ersetzen oder unter höheren Kosten zu fördern oder zu entsorgen. Diese Frage wurde in den letzten Jahren vermehrt auf die Entwicklung der Sozialversicherungen und der öffentlichen Finanzhaushalte übertragen. Das Prinzip der *intragenerationellen Gerechtigkeit* geht zu einem gegebenen Zeitpunkt vom gleichen Recht auf Zugang der Generationen zu den Ressourcen und einer gesunden Umgebung aus.

Dabei tritt eine weitere Unschärfe des Begriffs «Generationengerechtigkeit» zu Tage: die Zeitdimension, die nicht präzisiert wird. Es wird also nicht zwischen diachronen und synchronen Generationenbeziehungen unterschieden.

Diachrone Generationenbeziehungen sind zeitlich aufeinanderfolgende Beziehungen. So werden beispielsweise die Lebenschancen und Bedingungen einer Altersgruppe in 30 Jahren mit denjenigen der heute lebenden entsprechenden Gruppe verglichen. Diachrone Generationenbeziehungen sprechen Fragen nachhaltiger Entwicklung an.

Synchrone Generationenbeziehungen finden zur gleichen Zeit statt. Sie beziehen sich beispielsweise darauf, wie eine Verteilung gegenwärtig zwischen unterschiedlichen Kohorten aussieht, welchen Zugang sie zu Ressourcen und welche Teilhabe sie am Wohlstand haben.

In Bezug auf natürliche Ressourcen und Kapitalstöcke ist die Frage der «Generationen» scheinbar einfacher zu klären als bei sozialen Fragen. Bei Letzteren geht es darum, wie sich der aktuelle Zugang zu und die gegenwärtige Verteilung von wertvollen Gütern wie Einkommen, Lebenschancen und Ähnliches (zwischen «Jung und Alt» (Kohorten), aber auch zwischen verschiedenen Bevölkerungs- und Einkommensgruppen) in Zukunft verändern dürften. Das wirft die Frage auf, inwieweit die Situation der Jugend in der Zukunft durch heutige politische Entscheidungen präjudiziert und legitimiert wird. Die aktuelle Verteilungsungleichheit unter synchronen Generationen schafft die Ausgangslage für die Einkommens- und Transferströme zwischen synchronen Generationen (aber auch anderen charakteristischen Zielgruppen von Sozialtransfers) in 20 bis 30 Jahren.

So steht der Begriff der «Generationengerechtigkeit» in der politischen Debatte *einerseits* für die wichtige Frage der langfristigen Legitimität von politischen Entscheidungen und dem Verhältnis von unmittelbarem Nutzen zu mittelfristigen, oft nicht intendierten Nebenfolgen, die sich nicht in den aktuellen Preisen und Haushaltsbilanzen spiegeln. Orientiert man sich am Konzept der Generationen als Gliederung von Abstammungslinien, kann unter Generationengerechtigkeit unter anderem die Forderung verstanden werden, wonach künftige Generationen die gleiche Chance haben sollten, ihre Bedürfnisse zu realisieren, wie die heutigen Generationen.

Andererseits wird mit «Generationengerechtigkeit» auf das Verhältnis von Altersklassen oder Kohorten fokussiert. Dabei wird eine gerechte Verteilung der Lasten und Pflichten, ein «gerechter Austausch» zwischen heute lebenden Personen von unterschiedlichen Altersklassen der Kinder-, Eltern- und Grosseltern-Generation eingefordert.

Obwohl *soziale Ungleichheiten* nicht zwangsläufig ungerecht sind, wird in sozialpolitischen Debatten häufig angenommen, dass nicht legitimierbare soziale Zustände (Ungerechtigkeiten) durch ungleichheitsvermindernde Redistributionsprozesse gerechter gestaltet werden können. In diesem Sinne wird mit dem Konzept der Generationengerechtigkeit die Vorstellung verbunden, dass die Nutzniessenden sozialstaatlicher und familialer Unterstützungsleistungen in bestimmten Phasen ihres Lebens von den Zahlungen anderer Generationen profitieren und sich insbesondere in der Phase der Erwerbstätigkeit an den Kosten der nicht mehr oder noch nicht Erwerbstätigen beteiligen. So wird etwa von Kindern erwartet, dass sie als Eltern wiederum ihre eigenen Kinder, aber auch ihre Eltern unterstützen. Von den Grosseltern wird wiederum erwartet, dass sie ihr Vermögen ihren Kindern hinterlassen. Dieses reziproke persönliche Interaktionsverhältnis (das auf dem Konzept der persönlichen Bindungen beruht) wird auf die Gesellschaft übertragen und aus Sicht der Protagonisten der Generationenkonflikt-These durch die momentanen demografischen Trends insofern strapaziert, als immer weniger Erwerbstätige mit ihren Beiträgen an die Alters- und Krankenversicherung immer mehr Rentnerinnen und Rentner unterstützen müssen.

3 Inter- und intragenerationelle Ungleichheiten im Vergleich

Die These vom Generationenkonflikt, der auf den Verlust der Generationengerechtigkeit anspricht, ist aus Sicht ihrer Gegner vor allem deshalb problematisch, weil damit suggeriert werde, die Ungleichheiten zwischen den Generationen seien *grösser* als die Ungleichheiten innerhalb von Generationen und daher mittelfristig nicht mehr gesellschaftlich legitimierbar; ausserdem gefährdeten sie den Generationenvertrag.

In der Tat ist zu monieren, dass die ökonomischen Ungleichheiten gemessen am verfügbaren Einkommen *zwischen* den Alterskategorien eher geringer ist als die Ungleichheit *innerhalb* einer Alterskategorie. So zeigt Grafik 1 aus der Studie von Wanner und Gabadinho (2008), dass die Ungleichheit innerhalb von Alterskategorien, gemessen an der durch die grauen Balken symbolisierten Streuung der Quartile, bis ins hohe Alter kontinuierlich ansteigt und offensichtlich durch die Redistributionswirkungen der AHV gebremst wird. Ein Vergleich der Mediane der Alterskohorten zeigt indes, dass im hohen Alter das Armutsrisiko steigt, beziehungsweise dass viele Rentnerinnen und Rentner über ein sehr geringes Einkommen verfügen. Dieses Faktum ist umso gravierender, als die armen Rentnerinnen und Rentner im Unterschied etwa zu den jungen Armen keine Aussicht mehr auf eine Verbesserung ihrer

Grafik 1: Einkommensverteilung (Schweizer Franken) der Steuerpflichtigen in der Schweiz nach Altersgruppen

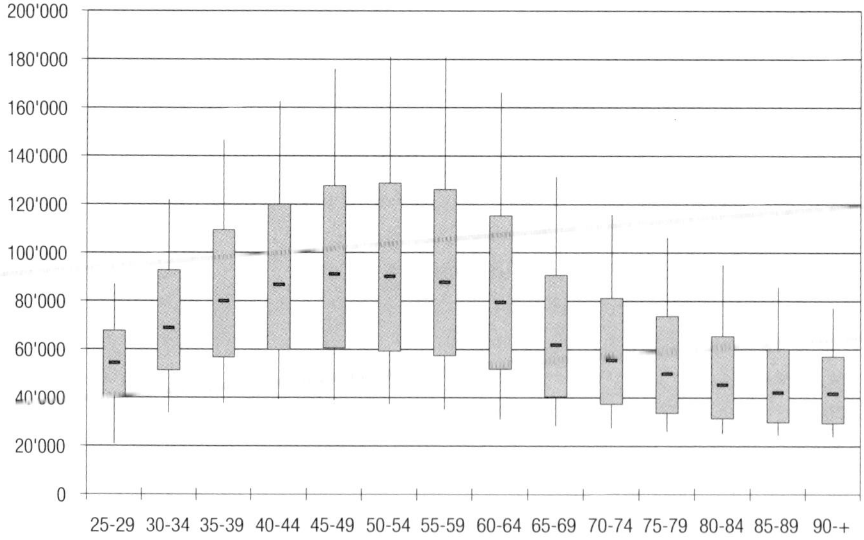

Quelle: Wanner und Gabadinho (2008: 32).

Lebenslage haben. Vergleicht man schliesslich die Ungleichheiten innerhalb der Alterskategorien mit den Ungleichheiten zwischen den Kohorten, gemessen an den mit schwarzen horizontalen Strichen symbolisierten Medianen, liegt es auf der Hand, dass die Intrakohortenungleichheiten deutlich grösser sind als die Interkohortenungleichheiten.

Dass die Ungleichheiten innerhalb von Altersklassen grösser sind als die Ungleichheiten zwischen Altersklassen, wird auch durch die Befunde der Drei-Länder-Studie (Deutschland, Italien, Schweden) von Blome et al. (2008) unterstrichen. Anhand des MLD-Indikators (der *mean logarithmic deviation*)[3] für die Einkommensungleichheit innerhalb von und zwischen Altersklassen auf der Basis von Daten aus dem *European Community Household Panel* weisen sie nach, dass zwischen den Generationen eine deutlich geringere Einkommensungleichheit besteht als innerhalb von Generationen. So beträgt der MLD-Wert in Schweden für Ungleichheiten zwischen Altersgruppen 0,8 und innerhalb der Altersgruppen 10,8. Für Deutschland betragen die Werte 0,4 (zwischen) und 11,6 (innerhalb) und für Italien 0,2 (zwischen) und 14,8 (innerhalb).

Noch stärker in Frage gestellt wird die Generationenkonflikt-These durch Daten zur Vermögensverteilung in der Schweiz (Grafik 2, Reinvermögen, d. h. Vermögen nach Abzug von Schulden). Vorauszuschicken ist dabei, dass die Vermögensungleichheiten grösser sind als die Einkommensungleichheiten, und zwar vor allem deshalb, weil mit zunehmendem Einkommen die Chance ansteigt, Vermögen zu akkumulieren. Von daher überrascht es nicht, dass die Vermögensungleichheiten innerhalb von Alterskohorten mit zunehmendem Alter ansteigen. Im Unterschied zur Einkommensungleichheit schwächen sich die Vermögensungleichheiten erst im hohen Alter ab.

Vergleicht man wiederum die Unterschiede zwischen den Medianen der Alterskohorte mit den Intrakohortenstreuungen, zeigt sich noch deutlicher als schon bei der Einkommensverteilung, dass die Interkohortenungleichheit vergleichsweise gering ist.

Die Zunahme der Vermögensungleichheiten untermauert die Vermutung, dass sich die Ungleichheiten im Verlaufe des Lebenszyklus nicht abbauen, sondern eher zunehmen. Am deutlichsten erkennbar wird dies am Faktum «Arme sterben früher» (Künzler und Knöpfel 2002). Dass auch in der Schweiz Personen mit tiefem sozioökonomischem Status früher sterben und folglich weniger Leistungen der Altersvorsorge beziehen können, müsste folglich bei der Evaluation der Umverteilungswirkungen der AHV beachtet

3 Der MLD-Indikator ist wie die Streuung der Quartile in Grafik 1 und der Gini-Koeffizient ein Mass für die ungleiche Verteilung. Je höher der Wert, desto ungleicher ist die Verteilung.

Grafik 2: Verteilung der Reinvermögen (Schweizer Franken) der Steuerpflichtigen in der Schweiz nach Altersgruppen

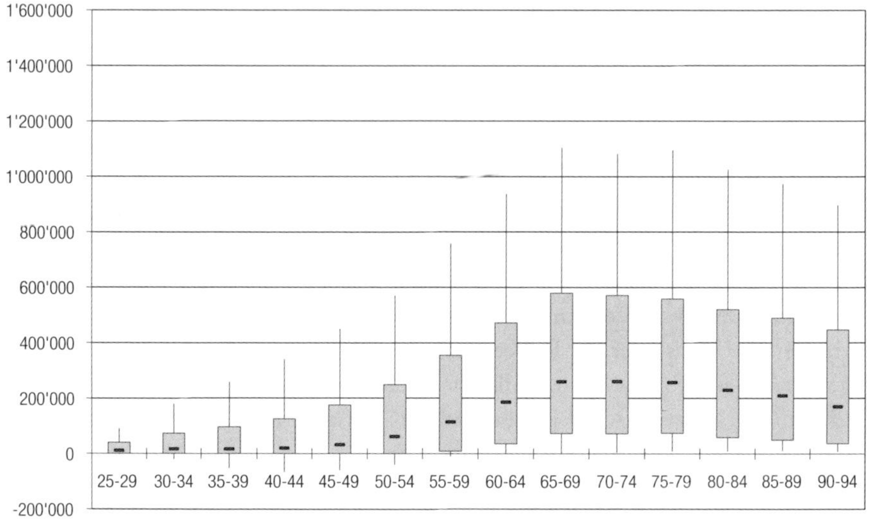

Quelle: Wanner und Gabadinho (2008: 51).

werden. So ist anzunehmen, dass der Umverteilungseffekt ungleich geringer ist, wenn bei der Berechnung berücksichtigt würde, dass ärmere Einkommensgruppen im Durchschnitt weniger lang AHV-Leistungen beziehen als die reicheren Einkommensklassen.

Mit anderen Worten: Der Anstieg der Vermögensungleichheiten spricht für einen sozialstrukturellen *Matthäus-Effekt.* Wer über viele Privilegien verfügt, ist folglich auch eher in der Lage, Privilegien zu akkumulieren. Oder auf unser Thema bezogen: Wer in gute Verhältnisse hineingeboren wird, hat bessere Chancen, von den Leistungen des Bildungssystems und vom öffentlichen Kulturangebot zu profitieren, nützliche soziale Netzwerke zu knüpfen, ein hohes Arbeitseinkommen zu erzielen, sich ein Vermögen anzusparen, einen gesunden Lebensstil zu pflegen und schliesslich eine Erbschaft zu erhalten.

Vergleicht man abschliessend die Daten zu den Einkommens- und Vermögensungleichheiten in der Schweiz, ist zu vermuten, dass sich die ökonomischen Ungleichheiten im Verlaufe des Lebenszyklus vergrössern und sich erst nach Erreichen des Pensionsalters infolge des Austritts aus der Erwerbsarbeit und der redistributiv wirkenden Altersvorsorgeleistungen (AHV und Ergänzungsleistungen) nivellieren. Die vergleichweise geringen Unterschiede zwischen den Medianen der Alterskohorten sowie die grossen Intrakohortenungleichheiten insbesondere in der Kohorte, die kurz vor dem

Pensionierungsalter steht, sprechen auf jeden Fall gegen die Generationskonflikt-These. Ausserdem wird der vermeintliche Generationenkonflikt durch die Tatsache entschärft, dass die Kohorten in mittlerem Alter punkto Einkommen und die Rentnerinnen und Rentner punkto Vermögen privilegiert sind.

Für die Vermutung von Kaufmann (2005: 178) spricht einzig, dass sich hinter dem Verteilungskonflikt zwischen den Generationen häufig ein *intra*generationeller Konflikt zwischen Personen mit Kindern und Personen ohne Nachkommen, also zwischen Eltern und Kinderlosen verbirgt. So fahren die Alleinerziehenden und die Zwei-Eltern-Familien mit mindestens drei Kindern als Vertreter der Elterngeneration sowie Kinder in vielköpfigen Familien vergleichsweise schlecht, wogegen (kinderlose) Personen, die in Zweipersonenhaushalten und in einer Partnerschaft leben, aber auch Ledige vergleichsweise gute Bedingungen vorfinden.

Dass Kinder insbesondere in der Schweiz ein gewichtiger Ausgabenfaktor sind, wird durch die Zahlen der OECD untermauert. So steht im Vergleich zu den meisten skandinavischen Ländern Haushalten mit Kindern in der Schweiz deutlich weniger Einkommen zur Verfügung (Förster und Mira d'Ercole 2005).

Kinder spielen in der Sozial- und Steuerpolitik in der Schweiz eine marginale Rolle. So trägt der schweizerische Sozialstaat im Unterschied zum französischen oder schwedischen nur geringfügig zur Verringerung der Armutsquote von Haushalten mit Kindern bei. Im Jahr 2000 wurde die Armutsquote für Haushalte ohne Kinder durch soziale Transfers und nach Abzug der Steuern um rund 8 Prozent gesenkt; für Haushalte mit Kindern dagegen um lediglich ca. 2 Prozent von 11 auf 9 Prozent (Förster und Mira d'Ercole 2005).

Die Studie von Förster und Mira d'Ercole (2005) zeigt weiter, dass die Armutsraten in der Schweiz wie in den meisten anderen OECD-Ländern nicht das Resultat von Kindern *per se* sind. Vielmehr ist die Kombination von Erwerbslosigkeit mit dem Status alleinerziehend für die materielle Armut verantwortlich. Kinderarmut in der Schweiz ist vergleichsweise gering und liegt im Unterschied zu den meisten anderen OECD-Ländern nicht oberhalb der allgemeinen Armutsrate.

Zusammenfassend lässt sich festhalten, dass vor allem die Erwerbstätigen in den mittleren Alterskohorten über eine komfortable Einkommenssituation verfügen und die Rentnerinnen und Rentner von der redistributiven Altersvorsorge und den im Verlaufe des Lebens angehäuften Vermögen profitieren. Vergleichsweise schlecht schneiden hingegen die jungen Erwerbstätigen ab, verfügen sie doch sowohl über ein unterdurchschnittliches Einkommen als auch über ein vergleichsweise geringes Vermögen. Setzt sich die demografische

Entwicklung – wie prognostiziert – fort, muss in der Tat mit einer finanziellen Mehrbelastung der jungen Erwerbstätigen und damit einer Strapazierung des sozialstaatlichen Generationenvertrags gerechnet werden. Diese Diagnose darf indes nicht darüber hinwegtäuschen, dass die intragenerationellen Ungleichheiten nach wie vor grösser sind als die intergenerationellen. Dieser Befund ruft die Hauptaufgabe der Sozialpolitik in Erinnerung, in erster Linie Menschen in Notlagen zu unterstützen, und zwar unabhängig von ihrem Alter. Entsprechend dürften weder flächendeckende sozialpolitische Programme zugunsten von Seniorinnen und Senioren noch eine allgemeine Erhöhung des Rentenalters oder degressiv wirkende Steuerabzüge für junge Familien mit Kindern Ungleichheiten abbauen. In dieser Hinsicht mehr Erfolg versprächen universelle Programme wie etwa die negative Einkommenssteuer, von denen nicht Junge oder Alte, sondern vornehmlich ökonomisch schwache Menschen profitieren.

4 Redistributionswirkungen privater Transfers zwischen Generationen

Dass die Belastungen und die Nutzniessung zwischen den Generationen ungerecht verteilt sind, wird häufig mittels sogenannter Generationenbilanzen nachzuweisen versucht (Elias 2004). Bei der Frage nach gerechten Generationenbeziehungen sind finanzielle, von öffentlichen Einrichtungen organisierte Transferleistungen zweifellos wichtig. Mindestens genauso wichtig ist in der Schweiz aber das in der christlichen Soziallehre verankerte Subsidiaritätsprinzip, zumal dieses explizit vorsieht, dass bei individuellen Notlagen *nicht* der Staat, sondern vorab die Mitglieder der Familie Unterstützung leisten. In diesem Sinne sind neben den sozialstaatlichen Transferleistungen auch den monetären und nichtmonetären Transferleistungen innerhalb von Familien Rechnung zu tragen.

In der Tat gibt es eine Reihe privater Transferleistungen, die ungleich mehr zur Realisierung von Generationengerechtigkeit beitragen als die staatlich organisierten Sozialtransfers via Sozialversicherungsbeiträge und Leistungsbezüge, man denke nur an die finanzielle und emotionale Unterstützung von Kindern und Grosseltern, aber auch an die Bereitschaft der älteren Generation, ihren Kindern ein Vermögen zu hinterlassen (vgl. auch Höpflinger, Hummel und Hugentobler 2006). Gut erforscht sind bislang unter anderem Unterstützungsleistungen (Pflege, Erziehung) (Brandt und Szydlik 2008; Haberkern und Szydlik 2008; Haberkern 2009) sowie Transfers von Vermögen (z. B. Erbschaften; siehe u. a. Deindl 2009) und von kulturellem und sozialem Kapital (Bourdieu 1983; Coleman 1988). So dokumentieren Analysen intrafamilialer Transfers, dass Familien im Idealfall von «lebenslanger Solidarität» geprägt sind (vgl. Szydlik 2000; Deindl 2009). Das zeigt sich unter anderem darin, dass im Netzwerk Familie eine spezifische Tauschlogik institutionalisiert ist: «Private monetäre Transfers fliessen in der Generationenfolge von oben nach unten, d. h. von Grosseltern und Eltern an die Kinder und Enkel; Hilfeleistungen werden häufiger in der umgekehrten Richtung geleistet» (Szydlik 2000: 235).

Dabei ist allerdings einzuräumen, dass ein Grossteil dieser Leistungen nicht monetarisierbar ist und häufig erst in Notlagen wie Krankheit, Arbeitslosigkeit oder Alter durch eine (reziproke) Gegenleistung kompensiert wird (vgl. Mauss 1990 [1950]). Viele beitragszahlende Erwachsene erinnern sich also an die Leistungen ihrer Eltern und betrachten sich angesichts einer anstehenden Erbschaft und der Hoffnung, dass auch sie einmal in den Genuss von Altersvorsorgeleistungen kommen, selbst nicht als Lastesel der älteren Generation. Anders ausgedrückt: Die angesprochenen privaten und öffentlichen Transfers materieller und immaterieller Art sind demnach der Kitt, der die Generationen zusammenhält.

Im Hinblick auf die Ansicht, dass die intrafamiliale Bereitschaft zur intergenerationellen Unterstützung mit dem Ausbau des Sozialstaats schwindet, sind die Forschungsergebnisse nicht eindeutig. Gegen diese sogenannte Crowding-out-Hypothese sprechen die Zusammenhänge zwischen der Sozialleistungsquote und Hilfeindikatoren aus dem SHARE (Survey of Health, Ageing and Retirement in Europe). So nimmt die Hilfe mit zunehmender Quote tendenziell zu und erreicht in Dänemark und Schweden die höchsten Werte (Brandt 2009). Bei den finanziellen Transfers ist indes einzuräumen, dass bei zunehmender Sozialleistungsquote zwar die monetäre Transferbereitschaft der Eltern zunimmt, diejenige der Kinder hingegen abnimmt (Deindl 2009). Für die Crowding-out-Hypothese sprechen die Resultate eines zwischen 2004 und 2008 durchgeführten Experiments zur Langzeitpflege in Deutschland, in dem festgestellt wurde, dass informelle Pflegeleistungen durch Leistungen privater, gewerblicher Anbieter ersetzt werden (Arntz und Thomsen 2008; für die Gemeindeebene siehe Meyer und Budowski 1995).

5 Private intergenerationelle Transfers als Basis der Reproduktion intragenerationeller Ungleichheiten

Es ist kaum zu bestreiten, dass intrafamiliale Transfers im Sinne des Subsidiaritätsprinzips massgeblich zur Umlagerung und Umverteilung zwischen den Generationen beitragen. In diesem Sinne hat der damalige Schaffhauser

FDP-Nationalrat und designierte Präsident von Economiesuisse Gerold Bührer zwar Recht, wenn er schreibt: «Die Besteuerung des Erbgangs bei direkten Nachkommen rührt an einer breit verankerten Haltung der familiären Verantwortung gegenüber der kommenden Generation» (Bührer 2003).

Gleichwohl gilt es dabei zu beachten, dass die wohlgemeinten und unverzichtbaren intergenerationellen Transfers – handle es sich um materielle oder um immaterielle Güter wie beispielsweise kulturelles, ökonomisches oder soziales Kapital (Bourdieu 1983) – gleichzeitig die intragenerationellen Ungleichheitsstrukturen in der Gesellschaft reproduzieren. Kurzum: Reziproke Austauschverhältnisse zwischen Generationen vermindern zwar die *inter*generationellen Ungleichheiten, fördern aber zugleich die *intra*generationellen Ungleichheiten.

Diese Diagnose verweist vorab auf das bildungssoziologische Faktum, dass Kinder aus bildungsfernen und ökonomisch benachteiligten Schichten ungleich schlechtere Berufs- und damit Einkommenschancen haben als Kinder aus privilegierten Schichten. Vererbt werden allerdings nicht nur schulrelevante Kompetenzen, sondern auch soziale Kompetenzen im Sinne der Fähigkeit, sich auf dem Arbeitsmarkt gut zu positionieren, sowie soziale Kontakte zu potenziellen Arbeitgebern. So versuchen Eltern grundsätzlich, ihre Kinder sowohl mittels kulturellem Kapital (im Sinne der formalen Bildung), sozialem Kapital (soziale Kontakte und Umfeld) als auch ökonomischem Kapital (dem sozialen Status) zu unterstützen. Folglich ist abzusehen, dass die Chancen von Eltern, ihre Kinder entsprechend zu unterstützen, in allen Gesellschaften mehr oder weniger ungleich verteilt sind. Intrafamiliale Transfers von kulturellem und sozialem Kapital tragen somit dazu bei, dass sich die intragenerationellen Ungleichheiten intergenerationell reproduzieren.

Noch deutlicher wird der Beitrag zur generationenübergreifenden Reproduktion sozialer Ungleichheiten bei den ökonomischen Transfers (für die USA siehe Bowles et al. 2005). So tritt der antimeritokratische beziehungsweise die Forderung nach Chancengleichheit unterminierende Charakter am deutlichsten bei der Institution Erbschaft zutage. Bei Erbschaften handelt es sich um Transfers zwischen Generationen, die im Unterschied etwa zum Markteinkommen, aber auch zu Sozialtransfers, welche durch Versicherungsbeiträge finanziert werden, nicht «verdient» werden müssen (Beckert 2004). Auch wenn es triftige ökonomische und liberale Argumente dafür gibt, die Freiheit, das zu Lebzeiten akkumulierte Vermögen seinen Nachkommen zu hinterlassen, nicht völlig einzuschränken (Nollert 2008), widerspricht dies dem Postulat der Moderne, wonach der individuelle Wohlstand vornehmlich auf Leistung beruhen sollte, noch ungleich mehr als die Vererbung von kulturellem und sozialem Kapital.

Zumindest aus sozialpolitischer Sicht wären Erbschaften an sich zu begrüssen, wenn sie in erster Linie ökonomisch schwachen Akteuren zugute kämen. Die meisten empirischen Befunde dokumentieren indes genau das Gegenteil. So zeigt die NFP-Studie des Büros Bass (Stutz, Bauer und Schmugge 2007), dass die gesamte Erbsumme von jährlich rund 30 Milliarden Franken extrem ungleich in der Bevölkerung verteilt ist. Die Hälfte der schweizerischen Bevölkerung erhält gar nichts, die obersten zehn Prozent dagegen erhalten rund drei Viertel der gesamten Erbsumme (Stand: 2000). Hinzu kommt, dass Erbschaften infolge des demografischen Wandels nicht etwa an einkommensschwache junge Familien gehen, sondern vornehmlich Personen im Alter zwischen 50 und 69 Jahren begünstigen, die bereits über ein überdurchschnittliches Einkommen und ein ansehnliches Vermögen verfügen. Entsprechend gehorcht die Institution Erbschaft ebenso wie das Bildungssystem der Logik des *Matthäus-Prinzips*, wonach Personen, die in guten kulturellen und ökonomischen Verhältnissen leben, noch zusätzlich belohnt werden.

Die soziologische Analyse privater intergenerationeller Transfers zeigt, dass Massnahmen wie etwa die Abschaffung der Erbschaftssteuer, die den am Reziprozitätsprinzip orientierten Austausch von materiellen Gütern und sozialer Unterstützung zwischen Grosseltern, Eltern und Kindern begünstigen, zur *Verfestigung intragenerationeller Ungleichheit* beitragen können. In diesem Sinne ist absehbar, dass Massnahmen, die mehr Generationengerechtigkeit schaffen, mehr Ungerechtigkeit bei der Verteilung von Lebenschancen implizieren können.

6 Fallstricke der generationenzentrierten Gerechtigkeitsdebatte

Die Diskussion um die Herausforderungen der demografischen Veränderungen und ihrer Implikationen für die schweizerische Sozialpolitik stand am Anfang unserer Reflexion zu Generationengerechtigkeit und sozialer Ungleichheit. Die Entwicklung der Altersstruktur zeigt, dass sich in den letzten 150 Jahren gemessen an den Jugend- und Altersquotienten die Anteile der Jugendlichen verringert und die Anteile der älteren Personen stark erhöht haben.

Obwohl die Lage in der Schweiz noch nicht so dramatisch ist wie etwa in Deutschland oder Italien, führt der Alterungsprozess zweifellos bei der Alters- und Krankenversicherung zu einer verstärkten Belastung der erwerbstätigen Bevölkerung. Je höher der Altersquotient und je tiefer der

Jugendquotient, desto schwieriger stellt sich die demografische Situation im Hinblick auf die Reproduktion und das Verhältnis der Erwerbs- zu den nicht Erwerbstätigen dar. Da sich die Einkommen und Vermögen in den höheren Alterskategorien konzentrieren, ist folglich eine Vergrösserung der intergenerationellen Ungleichheiten absehbar.

Auch wenn wir argumentieren, die Gerechtigkeitsdebatte nicht auf die demografisch bedingte Mehrbelastung der erwerbstätigen Generationen zu fokussieren, ist durchaus denkbar, dass beispielsweise kinderreiche Erwerbstätige ohne Vermögen und Aussicht auf eine gewichtige Erbschaft mittel- und langfristig nicht mehr einsehen dürften, weshalb sie höhere Versicherungsbeiträge entrichten sollten, während gleichzeitig eine Gruppe von Rentnerinnen und Rentner weiterhin Vermögen akkumulieren, dieses dann an ihre wohlhabenden Kinder vererben und zudem von Seniorenrabatten profitieren kann.

Dabei handelt es sich jedoch – und das ist für unsere Fragestellung entscheidend – nicht um einen Generationenkonflikt (und somit implizit um eine Frage der Generationengerechtigkeit), sondern um einen konventionellen Verteilungskonflikt zwischen einer benachteiligten und einer privilegierten Gruppe in unserer Gesellschaft oder aber, wie aktuelle Studien zum Abstimmungsverhalten zeigen, um ein nutzenmaximierendes Verhalten abhängig von der jeweiligen Lebenslage.

Unsere Befunde zeigen zudem, dass die Ungleichheiten zwischen den Generationen noch vergleichsweise gering sind und eine Vielzahl nicht in den Generationenbilanzen berücksichtigter monetärer und nichtmonetärer Transfers zwischen Angehörigen von Familien in Zukunft zur Verringerung dieser intergenerationellen Ungleichheiten beitragen werden. Von daher scheint zumindest zum jetzigen Zeitpunkt kein neuer Generationenvertrag vonnöten. Im Gegenteil: Die Debatte lenkt ab von den grundlegenderen Gerechtigkeitsfragen.

In der Tat dürften in erster Linie verschärfte intragenerationelle Ungleichheiten den in Westeuropa nach dem Zweiten Weltkrieg im redistributiven Sozialstaat institutionalisierten Gesellschaftsvertrag bedrohen. So sprechen Daten dafür, dass in der letzten Dekade sowohl die Einkommens- als auch die Vermögenskonzentration effektiv zugenommen hat.[4] Die aktuellen Lohnerhebungen und Erbschaftsstatistiken lassen ausserdem darauf schliessen, dass sich dieser Trend trotz der Finanzkrise – die kurzfristig eine Vermögensdekonzentration bewirken dürfte – im 21. Jahrhundert fortsetzen wird (Atkinson und Piketty 2007).

4 Im OECD-Raum bildet die Schweiz bezüglich der Entwicklung der Einkommensungleichheit eine Ausnahme (vgl. Nollert 2008).

Eine Vielzahl bildungssoziologischer Befunde wie etwa die PISA-Studien dokumentieren im Weiteren, dass auch die Schweiz noch weit von der meritokratischen Forderung entfernt ist, wonach askriptive Merkmale bei der sozialen Statuszuweisung nicht relevant sein sollten. Hinzu kommt, dass von der populären Abschaffung der Erbschaftssteuer vornehmlich Personen profitieren, die kaum darauf angewiesen sind.

Auch eine Reform der Altersvorsorge in Richtung Kapitaldeckungsverfahren oder eine Erhöhung des Rentenalters beziehungsweise eine Kürzung der Rentenleistungen – Massnahmen, die die «überlastete erwerbstätige» Generation entlasten sollten – würden die intragenerationellen Ungleichheiten eher verschärfen. So ist absehbar, dass solche Reformen in erster Linie jene Erwerbstätige benachteiligt, die über ein geringes Sparpotential und eine unterdurchschnittliche Lebenserwartung verfügen.

7 Fazit

Die zunehmende Lebenserwartung und sinkende beziehungsweise stagnierende Fertilität wird zweifellos auch in der Schweiz zu einer stärkeren Belastung der beitragszahlenden Erwerbstätigen führen. Dass damit der implizite Generationenvertrag in Frage gestellt wird, lässt sich unserer Ansicht nach empirisch nicht bestätigen. Gegen die These, dass der Generationenvertrag erodiert, spricht vorab, dass die *intra*generationellen Ungleichheiten grösser sind als die *inter*generationellen. Da offensichtlich keine ökonomische Kluft zwischen armen Jungen und reichen Alten, sondern insbesondere in den älteren Kohorten grosse Einkommens- und Vermögensungleichheiten zu beobachten sind, würde es mehr Sinn machen, sich mit der Frage nach der Zukunft des im 20. Jahrhundert formulierten Gesellschaftsvertrags zu befassen.

Im Weiteren halten wir aus soziologischer Sicht auch die häufig zur Untermauerung der Generationenkonflikt-Hypothese herangezogenen Generationenbilanzen für unzureichend, da sie die Vielzahl privater intergenerationeller Transfers völlig ausblenden. Und schliesslich tragen auch zahlreiche familienfreundliche Massnahmen zu mehr Chancenungleichheit bei und unterminieren das meritokratische Selbstverständnis moderner Gesellschaften.

Von daher ist Butterwegges und Kohlis Verdacht nicht von der Hand zu weisen, dass der Diskurs über die Generationengerechtigkeit von ungleich gravierenderen sozialen Verwerfungen ablenkt; unsere Überlegungen, die wir mit dem präsentierten Material begründen, sprechen jedenfalls dafür, dass die intragenerationellen Ungleichheiten die soziale Kohäsion stärker gefährden als die intergenerationellen und viele familienfreundliche Institutionen wie etwa die Erbschaft, aber auch politische Massnahmen, die im Namen von mehr

Generationengerechtigkeit initiiert werden – wie etwa fixe einkommensunabhängige Steuerabzüge für Kinder bei progressiver Besteuerung – zwar zu mehr intergenerationellem Ausgleich, aber auch zu mehr intragenerationellen Ungleichheiten führen.

Die Behauptung, der Generationenkonflikt werde künftig den sozialpolitischen Diskurs dominieren, ist aus Sicht der Ungleichheitsforschung vor allem auch deshalb problematisch, weil damit, ähnlich wie in Marx' Klassentheorie, in der Genderforschung, in der Migrationsforschung oder in der Rassismusforschung, eine singuläre soziale Differenzierung herausgegriffen wird beziehungsweise viele andere Differenzierungen vernachlässigt werden. In diesem Sinne kann die Ungleichheitsforschung der Mainstream-Generationenforschung vorwerfen, sie schenke der Funktion der Familie im Hinblick auf die intergenerationelle Reproduktion sozioökonomischer Ungleichheiten zuwenig Beachtung. Betrachtet man den Generationenbericht Schweiz (Perrig-Chiello et al. 2008), scheint diese Kritik nicht unberechtigt, wird die empirisch gut belegte «Vererbung» von sozialem Status doch nur in zwei relativ kurzen Kapiteln (7 und 12) abgehandelt. Immerhin wird im Generationenbericht aber doch eingeräumt: «Familiale Generationenbeziehungen sind eine wichtige Quelle sozialer Ungleichheiten» (Perrig-Chiello et al. 2008: 134). Und ein paar Seiten weiter steht: «Die heutigen Erbschaften entwickeln sich immer mehr zu einer – sozial selektiv ausgezahlten – vierten Säulen der Alterssicherung. Entsprechend tragen heutige Erbschaften zu einer verstärkten Konzentration der Vermögen auf ältere Altersgruppen bei» (Perrig-Chiello et al. 2008: 242). Diese beiden ungleichheitsanalytischen, aber auch sozialpolitisch wichtigen Fakten ändern allerdings nichts an der Tatsache, dass der Generationenbericht vornehmlich die funktionalen Aspekte von Generationenbeziehungen thematisiert.

Eine fruchtbare Alternative zur Auseinandersetzung mit Generationengerechtigkeit bildet für uns der Ansatz des Lebenslaufs aus der Perspektive sozialer Ungleichheiten. Die Debatte um Generationengerechtigkeit befasst sich nämlich nicht mit Fragen der Legitimität von Verteilungen zwischen unterschiedlichen Verhältnissen von Generationen, sondern um die Wahrnehmung von realen Verteilungen und deren *Interpretation.* Wie wir aufgezeigt haben, gibt es Hinweise darauf, dass sich soziale Unterschiede innerhalb der Bevölkerung über den Lebenslauf hinweg vergrössern. Mit anderen Worten: Wer in kulturell und ökonomisch benachteiligten Verhältnissen aufwächst, hat auch in der Schweiz schlechtere Chancen in der Ausbildung und auf dem Arbeitsmarkt und geringere Chancen, das öffentliche kulturelle Angebot zu geniessen, eine Erbschaft zu bekommen und/oder lange und gesund zu leben.

Dieser soziale *Matthäus-Effekt* lässt sich auch durch die redistributiven Anstrengungen des Staates nicht aus den gesellschaftlichen Strukturen schaffen.

Gefragt sind folglich vorab politische Massnahmen, die sich am Grundsatz orientieren, den neugeborenen Einwohnerinnen und Einwohnern ähnliche Startbedingungen und Chancen im Verlauf des Lebens zu bieten und sie gleichzeitig zu befähigen, davon Gebrauch zu machen (vgl. das Konzept der *capabilities* von Sen 1999, der die individuelle Aneignung und die strukturellen Bedingungen berücksichtigt; oder den «Humanvermögenansatz» von Lüscher 2009, der eher auf die Mikroebene fokussiert). Sollte die Schweiz jedoch – wie Protagonisten der Generationenkonflikt-These fordern – nicht in erster Linie die Armut von Kindern, sondern die Armut an Kindern bekämpfen, werden die Chancen im Leben weiter auseinanderklaffen und früher oder später den von der Weltkriegsgeneration kreierten Gesellschaftsvertrag gefährden.

8 Literatur

Armingeon, Klaus (2006): Reconciling Competing Claims of the Welfare State Clientele. In: Klaus Armingeon und Giuliano Bonoli (Hrsg.), *The Politics of Post-Industrial Welfare States*. London: Routledge, 100–122.

Arntz, Melanie und Stephan L. Thomsen (2008): *Crowding-out Informal Care? Evidence from a Social Experiment in Germany*. ZEW Discussion Papers Nr. 08–113. Deutsche Zentralbibliothek für Wirtschaftswissenschaften, Kiel, Hamburg. Zugriff am 15.3.2009 auf http://econstor.eu:80/bitstream/10419/27596/1/dp08113.pdf.

Atkinson, Anthony B. und Thomas Piketty (2007): *Top Incomes over the Twentieth Century*. Oxford: Oxford University Press.

Barlösius, Eva und Daniela Schiek (Hrsg.) (2007): *Demographisierung des Gesellschaftlichen. Analysen und Debatten zur demographischen Zukunft Deutschlands*. Wiesbaden: VS Verlag für Sozialwissenschaften.

Beckert, Jens (2004): *Unverdientes Vermögen. Soziologie des Erbrechts*. Frankfurt am Main: Campus.

Blome, Agnes, Wolfgang Keck und Jens Alber (2008): *Generationenbeziehungen im Wohlfahrtsstaat*. Wiesbaden: VS Verlag für Sozialwissenschaften.

Bonoli, Giuliano und Silja Häusermann (2009): Who Wants What From the Welfare State? Socio-structural Cleavages in Distributional Politics: Evidence from Swiss Referendum Votes. *European Societies*, 11(2): 211–232.

Bourdieu, Pierre (1983): Ökonomisches Kapital, kulturelles Kapital, soziales Kapital. In: Reinhard Kreckel (Hrsg.), *Soziale Ungleichheiten. Sonderheft 2 der Zeitschrift Soziale Welt*. Göttingen: Otto Schwarz, 183–198.

Bowles, Sam, Herbert Gintis und Melissa Osborne-Groves (Hrsg.) (2005): *Unequal Chances: Family Background and Economic Success*. Princeton, NJ: Princeton Univ. Press.

Brandt, Martina (2009): *Hilfe zwischen Generationen: Ein europäischer Vergleich*. Wiesbaden: VS-Verlag für Sozialwissenschaften.

Brandt, Martina und Marc Szydlik (2008): Soziale Dienste und Hilfe zwischen Generationen in Europa. *Zeitschrift für Soziologie*, 37(4): 301–320.

Budowski, Monica und Michael Nollert (Hrsg.) (2008): *Soziale Gerechtigkeiten*. Zürich: Seismo.

Bührer, Gerold (2003): *Volkswille bei der Erbschaftssteuer*. Schaffhausen: FDP. Die Liberalen Schaffhausen. Zugriff am 12. 11. 2008 auf http://fdp-sh.ch/page/content/index.asp?MenuID=6552&ID=12534&ConID=12534&View=&Item=1.2.2.

Butterwegge, Christoph (2004): Kinderarmut, Familienpolitik und Generationengerechtigkeit. *Gewerkschaftliche Monatshefte*, 7-8/2004: 419–426.

Coleman, James S. (1988): Social Capital in the Creation of Human Capital. *American Journal of Sociology*, 94: 95–121.

Deindl, Christian (2009): *Finanzielle Transfers zwischen Generationen. Ein europäischer Vergleich*. Unveröffentlichte Dissertation am Soziologischen Institut der Universität Zürich. Universität Zürich, Zürich.

Ecoplan (2004): *Verteilung des Wohlstands in der Schweiz*. Bern: Ecoplan.

Elias, Jiri (2004): Zur Entwicklung der Nachhaltigkeit der Finanz- und Sozialpolitik. Eine Fortsetzung der Generationenbilanz. *Die Volkswirtschaft*, 7: 1–9.

Förster, Michael und Marco Mira d'Ercole (2005): *Income Distribution and Poverty in OECD Countries in the Second Half of the 1990s* (Vol. DELSA/ELSA/WD/SEM(2005)1). Paris: OECD.

Haberkern, Klaus (2009): *Pflege in Europa: Familie und Wohlfahrtsstaat*. Wiesbaden: VS Verlag für Sozialwissenschaften.

Haberkern, Klaus und Marc Szydlik (2008): Pflege der Eltern. Ein europäischer Vergleich. *Kölner Zeitschrift für Soziologie und Sozialpsychologie*, 60(1): 78–101.

Hinsch, Wilfried (2002): *Gerechtfertigte Ungleichheiten*. Berlin, New York: Walter de Gruyter.

Höpflinger, Francois, Cornelia Hummel und Valerie Hugentobler (2006): *Enkelkinder und ihre Grosseltern – intergenerationelle Beziehungen im Wandel*. Zürich: Seismo.

Irwin, Sarah (1996): Age Related Distributive Justice and Claims on Resources. *British Journal of Sociology*, 47(1): 68–92.

Irwin, Sarah (1998): Age, Generation and Inequality: A Reply to the Reply. *British Journal of Sociology*, 49(2): 305–310.

Johnson, Malcolm Lewis, Vern L. Bengtson, Peter G. Coleman und Tom B.L. Kirkwood (Hrsg.) (2005): *The Cambridge Handbook of Age and Ageing.* Cambridge: Cambridge University Press.

Kaufmann, Franz-Xaver (2005): Gibt es einen Generationenvertrag? in: Franz-Xaver Kaufmann (Hrsg.), *Sozialpolitik und Sozialstaat: Soziologische Analysen.* Opladen: VS Verlag für Sozialwissenschaften, 161–182.

Kohli, Martin (1999): Private and Public Transfers Between Generations: Linking the Family and the State. *European Societies,* 1(1): 81–104.

Kohli, Martin (2002): Generationengerechtigkeit ist mehr als Rentenfinanzierung. *Zeitschrift für Gerontologie und Geriatrie,* 35: 129–138.

Kohli, Martin (2005a): Generational Changes and Generational Equity. In: Malcolm L. Johnson, Vern L. Bengtson, Peter G. Coleman und Thomas B.L. Kirkwood (Hrsg.). *The Cambridge Handbook of Age and Ageing.* Cambridge: Cambridge University Press, 518–526.

Kohli, Martin (2005b): Soziologische Theoriebildung und empirische Alternsforschung. In: Anton Amann und Gerhard Majce (Hrsg.), *Soziologie in interdisziplinären Netzwerken.* Wien: Böhlau, 141–152.

Kreckel, Rainer (2004): *Politische Soziologie der sozialen Ungleichheit.* (2., erweiterte Auflage). Frankfurt am Main; New York: Campus Verlag.

Künzler, Gabriela und Carlo Knöpfel (2002): *Arme sterben früher. Soziale Schicht, Mortalität und Rentenalterspolitik in der Schweiz.* Luzern: Caritas.

Laslett, Peter (1992): *Justice between Age Groups and Generations.* New Haven: Yale University Press.

Lüscher, Kurt (2009): Humanvermögen: ein Wegweiser im Aufbruch zu einer Generationenpolitik. *Soziale Sicherheit CHSS: Von Generationenbeziehungen zur Generationenpolitik,* 5 (September/Oktober): 275–278.

Lynch, Julia (2006): *Age in the Welfare State. The Origins of Social Spending on Pensioners, Workers, and Children.* Cambridge: Cambridge University Press.

Mauss, Marcel (1990 [1950]): *Die Gabe – Form und Funktion des Austauschs in archaischen Gesellschaften.* Frankfurt am Main: Suhrkamp.

Meyer, Peter C. und Monica Budowski (1995): Effects of Organizing Voluntary Help on Social Support, Stress and Health of Elderly People. *Clinical Sociology Review,* 13: 106–119.

Miller, David (1999): *Principles of Social Justice.* Cambridge, Massachusetts; London, England: Harvard University Press.

Nollert, Michael (2008): Gleichheit und Gerechtigkeit in der Marktwirtschaft: Dilemmata und Varianten liberaler Sozialpolitik, in: Monica Budowski und Michael Nollert (Hrsg.), *Soziale Gerechtigkeiten.* Zürich: Seismo, 89–112.

Nussbaum, Martha C. (2003): Capabilities as Fundamental Entitlements: Sen and Social Justice. *Feminist Economics,* 9(2/3): 33–59.

Perrig-Chiello, Pasqualina, François Höpflinger und Christian Suter (2008): *Generationen – Strukturen und Beziehungen. Generationenbericht Schweiz.* Zürich: Seismo.

Poterba, James (1997): Demographic Structure and the Political Economy of Public Education. *Journal of Policy Analysis and Management,* 16: 16–48.

Sen, Amartya K. (1992): *Inequality Reexamined.* New York: Russell Sage Foundation.

Sen, Amartya K. (1997): *On Economic Inequality.* Oxford: Clarendon.

Sen, Amartya K. (1999): *Development As Freedom.* New York: Knopf.

Stutz, Heidi, Tobias Bauer und Susanne Schmugge (2007): *Erben in der Schweiz. Eine Familiensache mit volkswirtschaftlichen Folgen.* Zürich: Rüegger.

Szydlik, Marc (2000): *Lebenslange Solidarität? Generationenbeziehungen zwischen erwachsenen Kindern und Eltern.* Opladen: Leske und Budrich.

Tremmel, Jörg (2005): *Bevölkerungspolitik im Kontext ökologischer Generationenbeziehungen.* Wiesbaden: Deutscher Universitätsverlag.

Turner, Bryan S. (1989): Ageing, Status Politics and Sociological Theory. *British Journal of Sociology,* 40(4): 588–606.

Walker, Alan (1996): *The New Generational Contract: Intergenerational Relations, Old Age and Welfare.* London: University College London.

Wanders, Anne-Christine, unter Mitarbeit von Stéphane Cotter, Raymond Kohli und Alain Vuille (2002): *Szenarien zur Bevölkerungsentwicklung der Schweiz. 2000–2060. Vollständiger Szenariensatz.* Neuchâtel: Bundesamt für Statistik BFS.

Wanner, Philippe und Alexis Gabadinho (2008): *La situation économique des actifs et des retraités.* Berne: OFAS.

Autorinnen und Autoren

Volker Bornschier, Soziologe, Prof. Dr. (Emeritus), Professor für Soziologie an der Universität Zürich (1981–2009), Gründungsmitglied und Präsident der Stiftung World Society Foundation. *Arbeitsschwerpunkte*: Weltgesellschaft, Nord-Süd-Beziehungen, soziale Ungleichheiten, Konflikte, Gewalt, Kriminalität und abweichendes Verhalten. *Publikationen*, u. a.: «Konflikt, Gewalt, Kriminalität und abweichendes Verhalten. Ursachen, Zeit- und Gesellschaftsvergleiche» (2007), «Institutionelle Ordnungen – Markt, Staat, Unternehmung, Schule – und soziale Ungleichheit» (2006), «Culture and Politics in Economic Development» (2005), «Weltgesellschaft» (2008, 2002).

Monica Budowski, Soziologin und Ethnologin, Prof. Dr., ord. Professorin im Studienbereich Soziologie, Sozialpolitik und Sozialarbeit an der Universität Freiburg, Schweiz. *Arbeitsschwerpunkte*: Armut, soziale Ungleichheiten, Familien und Gender, soziale Unterstützung, Gesundheit, Sozialpolitik in Entwicklungsländern. *Publikationen*, u. a.: «Reducing Gender Inequalities in Poverty: Considering Gender-sensitive Social Programmes in Costa Rica» (2010), «Inégalités et classes sociales en Suisse : quelle configuration?» (2007), «The Impact of Social Inequalities on Personal Health» (2005), «Poverty, Stratification and Gender in Switzerland» (2004).

Eva Cyba, Soziologin, Prof. Dr., ord. Professorin am Institut für Wirtschaftssoziologie an der Universtität Wien, Österreich. *Arbeitsschwerpunkte*: Soziologische Theorien sozialer Ungleichheit, feministische Theorien, Frauenforschung – insbesondere Frauen in der Arbeitswelt und Soziologie des Geschlechterverhältnisses, Einstellungsforschung. *Publikationen*, u. a.: «Einstellungen zu Arbeit und Beruf» (2005),«Patriarchat: Wandel und Aktualität» (2004), «Geschlecht und soziale Ungleichheit. Konstellationen der Frauenbenachteiligung» (2000), «Gender and Organizations: Changing Perspectives – Theoretical Considerations and Empirical Findings» (1995).

Yves Flückiger, ord. Professor am Département d'économie politique der Universität Genf und Direktor des Observatoire universitaire de l'emploi. *Arbeitsschwerpunkte:* Arbeitsökonomie, industrielle Organisation, öffentliche Finanzen, soziale Ungleichheiten. *Publikationen*, u. a.: «Les ségrégations sur le marché suisse du travail : analyse des inégalités selon le sexe, la nationalité et l'âge, de 1970 à 2000» (2005), «Swiss Unemployment Policy: an Evaluation of the Public Employment Service» (2005,) «Analyse économique de la promotion des femmes par les employeurs du secteur privé et public» (2003), «Öffnung für internationale Märkte und Ungleichheiten in der Schweiz» (2002).

René Levy, Soziologe, Prof. Dr. (Emeritus). Professor für Allgemeine Soziologie (1980–2006) und Leiter des Centre lémanique d'étude interdisciplinaire des pacours de vie (2001–2006) an der Universität Lausanne. Studium der Soziologie, Psychologie und Nationalökonomie in Zürich. *Arbeitsschwerpunkte*: soziale Schichtung und Sozialstruktur, Geschlechterstrukturen, Lebensläufe, Familie, soziopolitische Mobilisierung. *Publikationen*, u. a.: «Meso-social Structures and Stratification Analysis – a Missing Link?» (2002), «Stratification Research in Switzerland: Where Are We at ?» (2002), «Alle gleich? Soziale Schichtung, Verhalten und Wahrnehmung» (1998), «Towards an Interdisciplinary Perspective on the Life Course. Advances in Life Course Research» (2005).

Jürgen Mackert, Soziologe, Prof. Dr., ord. Professor für Allgemeine Soziologie an der Universität Postdam, Deutschland. *Arbeitsschwerpunkte*: Soziologische Theorie und Sozialtheorie, Theorien mittlerer Reichweite, Schliessungstheorie, Methodologie der Sozialwissenschaften, Politische Soziologie, Soziologie der Staatsbürgerschaft, Migrationstheorie. *Publikationen*, u. a.: «Die Staatsbürgerschaft vor postnationalen Herausforderungen» (2007), «Selbstmordattentate. Soziologische Erklärungen eines Phänomens kollektiver Gewalt» (2007), «Ohnmächtiger Staat? Über die sozialen Mechanismen staatlichen Handelns» (2006), «Die Theorie sozialer Schliessung. Tradition, Analysen, Perspektiven» (2004).

Michael Nollert, Soziologe, Prof. Dr. im Studienbereich Soziologie, Sozialpolitik und Sozialarbeit an der Universität Freiburg, Schweiz. *Arbeitsschwerpunkte:* Wirtschaftssoziologie, Arbeitsmarkt, Konfliktforschung, Wohlfahrtsproduktion, soziale Ungleichheiten, soziale Netzwerke. *Publikationen*, u. a.: «Armut trotz Arbeit. Die neue Arbeitswelt als Herausforderung für die Sozialpolitik» (2009), «Der Krieg als Vater von Demokratie und Sozialstaat?» (2009), «Unternehmensverflechtungen in Westeuropa. Nationale und transnationale Netzwerke von Unternehmen, Aufsichtsräten und Managern» (2005), «Transnational Corporate Ties: A Synopsis of Theories and Empirical Findings» (2005).

Joakim Palme, Soziologe, Prof. Dr. assoziiert am Swedish Institute for Social Research der Stockholm University und Direktor des Institute for Futures Studies, Stockholm, Schweden. *Arbeitsschwerpunkte*: demographische Veränderungen und öffentliche Politik, globale Migration, das Europäische

Sozialmodell, politische Reformen in Schweden. *Publikationen,* u. a.: «Welfare States and Inequality: Institutional Designs and Distributive Outcomes» (2006), «Sustainable Social Policies in an Era of Globalisation: Lessons From the Swedish Case» (2007), «The Role of Welfare State Principles and Generosity in Social Policy Programmes for Public Health: an International Comparative Study» (2008), «Towards a European Social Model? Trends in Social Insurance among EU Countries 1980–2000» (2008), «Towards a European Social Model? Trends in Social Insurance among EU Countries 1980–2000» (2008).

Christian Suter, Soziologe, Prof. Dr., ord. Professor für Wirtschaftssoziologie an der Universität Neuchâtel und Präsident der World Society Foundation. *Arbeitsschwerpunkte:* Soziale Ungleichheit, Armut und Sozialpolitik, Globalisierung, Weltgesellschaft und internationale Verschuldung, Soziale Indikatoren und Sozialberichterstattung sowie politischer Wandel Lateinamerikas. *Publikationen,* u. a. «Sozialbericht 2000; 2004; 2008» (2001; 2005, 2009), «Relative Deprivation and Well-being: Switzerland in a Comparative Perspective» (2005), «Wirksamkeit und Umverteilungseffekte staatlicher Sozialleistungen» (2002), «Debt Cycles in the World-Economy» (1992).

Michael Vester, Soziologe, Prof. Dr. (Emeritus). Professor für Politische Wissenschaft an der Universität Hannover. *Arbeitsschwerpunkte:* politische Sozialstruktur-, Milieu- und Mentalitätsanalyse; soziale Bewegungen; politische Lernprozesse und Akteure der mittleren Machtebene der Politik (u. a. Gewerkschaften, Kirchen, Bildungseinrichtungen, NGOs, Medien der öffentlichen Meinung). *Publikationen* u. a.: «Der Kampf um soziale Gerechtigkeit. Zumutungen und Bewältigungsstrategien in der Krise des deutschen Sozialmodells» (2008), «Soziale Milieus und Gesellschaftspolitik» (2006), «Soziale Milieus im gesellschaftlichen Strukturwandel» (2001), «Alte Ungleichheiten – neue Spaltungen» (1998), «Soziale Milieus in Ostdeutschland» (1995).

Berthold Vogel, Soziologe, Prof. Dr., Professor für Soziologie an der Universität Göttingen sowie wissenschaftlicher Mitarbeiter am Hamburger Institut für Sozialforschung. *Arbeitsschwerpunkte:* Politische Soziologie sozialer Ungleichheit, Wandel der Arbeitswelt, Theorie und Empirie des Wohlfahrtsstaates, die Neuordnung des Wohlfahrtsstaates. *Publikationen,* u. a.: «Wohlstandskonflikte. Soziale Fragen, die aus der Mitte kommen» (2009), «Die Staatsbedürftigkeit der Gesellschaft (2007), «Die Justierung des Sozialen. Anmerkungen zur laufenden Diskussion» (2005), «Der Nachmittag des Wohlfahrtsstaats. Zur politischen Ordnung gesellschaftlicher Ungleichheit» (2004).